LES CARNETS DE L'ASPIRANT LABY

LUCIEN LABY

LES CARNETS DE L'ASPIRANT LABY

Médecin dans les tranchées
28 juillet 1914 – 14 juillet 1919

Avant-propos de Stéphane Audoin-Rouzeau

Texte préparé et annoté par Sophie Delaporte

HACHETTE
Littératures

Collection fondée par Georges Liébert
et dirigée par Joël Roman

Nous tenons à remercier Mme Florence
Goulard de nous avoir confié le
manuscrit de son grand-père.

Avant-propos

Ce texte constitue un document historique exceptionnel. En effet, les médecins de la Grande Guerre, et le personnel soignant en général, se sont montrés étrangement silencieux sur l'expérience traversée entre 1914 et 1918. Lucien Laby, lui, a écrit celle-ci au jour le jour, et cette écriture de l'instant donne à son carnet une valeur documentaire considérable[1].

Lucien Laby a tout juste vingt-deux ans lorsque la guerre le surprend en famille, à l'été 1914. Le jeune homme appartient à ce qu'il convient d'appeler la « bonne bourgeoisie » : son père a été pharmacien à Reims et adjoint au maire de cette ville, où est né

1. Alors que le Service de santé a employé 16 000 médecins de 1914 à 1918, moins d'une cinquantaine de témoignages ont été publiés entre 1914 et 1939. Voir à ce sujet notre article : « Témoignage combattant, témoignage médical en 1914-1918 » in *Georges Duhamel, médecin écrivain de guerre, Les cahiers de l'abbaye de Créteil,* novembre 1994, Historial de la Grande Guerre, p. 27-38.

Lucien. Mais en juillet 1914, ses parents résident dans la Somme, à Lignières, au sud-ouest d'Amiens. Sans doute proche du courant nationaliste avant la guerre, cultivé, Lucien est alors élève de l'École du Service de santé militaire de Lyon. Il y est rappelé dès le 29 juillet, et sa formation médicale lui vaut d'être versé, avec le grade d'aspirant, dans la 56e division d'infanterie de réserve, dans le groupe des brancardiers divisionnaires, au titre de médecin auxiliaire [1].

Il part alors pour la frontière lorraine, puis il participe à la retraite française. Le moral, très bas le 2 septembre (« Je suis si triste de battre en retraite que je ne puis m'empêcher de pleurer »), se redresse le lendemain : « En somme, nous voilà sous les murs de Paris ; mais j'ai le ferme espoir que ça ira mieux, et *je sais* que nous vaincrons. Donc, courage ! » En septembre, après la bataille de la Marne, sa division se bat sur l'Aisne. Fin octobre, il est dans la Somme, où il reste jusqu'au printemps 1915.

En avril de la même année, Lucien Laby songe à passer dans l'infanterie (« pour tâcher de me distinguer un peu, si possible »). À la fin du mois, il est affecté au 294e d'infanterie, ou 29-4, où il devient médecin

1. Les médecins du cadre auxiliaire constituaient les médecins de la réserve de l'armée. La hiérarchie du Corps des officiers de santé de l'armée repose en 1914 sur les décrets du 23 août 1852 et du 18 juin 1860. Au sommet de la hiérarchie, on trouve le médecin inspecteur (équivalant à un général de brigade), puis le médecin principal de 1re classe (colonel), le médecin principal de 2e classe (lieutenant-colonel), le médecin-major de 1re classe (commandant), le médecin-major de 2e classe (capitaine), le médecin-aide-major de 1re classe (lieutenant) et le médecin-aide-major de 2e classe (sous-lieutenant).

de bataillon[1]. Il est dès lors chargé des premiers soins et des évacuations, depuis les postes de secours, situés à l'arrière des premières lignes : ce sera désormais l'essentiel de son « métier de combattant » jusqu'en 1917.

Son unité s'est trouvée engagée dans les pires endroits du front occidental : en septembre 1915, il prend part à l'offensive de Champagne. En mai 1916, à la bataille de Verdun. À l'automne 1916, il participe à la fin de la bataille de la Somme, et au printemps 1917 à l'offensive du « Chemin des Dames », où il observe en mai les premiers mouvements de mutinerie. En juillet de la même année, il est nommé sous-aide-major, et en octobre, il est demandé pour une ambulance chirurgicale automobile, un « embusquage de première classe » auquel il ne résiste pas. Il se rend alors près de Belfort, où son métier de médecin change entièrement : désormais en sécurité, il aide aux opérations chirurgicales d'arrière-front. Puis, au moment d'être reversé dans l'infanterie en mai 1918, il tombe une première fois malade, puis une seconde fois – de la grippe espagnole – en juillet. Lucien ne se rétablit que fin septembre et, début octobre, il est nommé aide-major de 2e classe à titre temporaire. La fin de guerre de Lucien tend alors à se transformer en une fête presque ininterrompue : fête patriotique au moment de l'armistice, fête de l'entrée des troupes françaises dans

1. Médecin du Service de santé régimentaire, un régiment d'infanterie comptant trois bataillons. Un régiment d'infanterie comportait sept médecins, dont un médecin-major chef de service, trois aides-majors et trois médecins auxiliaires répartis entre trois bataillons.

Mulhouse et Strasbourg, fête des réveillons de la fin de l'année 1918... Fêtes de survivants, de rescapés, abondamment accompagnées d'alcool et aussi, quoique plus discrètement, de la présence des jeunes Alsaciennes tout juste « libérées »... Le retour à l'École de Lyon a lieu début janvier, suivi des premiers examens. Le carnet de Lucien Laby se referme sur le défilé du 14 juillet 1919 à Paris, auquel il participe au titre d'une guerre exemplaire. Les pages de ses feuilles de route s'achèvent sur ces mots de triomphe : « Et jusqu'à minuit, nous continuons à courir et à danser comme des fous pour clore comme il convient le plus beau jour de gloire que nous ayons vécu. »

Le carnet

Les feuilles de route de Lucien constituent un journal de guerre rédigé dans l'instant, souvent au jour le jour. Mais un journal réécrit ou, plus exactement, recopié, complété par des lettres et rehaussé de dessins destinés à l'enjoliver. Ces dessins sont de facture généralement différente des caricatures réalisées sur un autre carnet, dès le début de la guerre : c'est d'ailleurs à ce dernier que l'auteur des feuilles de route semble avoir consacré une grande partie de son temps libre (pendant toute la guerre, il a ainsi pu publier quelques-uns de ses dessins dans plusieurs titres parisiens). Les *Carnets* sont, en tout cas, le fruit d'un effort d'écriture poursuivi par Lucien au cours de l'après-guerre, après son installation dans l'Aisne comme médecin. Mais il ne s'agit nullement d'une réécriture, et, sauf exception, on ne trouve pas dans ce texte, comme dans tant d'autres carnets réécrits après 1918, une deuxième strate de récit superposée à la première. Lucien Laby a recopié son texte sans chercher à le retoucher, abréviations comprises. Tout juste insère-t-il sans doute, ici et là, quelques ajouts : commentaire, lettre envoyée à ses parents ou lettre reçue, dessins... Mais le texte originel n'en est jamais altéré.

Ces premiers éléments permettent de résoudre peut-être le problème du « statut » de ce carnet pour son auteur : il paraît clair que ce travail de copie mené après la guerre a répondu à un souci – très courant en milieu combattant – de témoigner de l'expérience vécue pendant ces années de conflit. Le recopiage à l'identique atteste d'ailleurs un immense respect pour ce qui avait été consigné au jour le jour : il s'agit bien d'une mise au net, d'une mise au propre d'un texte presque sacré. Le carnet, qui s'ouvre avec la crise de juillet 1914 (la première entrée est du 28 juillet), se ferme avec la signature de la paix par l'Allemagne, à Versailles, en juin 1919. C'est sous la forme d'un « appendice » qu'apparaît le 14 juillet 1919 : la guerre de 1914-1918, jusqu'à la paix qui la termine, enferme donc entièrement ces « feuilles de route » et confère au carnet de Lucien Laby son véritable sens.

Il est en revanche plus difficile de décrire le « statut » du carnet de Lucien Laby lorsque ce dernier était au front. L'auteur n'évoque à aucun moment les motifs qui le poussent à écrire dans les conditions pourtant effroyables qui sont les siennes. Le carnet est parfois tenu en plein bombardement (« La canonnade fait rage : au moment où j'écris ces lignes, on s'entend à peine. » – 17 avril 1917). Il est donc bien écrit « à chaud », ou avec un retard très faible sur l'événement, obligeant parfois l'auteur à des rajouts ultérieurs en marge du texte, aux fins de complément. Et ce sont les événements les plus intenses qui suscitent la narration la plus abondante, les temps morts, inversement, ne donnant que peu de prétexte à l'écriture : c'est bien l'essentiel de la guerre, de sa violence, que cherche à décrire Lucien Laby, non la banalité du quotidien. Mais au-delà de ce parti pris qui frappe d'emblée, on distingue d'autres motivations qui viennent s'ajouter au souci de garder la mémoire d'une expérience exceptionnelle. Le carnet est aussi, est d'abord, un exutoire : exutoire de la souffrance personnelle, du traumatisme de la mort, de la blessure des camarades proches, exutoire aussi des rancœurs accumulées contre les chefs. Il est également exercice d'introspection, et même d'autocritique : car à côté de l'expression de l'estime pour lui-même, Lucien Laby ne manque pas une occasion de mentionner ses défaillances, ses peurs, ses lâchetés parfois. En ce sens, les feuilles de route sont bien un exercice d'écriture de soi.

Or, cet écrit de guerre est un document exceptionnel. Mais à quel titre ? Pour le comprendre, pour mener à bien une analyse d'ordre historique, il faut, paradoxalement, s'arracher à la fascination immédiate qui s'attache à tout parcours individuel dans la Grande Guerre. Tentons donc d'abord de « banaliser » un tel récit : en quoi ce qu'il exprime rejoint-il l'ensemble des représentations combattantes en 1914-1918 ? En quoi est-il symptomatique du « discours médical » tenu par les médecins du front pendant ces quatre années ? Et inversement, en quoi exprime-t-il quelque chose d'irréductiblement différent de ce que d'autres combattants, et d'autres médecins, ont pu dire de leur expérience de guerre ? Voilà ce qu'il convient d'examiner.

Un combattant comme les autres ?

Combattant banal, caractéristique de son milieu et même de sa génération, Lucien Laby l'est à plusieurs titres. Et avant tout, par son patriotisme. C'est sans surprise qu'on le voit acclamer la guerre qui commence, crier sa joie (« Moi, je suis content de partir »), s'enivrer de « l'enthousiasme général » qu'il constate en montant vers la frontière, se promettre d'utiliser bientôt les armes qu'on lui distribue. Lui qui ne doute nullement d'une entrée prochaine en Allemagne, il note le 8 août : « Chic ! c'est après-demain au matin que nous devons partir. J'en grille d'envie. J'en ai assez de sentir les autres se battre et moi rester là. » Fanfaronnades d'un jeune inconscient ? Pour une part, sans doute, mais pas seulement. Dès l'origine, en effet, la mort s'inscrit dans les horizons d'attente de Lucien Laby, comme lorsqu'il échange des adresses avec ses camarades au cas où il lui arriverait « une balle dans la peau » (11 août). Il écrit d'ailleurs à ses parents une « dernière lettre » à leur remettre en cas de malheur...

Ce patriotisme français de 1914, presque impossible à mesurer – et même à entendre – aujourd'hui, accompagnera Lucien Laby pendant toute sa campagne : le plus étonnant réside bien dans ce sens profond attribué à la guerre. Mais il n'y a rien là d'original : la guerre de 1914-1918 fut une guerre du consentement, une guerre consentie pour la nation. Très peu en ont douté parmi les Français de l'époque, et tout particulièrement dans les milieux dont est issu Lucien Laby et qui ont constitué l'épine dorsale de la mobilisation morale.

Début décembre 1914, alors que la guerre de mouvement s'est enlisée dans les tranchées, et qu'il a lui-même vécu un début de campagne très dur, il relève la prolongation inattendue du conflit. Mais pour ajouter aussitôt : « Enfin, il nous faut la victoire écrasante... et nous l'aurons, et cela nous donnera dix fois la force nécessaire pour terminer vaillamment la campagne. » Quelques mois plus tard, en avril 1915, se jugeant trop à l'abri, il demande à passer dans un régiment d'infanterie. Lui qui sait pourtant ce qu'est la vraie guerre, vibre de nouveau d'enthousiasme à l'annonce de la grande offensive de Champagne de septembre 1915 : « On nous lit un ordre du jour de Joffre : nous allons faire une grande offensive très prochainement. Chic !! Tant mieux, ça va barder, et bientôt on ira en Bochie », écrit-il le 21 septembre. Le 24, il poursuit : « C'est donc demain le grand jour. Il faut rejeter l'ennemi de France et ne s'arrêter ni de jour ni de nuit [...]. Espérons qu'on en reviendra. Sinon, tant pis, il y a longtemps que j'ai fait le sacrifice de ma vie. Je suis moins ému qu'à la veille d'un examen. Je n'ai pas peur. Ah ! mais non alors, pas du tout. J'écris mes adieux chez nous, et les mets dans l'enveloppe qui sera prise sur moi si je suis tué. » L'offensive une fois entamée, il note l'extraordinaire courage des officiers et des soldats, la fermeté des très nombreux blessés qu'il doit soigner. Plus tard encore, en mars 1916, à Suippes, il demande à partir à l'assaut avec la compagnie de tête, affichant la même résolution face au risque de mort, la même admiration aussi face à ceux qui, comme lui-même, savent braver le danger.

Corollaire de ce sens du devoir et de ce patriotisme exacerbé : une haine de l'ennemi, elle aussi, symptomatique des Français de son temps et de son milieu, et que Lucien Laby exprime en des termes très crus. Le champ sémantique est caractéristique ; le terme de « Boches » est employé systématiquement dès août 1914, mais d'autres qualificatifs, plus durs, viennent s'y ajouter : ceux de « cochons » et de « salauds » sont les plus fréquents. On en relève d'autres : « les vaches », « charognes », « sauvages », « assassins »...

Très sensible aux atrocités commises par les Allemands pendant l'invasion, qu'il peut constater de près, et dont la recherche historique récente a montré d'ailleurs qu'elles n'étaient pas imaginaires, il forme le projet de ne pas finir la guerre sans avoir tué un ennemi de ses mains. Le 5 novembre 1914, il écrit : « Je serais tellement vexé d'arriver à la fin de la guerre sans avoir tué un Prussien *au moins* que j'ai décidé fermement d'aller passer vingt-quatre heures dans un petit poste avancé, sans brassard, mais avec un [fusil] Lebel et des balles. Je n'en démordrai pas et mettrai irrévocablement mon projet à exécution. » Dès que l'autorisation lui est accordée, il ajoute : « Le rêve de ma jeunesse va se réaliser. J'ai toujours rêvé de descendre des Boches, un au minimum. Demain j'espère que ça y sera ; j'en dégringolerai le plus possible... en tâchant de ne pas me faire démolir : je vengerai un peu mes copains tués par ces cochons-là. » Il se repose pour accumuler des forces, et après une pénible montée en ligne, le 9, il canarde les tranchées adverses depuis l'aube jusqu'à midi, au Lebel, au mousqueton, au revolver. Et il commente : « J'ai tué j'espère "mon" peut-être "mes" Boches. J'ai fait mon devoir de Français. »

Là encore, ce serait commettre un anachronisme que de s'étonner d'une telle exécration. Elle est banale en 1914-1918, comme est banale la totale insensibilité de l'auteur à la souffrance des blessés allemands et à l'accumulation des cadavres ennemis : ainsi note-t-il, le 29 septembre 1915, la « sensation d'élasticité que donnent les cadavres boches quand on marche dessus », la présence dans les boyaux[1] des « tas de Boches crevés ». Il se félicite d'en voir d'autres qui « sautent en l'air » sous le bombardement, constate les « monceaux » que l'on tue à la mitrailleuse, note la « bouillie de Boches » que l'on retrouve à l'issue des tirs de martèlement. Le 8 octobre 1915, il avoue soigner par priorité les Français dans son poste de secours, et il ne manifeste aucun regret qu'un Allemand blessé au ventre soit « claqué » le lendemain matin, du fait que les brancardiers lui ont donné à manger du chocolat. Une seule fois, le 5 mai 1917, face à un blessé allemand qui ressemble à un membre de sa

1. Ligne de communication creusée dans le sol et reliant des tranchées entre elles.

propre famille, et qui met six heures à mourir d'un éclat dans le poumon, il concède : « Ça a beau être un Boche, c'est poignant, surtout à cause de la ressemblance. »

Pour autant, dès novembre 1915, à l'issue de l'offensive de Champagne, une faille avait commencé à s'entrouvrir entre le patriotisme « officiel » et ses propres raisons de combattre. Accompagnant une évolution vers une plus grande modération à l'égard de l'ennemi, l'expression du sentiment national se fait plus discrète, moins grandiloquente au cours de l'année 1916. L'année suivante, avant même l'offensive d'avril 1917, le ton n'est décidément plus le même : « Le colonel nous réunit pour nous faire le speach [sic] d'usage avant chaque casse-gueule [...]. Je veux bien le croire et irai encore de bon cœur faire tout mon devoir. Mais, plus d'excentricités, hein ! [...] Si je suis amoché, ce ne sera certes pas de ma faute. » Peu après, Lucien Laby subit, comme tant d'autres avec lui, la « crise du moral », au point que le nationaliste qu'il était fait alors un extraordinaire examen de conscience : « Quelle boucherie encore on va voir ! C'est bien fait pour moi et je n'ai pas le droit de me plaindre : je suis l'un des nombreux imbéciles qui ont poussé le chauvinisme jusqu'à souhaiter la guerre. Eh bien, je suis servi ! Je dois boire le calice jusqu'à la lie sans me plaindre » (3 mai 1917). Ulcéré par une médaille militaire refusée, il se laisse aller, le 13 mai, à traiter les chefs de « salauds »... Et lorsqu'en octobre 1917 on lui propose « l'embusquage » d'une auto chirurgicale, il n'hésite pas longtemps : « J'ai la conscience tranquille, et puis, j'ai fait mon devoir, c'est bien un peu mon tour de me reposer. Chacun son tour. »

Mais comme pour tant d'autres combattants français, les menaces que font courir les ultimes offensives allemandes du printemps 1918 raniment les réflexes du patriotisme défensif. Et quand la victoire alliée devient proche, la fin du carnet de Lucien Laby est traversée par un souffle de patriotisme qui rappelle celui de 1914, et qu'accompagne une germanophobie de nouveau très marquée. Un patriotisme tempéré certes par le souvenir des morts et des souffrances consenties, mais il ne fait aucun doute qu'en 1918-1919, la victoire de la nation lui paraît justifier, *a posteriori*, l'immensité du sacrifice.

Le médecin

Curieusement, les médecins ayant témoigné par écrit de leur expérience de guerre sont plutôt rares : les récits émanant de cette catégorie de combattants sont en nombre infime comparé au nombre de ceux ayant soigné sur le front. Pourtant, tous possédaient un niveau culturel leur permettant d'écrire leur guerre...

En fait, les médecins ont subi au cours du conflit une très profonde crise d'identité, dont Lucien Laby nous fournit les clefs avec une netteté particulière. Par définition, le personnel portant le brassard de la Croix-Rouge n'était pas autorisé à se battre pendant le conflit, et c'est bien ce qui parut intolérable à beaucoup d'hommes du Service de santé, coincés entre l'éthique médicale en temps de guerre et l'obligation patriotique du combat pour tout homme en âge de porter les armes.

D'où la joie, chez Lucien Laby, de recevoir son premier revolver et sa promesse de s'en servir. Certes, le 5 août 1914, ayant reçu son affectation, il affirmait : « C'est un poste d'honneur : nous irons ramasser les blessés sur le champ de bataille. » Mais cette tâche de ramassage, *a priori* non violente, n'exclut pas, dans son esprit, l'obligation de combattre. Le 10 août, persuadé que les Allemands tirent sur les ambulances, il se prépare à les défendre. Et il se réjouit en des termes caractéristiques, quinze jours plus tard, d'avoir à enlever son brassard pour effectuer une reconnaissance : « Aussitôt partis, nous quittons nos brassards et redevenons ainsi combattants. Ça c'est chic, au moins ! J'espère dégringoler quelques Boches. Ceci, nous ne le disons à personne car ces petites expéditions en amateurs seraient réprimées. » Ce besoin de combattre, dans le contexte de 1914, vaut revendication d'identité, puisqu'il est entendu que toute identité virile ne peut alors passer que par une participation au combat : cela donne son véritable sens à l'expédition mentionnée plus haut et destinée à abattre quelques Allemands. La tâche accomplie, Lucien Laby livre de cette tentative les véritables clefs : « Depuis longtemps, il me tardait de le faire. Et maintenant c'est de bien meilleur cœur que je ferai mon devoir de médecin. » Ayant fait la preuve qu'il pouvait combattre, le médecin peut donc plus facilement renoncer au combat. Ou moins difficilement : car ce besoin de danger reste à la base de sa demande d'affectation dans un régiment d'infanterie en avril 1915. À Verdun, en mai 1916, il arrache de nouveau son brassard pour combattre avec les blessés légers de son poste de secours, ce dont il est à la fois blâmé et félicité. Il faut attendre 1917 pour que toute culpabilité disparaisse à cet égard, lui permettant d'accepter un poste d'arrière-front dans une automobile chirurgicale.

Cette question d'identité personnelle et d'estime de soi court d'un bout à l'autre du carnet de Lucien Laby, tel un fil conducteur : constamment, il tient le compte des moments où il conquiert ou conserve l'estime de lui-même et, avec une honnêteté scrupuleuse, consigne ceux où la peur l'a emporté. De même, le courage des autres, celui des officiers blessés notamment, est-il systématiquement rapporté : là sont ses modèles de comportement. Globalement, Lucien Laby gagne au front une fierté intime véritable ; le 30 septembre 1915, félicité par son colonel qui le déclare « très brave », il note : « ... ce à quoi je suis fort sensible car, depuis quatorze mois, c'est la première fois qu'on veut bien s'apercevoir que je n'ai pas la trouille ». Lucien Laby attache une importance fondamentale à cette reconnaissance du courage physique et moral. D'où son extrême attention aux citations et aux décorations (il obtient cinq citations et, outre la croix de guerre, il décroche la médaille militaire en 1918) : son courage, en fait, est toujours récompensé trop peu et trop tard à ses yeux. L'insulte lui vient sous la plume à chaque retard, à chaque déception ; là encore, il est un combattant comme les autres, d'une sensibilité maladive à la distinction du mérite individuel dans cet univers de l'anonymat et de la mort de masse qu'est la guerre de tranchées. En 1918, l'attribution de la médaille militaire lui permet de voir tout son régiment défiler devant lui, seul devant les autres décorés. Son bonheur est immense : on reconnaît ce jour-là devant tous que le médecin Lucien Laby a fait une guerre exemplaire, une guerre en parfaite conformité avec cette éthique du sacrifice dont, malgré les souffrances endurées, il reste en cette fin de conflit largement tributaire.

Un regard

Mais cette représentation héroïque de lui-même ne débouche nullement sur une vision aseptisée du conflit. Au contraire, le tableau qu'il dresse de son expérience de guerre est sans pitié. On touche là à la spécificité irréductible de son texte.

Les médecins du front comme Laby furent les témoins privilégiés du processus de totalisation de la guerre en 1914-1918. Ce sont eux les premiers observateurs de la violence inouïe qu'inflige aux corps humains la guerre moderne, grâce à une efficacité du feu sans commune mesure avec les conflits précédents, un feu contre lequel les moyens de protection des combattants sont désormais dérisoires. Les postes de secours des médecins de bataillons sont le lieu par excellence où se mesure cette brutalité nouvelle, le point d'observation central de cette mutation essentielle pour toute l'histoire du XXe siècle.

Si tous les médecins du front ont été confrontés, comme Laby, à cette brutalité nouvelle révélée par le tableau atroce des blessures de guerre, tous n'ont pas su rapporter ce qu'ils ont vu. Laby, lui, y est parvenu.

Il sait dire d'abord la violence du combat. Il ne se

contente pas de faire le compte des pertes, d'évoquer la jonchée des cadavres aux emplacements traversés, de noter le « spectacle horrible » des champs de bataille (11 septembre 1914). Il sait aussi évoquer la consistance des corps ennemis dans les boyaux jonchés de cadavres (« On a enfin recouvert les macchabées boches dans les boyaux, avec un peu de boue. Les boyaux sont maintenant d'une élasticité remarquable : le Boche fait ressort. » – 30 septembre 1915), et la cohabitation des vivants et des morts, « étendus côte à côte » (16 mars 1916). Il mentionne à plusieurs reprises l'extraordinaire cruauté du combat, et notamment du combat au corps à corps, le plus indicible, le plus occulté aussi... Ainsi ces quelques lignes lors de l'offensive de Champagne : « Arrivons à un *Block-Haus* de mitrailleurs boches : ils sont crevés depuis peu. Ils sont trois, tous saignés à la carotide par une petite incision identique ; vraiment, c'est du beau travail. Duez (le pauvre Duez qui n'a aucune nouvelle de sa femme et de ses enfants depuis le début) est heureux : il jubile. Il leur met le pied sur le ventre et les fait saigner. » Aucune condamnation morale chez Laby, qui constate et décrit. Inversement, il ne s'indigne pas outre mesure, en avril 1917, que l'on retrouve égorgés derrière la première ligne allemande une vingtaine de prisonniers capturés par l'ennemi peu de temps auparavant. Et c'est avec beaucoup de lucidité que, craignant d'être bientôt fait prisonnier, le 26 mai 1917, il redoute « un énervé qui vous envoie une grenade ». Le savoir-dire de son récit, la neutralité glacée du ton, sont d'une audace étonnante.

Comme est étonnante sa description des blessures,

de l'agonie, de la mort. Jour après jour, le médecin consigne les formes de blessures les plus atroces survenues dans son régiment. Les décès sont également décrits avec une grande précision. Une seule fois – une seule –, le 5 mai 1917, sa plume s'arrête pour évoquer le broyage des jambes d'un blessé allemand, et la sorte de nœud que ses membres inférieurs sont parvenus ainsi à former : un dessin minuscule, symbolique plus que réaliste, tente alors de prendre le relais des mots qui manquent. Mais ils ne manquent que rarement. Ici, Laby mentionne un blessé allemand qui, atrocement mutilé, tend son porte-monnaie au médecin pour qu'il veuille bien l'achever. Là, il évoque les éventrations accompagnées d'éviscérations laissant voir les intestins : ainsi son ami Faivre, « le sacrum arraché, les intestins pendant par là » ; ainsi un coiffeur qu'on ramène dans une toile de tente « d'où sortent [les] entrailles qui pendent en dehors » (23 mai 1916). Ailleurs, il note les spectaculaires arrachements provoqués par les éclats d'obus : un pied « qui ne tient plus que grâce aux os » (6 juin 1915), des « bras coupés », un « avant-bras complètement arraché » (13 mars 1916), un « égorgement » par enlèvement complet du larynx, « la blessure la plus laide que j'aie jamais vue » (18 mai 1916)... Le 1er mai 1917, il voit un soldat qui « prend son couteau et achève lui-même de se couper la jambe qui ne tient plus que par des chairs meurtries ». Et puis, il y a encore tel lieutenant « décapité » (3 octobre 1916), tel corps coupé en deux (« la tête d'un côté, le corps de l'autre » – 19 janvier 1916), tel autre encore, « projeté sur un arbre et [qui] pend lamentablement » (16 mars 1916). Le 23 mai 1916, il note que seule une

« boue rouge » demeure du corps d'un de ses brancardiers, touché de plein fouet... Les blessures à la face sont précisément détaillées elles aussi : « maxillaires enlevés » (21 août 1915), « moitié [de la] face enlevée à gauche [...] avec un trou où on pourrait mettre les deux poings » (6 octobre 1915), cerveaux sortis de la boîte crânienne... « Le caporal Carpentier, note le médecin, que je fais asseoir devant moi pour le panser me cause encore très distinctement avec un hémisphère cérébral hors du crâne, et que je tiens dans une compresse dans ma main » (13 mars 1916).

Insensibilité, endurcissement d'un médecin habitué à côtoyer quotidiennement l'horreur ? Sans doute pour une part. Mais n'oublions pas que, comme tout médecin de bataillon, Lucien Laby soigne des hommes qu'il connaît bien, parfois ses propres camarades dont il note alors les dernières paroles. Et lorsqu'on amène à son poste de secours son meilleur ami, le capitaine Fenaux, Laby ne peut le supporter : « De sentir son sang si rouge et si chaud couler plein mes mains, ça me fait mal. Je m'étrangle pour ne pas pleurer et dès que j'ai fini je vais me cacher derrière le petit mur qui sert de porte, et je ne puis plus retenir mes larmes » (24 mai 1916). Quatre jours plus tard, il peut aller visiter sa tombe. Le 24 mai 1917, il note : « Un an juste que mon pauvre ami Fenaux a été bousillé. Triste anniversaire. »

Le médecin consigne aussi les traumatismes du champ de bataille, ces soldats et officiers qui, dit-il, deviennent « fous » : c'est le terme qu'il emploie car, comme la plupart de ses collègues français de l'époque, il n'en a pas d'autre à sa disposition. Le 27 septembre

1915, c'est le docteur Chamart qui s'effondre après la commotion due à un obus, restant si longuement prostré au fond d'un boyau que Laby croit à une simulation. Lui-même est commotionné (« un peu dingo ») pendant un quart d'heure le 7 décembre 1915. Le 10, il note un suicide par pendaison. Le 23 mai, le commandant de Nervo traverse une crise de démence, au point qu'il faut l'attacher sur un brancard pour pouvoir l'évacuer. Deux jours plus tard, il reprend son poste sans le moindre souvenir...

Pratiques médicales

Dans de telles conditions, les pratiques médicales de Laby sont un témoignage passionnant sur les réalités de la médecine de guerre à « l'avant », telle que la pratiquaient les médecins de bataillons [1], premiers maillons de la chaîne de soins à l'issue du ramassage des blessés [2]. De ce point de vue, les feuilles de route de Lucien Laby sont relativement avares de détails professionnels très précis, mais elles permettent néanmoins de se faire une idée assez nette des techniques d'urgence mises en œuvre dans son poste de secours.

Les conditions de travail sont atroces, et disent bien pourquoi les difficultés des soins prodigués au front ont occasionné un tel surcroît de décès ou d'invalidités graves. Ce qui frappe d'emblée, c'est l'extrême

1. Voir note 1, p. 9.

2. Collecte des blessés par les brancardiers régimentaires, au plus près des combats.

difficulté des évacuations : le 8 septembre 1914, alors que le médecin n'intervient encore qu'au niveau divisionnaire, il note : « Que de blessés ! Que d'horreurs ! Tous supplient pour qu'on les soigne et les emmène les premiers... Il y en a plein une cave... puis plein les villas, dans toutes les chambres, sur tous les lits. » Encore se situe-t-on au tout début de la guerre, à un moment où le Service de santé est confronté à un afflux de blessés et à une gravité des blessures qui n'avaient pas été anticipés : dès le 11 septembre 1914, l'ambulance de Lucien Laby a ainsi relevé 406 blessés, et 650 moins d'un mois plus tard, le 5 octobre 1914 !

Mais bien plus avant dans le cours de la guerre, le tableau n'est souvent pas plus rassurant. Le carnet de Lucien permet d'observer à quel point chaque combat provoque l'engorgement de la chaîne de soins, ne serait-ce que du fait des pertes qui affectent les brancardiers : tout le ramassage des blessés s'en trouve compromis, au moment où celui-ci est le plus indispensable. Un ramassage souvent impossible à effectuer de jour ; comme Lucien Laby l'atteste le 7 octobre 1915 par exemple, on tire sur les blessés pour les achever, à moins que ce ne soit sur les sauveteurs... Un triage sommaire se fait d'ailleurs spontanément, dont les brancardiers surmenés sont à l'origine ; le 25 mai 1917, tel lieutenant blessé au ventre reste toute la journée dans les lignes sans être ramassé, car les sauveteurs savent que ce type de plaie ne laisse pratiquement aucun espoir : « Ils ont ramassé les autres et m'ont abandonné parce que je vais mourir », constate le malheureux lorsqu'il est enfin amené au poste de secours.

Ce poste de secours, où on est conduit souvent de nombreuses heures après la blessure, est en période d'offensive « bondé et plein de cris » (25 septembre 1915), engorgé par le nombre des blessés qui affluent parfois par dizaines en même temps (ils sont une trentaine le 6 octobre 1915). L'abri précaire sur lequel flotte le fanion de la Croix-Rouge n'est d'ailleurs nullement à l'abri du bombardement ; le 13 mars 1916, Laby note que sa cagna[1] est devenue en une journée « un trou dans un entonnoir très vaste », dans lequel on est obligé de se laisser glisser et où on ne peut panser les blessés couchés : il lui faut alors aller les soigner à découvert... Le 24 mai, un obus tombé tout près éclabousse de sang tout l'intérieur de son poste de secours. Lui-même soigne sans s'arrêter, parfois pendant plusieurs journées et nuits de suite, sans prendre une heure de sommeil ; le 23 mai 1916, il note ainsi qu'il n'a pas dormi une heure par nuit depuis le 17. À plusieurs reprises, il relève les « nuits entières » passées à soigner sans discontinuer, quand il ne doit pas se glisser lui-même jusqu'à des blessés intransportables, au milieu des corps déchiquetés et dans des mares de sang (3 octobre 1916). Le 7 mai 1917, jour où son poste de secours est le seul qui fonctionne pour trois bataillons, il doit soigner 52 blessés en une seule nuit, une nuit qui le laisse « rempli de sang et de boue, exténué ».

Soigner ? Son travail consiste surtout à poser des pansements permettant de stopper les hémorragies,

1. Mot d'argot militaire d'origine annamite, désignant un petit abri souterrain.

mais nullement de traiter réellement les blessures atroces dont il est le témoin impuissant ; le 8 mai, pour arrêter une violente hémorragie à la sous-clavière provoquée par un éclat d'obus (« Dépêchez-vous, Monsieur Laby, ou je vais mourir »), il entoure deux biscuits de guerre de compresses et bourre la plaie de toutes ses forces avec ce pansement improvisé ; l'homme ne meurt pourtant que deux jours plus tard. L'improvisation, le manque total d'hygiène, défient l'imagination : « Impossibilité absolue de faire de la lumière », note-t-il le 30 septembre 1916. « On panse les plaies en tâtant pour juger de leur place, de leur étendue, avec les doigts pleins de boue, dans une nuit noire. » Lorsqu'en mars 1917 un nouveau médecin-chef, tout frais émoulu d'un hôpital, prescrit à son personnel de se laver les mains entre chaque pansement, quel que soit le champ de bataille, et de faire bouillir les aiguilles cinq minutes, Lucien Laby s'indigne d'une telle méconnaissance des conditions réelles de soin ; mais l'expérience acquise sur le terrain doit céder devant l'autorité du grade...

Quant aux évacuations vers l'arrière, elles sont un autre chemin de croix. Lucien Laby en fait l'expérience en novembre 1916 lorsque, malade lui-même, il est évacué : ce 3 novembre, le train sanitaire attendu à sept heures du matin n'arrive qu'à dix-sept heures ! Les soldats sont entassés, assis, dans un compartiment, et le train met seize heures pour franchir les trente kilomètres de Bray à Amiens ! Là, il constate qu'il faut encore attendre interminablement au bureau des entrées avant de recevoir son premier pansement, non sans se voir traiter « comme des bestiaux » par les « jeunes embusqués » du personnel médical. « C'est honteux, je suis outré », ajoute-t-il, avant de découvrir, les jours suivants, l'immense inconfort de cet hôpital d'arrière-front.

On comprend, en lisant les notes du médecin consignées au jour le jour, pourquoi tant de pertes de la guerre de 1914-1918 ont été dues moins à la blessure elle-même qu'à la lenteur des soins, à l'infection, au retard des évacuations. Il semble que dans la Somme, par exemple, un tiers des 20 000 tués du 1er juillet 1916 eussent pu être sauvés s'ils avaient été évacués à temps.

Le 9 octobre 1917, lorsqu'il est nommé dans une auto chirurgicale, on n'est guère surpris de voir Lucien Laby affirmer : « Au point de vue médical, je vais donc pouvoir retravailler. » Désormais, il anesthésie, recherche les projectiles sous rayons X, débride et ampute, trépane, reçoit des cours de formation, et finalement passe assistant de chirurgie le 27 juillet 1918. Certes, il est toujours un médecin de guerre, et les blessures qu'il a à soigner restent atroces, mais il exerce désormais un autre métier. Lucien Laby a cessé d'être un médecin de l'avant.

Stéphane Audoin-Rouzeau
Université de Picardie-Jules Verne.
Codirecteur du Centre de recherche de l'historial
de la Grande Guerre
(Péronne-Somme)

Note. Je remercie Claudine Vidal, présidente de la Société archéologique et historique de Vervins et de la Thiérache, de m'avoir transmis, via M. Philippe Crionon, ce texte. Je remercie également M. et Mme Goulard, héritiers de Lucien Laby, pour leurs renseignements et pour m'avoir autorisé à utiliser ce texte et à en préparer, avec l'aide de Claudine Vidal, l'édition complète.

1914

Mardi 28 juillet. Je suis à Lignières[-Chatelain]. On parle beaucoup de la guerre. L'après-midi, je vais faire la tournée de visites en auto avec Macrez. En passant à Hornoy et dans tous les pays suivants, on rappelle les permissionnaires : tambours, cloches. Pour moi, rien encore à mon retour à Lignières.

Mercredi 29 juillet. À 5 heures du matin, nous sommes réveillés : télégrammes du directeur de l'École de santé [1], me rappelant à Lyon – 200 F – Valise – Adieux à Père et Mère : on a bien un peu la larme à l'œil, mais personne ne pleure. Les gens de Lignières prennent des

1. École du Service de santé de Lyon. La loi du 14 décembre 1888 avait créé la seconde école du Service de santé militaire, après celle du Val-de-Grâce. Elle ouvre ses portes en mars 1889 dans les locaux provisoires de l'hôpital militaire Desgenettes. L'École, située avenue Berthelot, est inaugurée le 12 mai 1895. À la veille de la Grande Guerre, l'École du Service de santé militaire de Lyon fêtait son 25e anniversaire. (NDE)

gueules de croque-morts pour me dire au revoir. Le père Hinaux me conduit au train à Sainte-Segrée à 7 h 31.

À Amiens, je vais dire au revoir à Maurice, Yvonne[1] et Monnette. J'aperçois juste Léon et René. Je n'ai que 20 minutes aussi je rate mon train pour Paris à 8 h 55.

Heureusement un bis [sic] se forme 5 minutes après. Pas le temps de prendre de billet.

Déjeuner chez Girard. Départ pour Lyon : 3 heures 45. (Lis *Les Poires* de Gyp.) À Paris, tout semble normal. Retour de Poincaré. Je voyage avec Vaby. Nous causons encore des multiples erreurs d'École dues à la similitude de nos noms (histoire des pantalons, engueulade de Dubec, etc.). Cette fois-ci, il est bien certain que si l'un de nous deux se fait démolir, ce sera la famille de l'autre qui en sera avertie.

Après un voyage qui nous semble long, arrivée à 11 heures à Lyon. Pas de train. Nous nous plumons aussitôt arrivés. Mais la rentrée des copains m'empêche de roupiller avant 1 heure. Mon ami Popol Hombourger est déjà là.

Jeudi 30 juillet. À 6 heures et demie, coup de clairon... Il y avait longtemps !!! Dédé couche à côté de moi, Popol dans l'autre dortoir (150 et moi, 149). Le matin, je vais acheter une cantine qu'on m'apporte le soir (18 heures). Balade place Bellecour. L'après-midi,

1. Yvonne est la sœur aînée de Lucien, elle est aussi appelée Vonne ou Vonnette. Maurice est le mari d'Yvonne, et ils ont une fille, surnommée Monnette, et qui s'appelle Simone. (NDE)

petit roupillon sur les plumards. Puis re-balade. Les dépêches du *Progrès* sont peu rassurantes.

On se couche à 21 heures.

Vendredi 31 juillet. Décidément, on croyait bien que ce serait pour cette nuit... et puis, rien ! Puisqu'on est prêts, qu'est-ce qu'on attend pour entrer les premiers chez ces salauds-là, qui maintenant ont l'air d'avoir la trouille ?

On ne peut plus changer les billets. Me voilà bien... J'en ai deux de 50 F. Tout à coup, une idée : je vais à la poste des Archers et prends un bon de poste de 20 F. On me rend 30 F en pièces de cent sous. Puis, un quart d'heure après, à la poste Ampert, on me rend mes 20 F sur présentation du mandat : ainsi je pourrai partir sans être trop à court. Mais mon porte-monnaie éclate sous le poids des 10 thunes ! L'après-midi, Popol sort. Moi, j'en écrase sur le plum. Il n'est pas content, mais me rapporte des nouvelles. Il passe constamment des trains de soldats, mais vides. Il y a des soldats en armes partout. Les autos sont réquisitionnées.

Il paraît qu'on n'a jamais été si près de la guerre.

C'est la première fois que l'École est rappelée.

L'après-midi on fait de la manœuvre du brancard. Mais là, on s'amuse franchement : les blessés volontaires en voient de cruelles. Popol avait demandé à venir avec moi au camp de Châlons. C'est refusé. Je reste à Lyon. On se donne rendez-vous à Berlin dans le plus chic restaurant de *Unter-den-Linden*. Mais avant, chez les Hassinger. Vendredi, après dîner, nouvelles pessimistes. Balades au parc Tête d'or [mot illisible].

Samedi 1er août. Les préparatifs s'achèvent. Après-midi, balade avec Popol. Étant place Bellecour vers 5 heures, un vieux monsieur nous aborde et nous dit que la *mobilisation générale* est décrétée. En effet, la nouvelle arrive au *Progrès*. Manifestation patriotique. Des gens nous serrent la main et crient « Vive l'armée ». Nous achetons un Rück-sac[1] et rentrons à la Boîte [École militaire du Service de santé] faire nos paquets. Après dîner, adieux très touchants de notre directeur Hassler, dans le grand amphi. Tous nous crions « Vive la France ». Émotion générale. Combien d'entre nous vont rester sur le terrain ! Sortie jusqu'à 9 heures. Popol et moi allons à l'église de la rue de Condé et rentrons. La mobilisation est pour minuit.

Dimanche 2 août. (Premier jour de la mobilisation.) À 8 heures, nous allons au Fort Lamotte et touchons un revolver et dix-huit cartouches. Ça fait plaisir ! On s'en servira. On va à un petit bout de messe et tout le monde touche ensuite son livret et sa médaille d'identité. Cheveux ras. Je me laisserai pousser la barbe.

Vers 1 heure, on apprend que les Prussiens ont passé la frontière. Touche la masse [solde] : 105 F en billets dont un billet de 5 F (le premier que je vois). Nous touchons nos feuilles et partirons pour le camp de Châlons à 20 h 40, ce soir. J'achète une gourde et une conserve de foie gras. Je vais remplir ma gourde de bière. Dernier dîner à l'École (à moins qu'on y

1. *Rucksack* : sac à dos en allemand. (NDE)

revienne après la guerre). Il paraîtrait que les Allemands ont déjà reçu une rossée. Chic ! Moi je suis content de partir ! Départ : 20 heures. Ovations des Lyonnais. Arrivée à Dijon à minuit – où j'écris ces lignes. Le train repart à 21 h 10. Je vais dormir...

Lundi 3 août. On voyage toute la journée. On change au moins six fois de train et on arrête tous les dix kilomètres. Partout nous faisons la dînette. C'est très gai. Les 13 Santards [élèves de l'École du Service de santé] qui forment le groupe du 6e corps [1] sont : Givry, Cazalis, William [2], Couture [3], Deroche, Bergeret, Cavagnol, Malinas, Menanteau, Rouvois, Thirion, Floquet, Laby.

Nous déjeunons à Langres, à Chaumont et dînons à Vitry-le-François. Nous voyageons en première – deuxième – troisième ; de Vitry à Châlons nous sommes dans un wagon à bestiaux. Nous croisons des trains de soldats en masse. Enthousiasme général. Je vois le train régimentaire du 25e artillerie (mon ancien régiment). Ça fait du bien. Je retrouve Gobin, Vitry... (tués quelques jours plus tard). Arrivée à Châlons à minuit. Nous couchons sur le plancher des salles d'attente. À 6 heures, je vais chez mon oncle Jules et y déjeune. Départ à 7 h 30. Arrivée au Camp le mardi 4 août, à 11 heures du matin. Trente-neuf heures pour venir de Lyon au lieu

1. Un corps d'armée est une grande unité militaire, regroupant des divisions et d'autres unités selon des combinaisons variables. (NDE)

2. Tué.

3. Amputé.

de neuf normalement ! En arrivant, nous mettons nos cantines dans une ambulance pour l'hôpital. Nous apprenons que *la Guerre est déclarée.* Nous déjeunons à la gamelle. Le soir les officiers nous disent d'aller au mess avec eux (2 F). Nous logeons dans un pavillon d'officiers, mais sur la terre battue – n'ayant qu'une paillasse et une couverture. On dort comme des princes [1].

Mercredi 5 août. Sommes affectés à la 56e division d'infanterie de réserve. Groupe des Brancardiers divisionnaires. C'est un poste d'honneur : nous irons ramasser les blessés sur le champ de bataille. Sommes autorisés, les deux lieutenants d'administration (Arreteig et Demarre) et moi, à aller à Reims jusqu'à demain matin, 11 heures. Départ à 10 heures sur un truc de train de marchandises. Voyage très agréable en plein air. Je déjeune chez tante Jeanne. Zotte me donne un revolver de concours 1892 et 43 cartouches. J'espère m'en servir bientôt. Puis il me donne une gourde. Le soir, on dîne chez Zotte avec Henri, tonton, André Bardet. Tous pompettes ! Retour 2 heures du matin : on fait pipi au milieu de la place Royale. Quelle bonne soirée. Est-ce la dernière ??

1. Note ici un petit incident du voyage que j'ai oublié d'écrire hier soir ; tous les treize nous sommes étendus pêle-mêle avec armes et bagages dans un wagon à bestiaux. Un pâle falot accroché au fond clignote dans l'obscurité. Très fatigués, nous nous sommes tous assoupis ou nous songeons. Tout à coup, l'un de mes camarades, Couture, qui a une voix très jolie, debout au milieu de nous, chante la *Lettre d'adieux du gabier* de Botrel. Plus d'un d'entre nous a la larme à l'œil. Émotion le... [manque la fin de la phrase].

Jeudi 6 août. Départ de Reims à 8 heures. Zotte m'a donné une pipe « Poum Poum ». Je commence à fumer – ça va bien. Au camp, préparatifs. Aujourd'hui, arrivent deux bleus de l'École : Seillant, Bugeot. Ils passent aspirants. Manquait plus que ça ! On ne veut pas me payer mon mandat de 100 F d'indemnité d'entrée en campagne. Bergeret l'a égaré. Démarches.

Vendredi 7 août. Nous passons la journée à habiller nos cent vingt brancardiers. Demande pour un duplicata de mon mandat. Pluie toute la journée. On a les photos de la veille.

Samedi 8 août. Il refait beau. Je rencontre un tas de gens de connaissance : Drs Saintain, Limasse, Carrière, etc. Chic ! C'est après-demain au matin que nous devons partir. J'en grille d'envie. J'en ai assez de sentir les autres se battre et moi rester là. Il paraît qu'on se bat sérieusement en Belgique. On aurait repoussé partout les Prussiens à la frontière. En somme, il circule beaucoup de canards[1] mais rien de sûr. Je crois tout de même qu'ils prendront la pile : France, Russie, Angleterre !! L'Italie est neutre. Il paraît que ces cochons-là tirent sur les ambulances. Ah mais ! il faudra les défendre. Ici, toutes les nuits, des aéros croisent avec les phares énormes pour surveiller les zeppelins[2] qui,

1. Article de colportage à destination des classes populaires à l'époque moderne. Au début du XXe siècle, par extension : fausse nouvelle. (NDE)

2. Dirigeables allemands, désignés par le nom de leur constructeur, le comte Ferdinand von Zeppelin. (NDE)

d'ailleurs, ont bien trop la trouille : on n'en a pas encore vu un seul !

Suite des préparatifs. Équipements. Notre aide-major, Poujol, est malade. Pourra-t-il partir ? Notre médecin-chef, Théraux (quatre ficelles [commandant]), en est embêté. Nos voitures sont sur le « campement territorial du train ». Le lieutenant Beaufay (d'Asfeld) les commande. Notre ordre est de partir le douzième jour à 8 h 27. Durée du voyage : douze heures. But : environs de Verdun.

Allons bon ! On ne part donc plus demain, lundi, comme on l'espérait. Probablement jeudi. J'ai acheté un carnet de croquis. Les nouvelles de la frontière sont bonnes : les Allemands sont repoussés partout dans l'est. On dit que le général D'Amade est à Mulhouse. Prussiens devant Liège. Le 7e corps allemand amoché est remplacé par le 13e. Un zeppelin abattu. Nous marchons comme médecins auxiliaires Ravoux, Thirion et moi. J'ai enfin touché mes 100 F d'entrée en campagne. Dans la 1re section, un sergent très chic, Wyles, architecte, sorti des Beaux-Arts. Dînons avec lui. Hier, j'ai eu une lettre de chez nous ; tous vont bien ; moi aussi. Alors ça colle ! Cet après-midi, chargement des voitures en plein soleil, près du hangar à dirigeables. On voit partir une escadrille voisine. Le soir, à 18 heures, en allant dîner, on reçoit la dépêche suivante : « Le drapeau français flotte sur Mulhouse. Général D'Amade occupe la ville. Du 153e de ligne, il ne reste que trois cents hommes. Le 8e chasseurs à pied a perdu 80 % de son effectif. Vingt-cinq drapeaux pris – cent vingt canons – cinquante-deux mille Allemands hors de combat et quinze mille Français. »

Enthousiasme indescriptible. Les soldats chantent *La Marseillaise* toute la soirée. Très impressionnant.

Lundi 10 août. Ce matin on fait la grasse matinée. Tout est prêt pour le départ. On enrage de ne pas partir. Et l'ordre qu'on attend d'un moment à l'autre n'arrive pas... Quelle guigne ! Je suis furieux. Moi aussi je veux aller en Alsace ! Bon... je crois qu'on part ce soir. Ce serait de la veine. Après-midi calme. Pas de nouvelle. Dîner au mess. Sergents de ma section : Lacombley, Dessaint, Chappe.

Mardi 11 août. Toujours pas de nouvelles de chez nous. J'écris tous les jours, mais je sais que le service postal est mal fait. Enfin, du neuf ! Nous partons jeudi matin à 8 h 27 pour Verdun même, arriverons à 13 h 25. Justement aujourd'hui les journaux disent que les Allemands en sont à 25 kilomètres. Enfin ! On va les voir de près. Ah ! Les salauds ! Il n'est que temps. J'enrage de rester ici. Soir, mess avec officiers du 9e génie. Un homme malade, j'y vais. Les premiers blessés arrivent. Ma barbe pousse. Les hommes de la section se font raser en pointe, comme moi (c'est Ravoux et Thirion qui me font remarquer ça, ce soir, en rigolant). J'écris chez nous. Je donne mon adresse aux camarades pour s'il m'arrive une balle dans la peau... Faut tout prévoir. Je prends la leur également : Pierre Ravoux, 412 Waldeck-Rousseau, Angoulême. Pierre Thirion, La Ferté-sur-Amance (Haute-Marne).

Nous nous promettons d'aller voir les familles des absents, s'il y en a au retour. J'écris une lettre pour Père et Mère que je garde dans mon portefeuille et qui leur parviendra seulement si je me fais bousiller...

Mercredi 12 août. Les cantines sont faites. Tout est prêt. Enfin c'est demain ! Ouf !! Et demain, c'est le 13. Je rencontre un ancien copain du lycée qui est brancardier : Franquet.

Jeudi 13 août. Réveil à 3 h 30. Embarquement. Départ à 8 heures. Chaleur épouvantable. Déjeuner en première classe. Verdun : 13 h 30. Marche de dix-sept kilomètres pour Les Monthérons. Je fais la route en bécane. Deux pannes. Je prépare le cantonnement. Plumard moëlleux (M. Mahmet). Demain à l'aube, on part pour Chaillon. Partout, bon accueil : ça n'est plus comme aux grandes manœuvres ! Curé, très chic. Le village sera gardé la nuit (ordre de Verdun) pour prévenir une attaque toujours possible car, à partir d'aujourd'hui, on peut voir les Uhlans [éclaireurs allemands à cheval]. Ils seront bien reçus ! Le soir, le brave curé tombe du haut du perron, et se blesse légèrement. On le soigne puis on va le coucher.

Mots de passe : 13 : Rapp Reims. 14 : Serrurier Soissons. 15 : Turenne Tunis.

Vendredi 14 août. Réveil à 4 h 15. À 5 heures, départ pour Chaillon [Meuse]. Je vais en avant avec Poujol qui est à cheval, moi en bécane ; avec le cycliste Wandeville (d'Épernay). Trajet de vingt-huit kilomètres. Nous croyons rencontrer une patrouille de

Uhlans : ce sont des nôtres. Les hommes sont fourbus et cuits par le soleil quand ils arrivent vers 3 heures. Nous arrivons à 9 heures matin. Tous les pays où nous passons sont en émoi : c'est l'anniversaire de l'entrée des Prussiens en 70. Pays barricadés, voitures en travers de la route – peur de Uhlans.

Nous faisons le cantonnement. Je suis, avec Ravoux et Thirion, chez M. Noël – très bien. Ici sont de nombreuses troupes et l'état-major. L'après-midi, nous entendons les premiers coups de canon (dix environ). Les Prussiens ne sont pas loin. Il y a de toutes les armes ici. Le 25e artillerie de réserve est là. Je vois tous mes anciens copains.

Samedi 15 août. Assomption. L'un de nos brancardiers, chanoine à Soissons (le père Binet), dit une messe à 9 heures. L'église est comble. C'est une cérémonie fort impressionnante : le prêtre est en culotte rouge, les enfants de chœur sont des chasseurs à pied en tenue de campagne (baïonnette, musette, bidon, etc.) L'orgue est tenu par un sergent. Le chantre aussi est un militaire. Les femmes et les enfants du pays sont là avec des soldats de toutes armes et de tous grades. Tous chantent un *Ave Maria ;* c'est très touchant. Je regrette sincèrement de n'être pas caricaturiste : un pareil spectacle ne peut être crayonné dans mon carnet et c'est dommage. Le soir, exercice du brancard (les chiens sanitaires[1] commencent leur besogne). Il pleut.

1. L'armée française dispose de 250 chiens sanitaires en 1914, dont 150 partent pour le front à la mobilisation. Il est prévu de les employer à la

Dimanche 16 août. Le matin, mouvement en avant de toutes les troupes. On s'attend à partir. On a capturé une quarantaine de Prussiens dans les bois environnants. Je ne les vois pas, mais on ramène triomphalement des lances et des sacs. Le soir, exercice. En revenant du dîner, on manque de se faire fusiller par un chassebi [chasseur à pied].

Lundi 17 août. Réveil à 4 heures. Alerte. Départ pour Vigneulles. Pluie. Route encombrée. Je fais l'étape sur un fourgon : mon entorse du mois de juillet me fait encore mal. Ici, on exhibe triomphalement un manteau de Uhlan. On entend le canon toute la journée.

Mots de passe : 17 : Catina Constantine – 18 : Davoust Danviller – 19 : Sauvais Liège – 20 : Massena Metz. Après-midi, bécane avec Ravoux dans la chambre !

Mardi 18 août. Départ à 8 heures, dix kilomètres à pied en tête de ma section. Cantonnés à Saint-Maurice. Nous avons encore une chambre Ravoux et moi. Il y a une bibliothèque : je continue ma lecture des *Misérables.* J'en suis justement à l'épisode de Waterloo... et le canon ne cesse de tourner depuis ce matin. Cela fait un drôle d'effet. Les hommes sont gais ; on a chanté tout le long du chemin. Ils ont confectionné un drapeau.

---

recherche des blessés sur le champ de bataille, de nuit notamment. En dépit de certains succès ponctuels, leur utilisation se révéla généralement décevante. (NDE)

Mercredi 19 août. Nous nous attendions à partir ce matin ; nous restons. L'après-midi, nous montons sur le plateau au-dessus de Saint-Maurice sous les Côtes. On découvre toute une plaine immense. Nous voyons la frontière à vingt kilomètres et le territoire annexé. Dans les jumelles, c'est très net. À une quinzaine de kilomètres, les villages de Champs et de Chambley occupés par les Allemands. Ceux-ci y ont, paraît-il, commis des atrocités. Partout, on a creusé des tranchées-abris. Nous voyons nos soldats dans la plaine, face à l'ennemi. Ce matin, canonnade et feux de salves. Ce soir, calme absolu. Par temps clair, on devrait voir la cathédrale de Metz, la brume gêne. Une dépêche arrive : partout les Prussiens sont repoussés. Je ne crains qu'une chose maintenant, c'est de faire partie de l'armée qui fera le siège de Metz. On aurait le temps de s'embêter ferme – et le voyage en Allemagne, que je serais si heureux de faire, serait à l'eau !... Enfin !!!...

Jeudi 20 août. Cette nuit, on a attaqué un motocycliste « déguisé en soldat » et causant couramment le français ; on le garde sous les verrous comme espion (on en voit partout !). Ce matin, au moment où on parlait déjà de le passer par les armes, on reconnaît l'erreur et on le relâche. Soupir du pauvre troufion !

Mot [de passe] : Ney Namur.

Vendredi 21 août. La 56 va avancer. Il n'est que temps ! Ce soir, pour me désennuyer, je dessine des menus. Canonnade. Quelques coups de feu, tout près.

Samedi 22 août. Toute la journée, canonnade violente à vingt-cinq ou trente kilomètres. Nord-est. Entre 2 et 4, feu très vif. Je compte jusqu'à quatre-vingts coups à la minute. Soir calme. On ne moisira plus longtemps ici.

Éléments de la 56 DI [division d'infanterie] – Général Maunoury, commandant l'armée de Lorraine.

111e Brigade = (général de Dar lein)	12e Brigade (général Cormil)	Cavalerie
294e régiment d'infanterie	350e régiment d'infanterie	2e escadron du 3e hussards artillerie
354e régiment d'infanterie	351e régiment d'infanterie	1er groupe 21 ; 22 ; 23 bataillon du 25e d'artillerie
355e régiment d'infanterie	65e bataillon de chasseurs	2e groupe 24 ; 25 ; 26 bataillon du 32e d'artillerie
66e bataillon de chasseurs	69e bataillon de chasseurs	3e groupe 27 ; 28 ; 29 bataillon du 40e d'artillerie

+ du génie, parcs, ambulances, etc.

Dimanche 23 août. Saint-Maurice. Je dessine.

Lundi 24 août. 5 heures : alerte. Trois régiments de Uhlans seraient venus cette nuit, quelques-uns jusqu'aux lisières de Woel – à trois kilomètres d'ici. On amène trois blessés. Départ à 10 heures. La 1re section va à Saint-Hilaire, nous à Doncourt aux Templiers. Je pars en avant en éclaireur avec un [maréchal des] logis du train. Huit kilomètres. À Doncourt, pas d'eau. Logement difficile. À 4 heures tout est prêt, mais... ordre de départ. On refait 10 kilomètres et on couche sur la place d'Hannonville jusqu'à 23 heures. Enfin, on cantonne. Un bonhomme refuse d'ouvrir : on menace d'enfoncer à coups de crosses. À 2 heures, alerte. On se recouche.

Mardi 25 août. Départ à 7 heures. Marche toute la journée. On voit le premier prisonnier, un Uhlan, assis dans un champ. On va jusqu'à douze kilomètres de Mars-la-Tour. Nous croisons un convoi de blessés du 42e colonial : on leur serre la main avec enthousiasme, mais ils sont un peu pessimistes : ils se sont battus, croient-ils, un contre dix... et on recule. On reste en plein champ jusqu'à 16 heures. On déjeune. Comme on s'embête, le lieutenant Beaufay et moi partons à cheval en reconnaissance – mais on ne voit pas de Boches. Canonnade formidable toute la journée. On voit la fumée mais on ne reçoit rien. Enfin, ordre d'aller à Saint-Hilaire. À 18 heures, tout est organisé mais... quoique vannés, ordre d'aller à Buzy à douze kilomètres environ, ramasser les blessés. Le lieutenant Beaufay et moi retournons en reconnaissance. Aussitôt partis, nous quittons nos brassards et redevenons ainsi combattants. Ça c'est chic, au moins ! J'espère dégringoler quelques Boches. Ceci, nous ne le disons à personne car ces petites expéditions en amateurs seraient réprimées.

Mot [de passe] : Crillon Champaubert.

Les routes sont si encombrées que nous ne pouvons faire plus de 3 kilomètres. Arrêt à Harreville de 20 heures à 3 heures du matin. L'aumônier Dehlinger et moi dormons dans le cimetière, avec une pierre tombale comme oreiller. Il fait si froid que l'aumônier me prête la moitié de son manteau. Vers 1 heure, alerte ; le pays est cerné, paraît-il – Cuirassiers au galop dans l'obscurité – Puis, plus rien. Départ à 3 heures. Arrivée à Buzy à 9 h 30. Sur la route, je m'entends appeler par un soldat du 354e infanterie (24e compagnie) étendu dans le fossé. J'hésite à le reconnaître tant il est jaune, sale, amaigri. C'est Léon Watremez, fourbu, qui s'est battu la veille ici : en effet, il y a eu une bataille énorme. Je lui donne un peu de niôle et de l'opium. À Buzy, arrivent trois cents prisonniers allemands, et de pauvres gens arrivant de Rouvres, nous racontant les atrocités commises chez eux : un vieux auquel je cause a été attaché sous un canon, pendant le tir : il recevait des coups de sabre chaque fois qu'il se plaignait. Une vieille a eu son mari tué dans ses bras... Dès la sortie du village, nous sommes sur le champ de bataille : spectacle horrible dont je me souviendrai toute ma vie. Les malheureux soldats blessés et morts gisent sur le sol... Près du pays (passage à niveau) les Français, groupés... À cinq cents mètres, les Allemands, dispersés. Un petit sous-lieutenant français est figé dans l'attitude de la course, le bras tendu, brandissant une épée : il est sur le côté, comme un soldat de plomb tombé. Nous parcourons les champs dans tous les sens et ramassons. Un officier allemand est intransportable, la moitié du cervelet hors du crâne ; je lui fais un petit abri avec sa toile de tente, pour le mettre à l'ombre – et je continue – un Allemand m'offre son porte-monnaie pour que je le tue ; il est atrocement mutilé, en bouillie ; je le prends dans ma voiture. Je fais partie de l'aile gauche de notre battue (trouve deux mitrailleuses boches dans les blés). À l'aile droite arrivent les Uhlans qui chargent lances bas... puis font prisonniers une quinzaine de brancardiers et le lieutenant Demarre. Nous rentrons à Buzy. Un brancardier s'échappe et nous demande à manger pour les autres. Je m'offre pour tâcher d'y aller en vitesse, à cheval, les Allemands s'étant, paraît-il, momentanément éloignés. On décide d'y aller tous pour ramener les blessés qui restent. Bientôt paraissent des cavaliers à l'horizon, tout autour de nous... nous sommes cernés. Ils arrivent au galop. L'aumônier parlemente : voyant nos croix rouges, ils lèvent leurs lances mais nous sommes prisonniers...

Nous continuons notre ouvrage sous leurs yeux (c'est le 23e dragons). Je peux me débarrasser à temps d'un manteau et d'un casque que j'avais barbotés. Heureusement ! Sans quoi c'était le poteau [1]. Ils télégraphient (sans fils) pour annoncer leur prise et on leur dit de nous garder. Allons bon ! Nous voilà prisonniers !! Je cause un peu allemand. Nous pensons que ce n'est en somme qu'une petite aventure, mais en arrivant à Mouaville (Meurthe-et-Moselle) on déchante [2]. Nous sommes ac-

1. Le poteau d'exécution, pour pillage sur les cadavres ennemis. (NDE)

2. On nous fait passer devant un conseil de guerre dans la salle de la mairie : le commandant allemand et ses assesseurs sont assis derrière une longue table à tapis vert. Nous, debout, devant eux. Autour de nous, les

cusés par le commandant de chasseurs à pied qui est là de « ramasser des blessés pour les tuer » (sic). J'essaie de nous défendre, mais ce gros imbécile ne veut rien entendre. Des soldats nous emmènent, baïonnette au canon, dans la sacristie de l'église où on nous enferme sans dîner. Le commandant a dit à un lieutenant « *Morgen Früh* » : « Demain matin »... Que va-t-il se passer ??... On nous désarme. Nous servons de spectacle et de risée aux soldats qui nous regardent par la fenêtre, grillagée de gros barreaux de fer. Je mâche mon premier album de dessins, un peu compromettant. Très peu rassurés, nous nous attendons à être fusillés demain. On nous donne une botte de paille pour six... et des robes d'enfants de chœur. Serons-nous fusillés demain ? Il y a dans l'église des civils qui sont condamnés... Le brave curé d'ici aussi. Il est tout jaune. Il est vrai que je ne me vois pas... L'aumônier Dehlinger arrive après nous (il avait pu retourner jusqu'à Buzy, escorté de deux dragons). Il y a donc : lui, le médecin-chef, Beaufay, Demarre, Ravoux et moi. Dehlinger, qui cause mieux que moi, discute et nous rend de grands services car il est très brave. Les barreaux sont solides. Nous sommes bien gardés. Impossible de ficher le camp... On a faim et même pas de pain... Enfin on s'endort.

Jeudi 27 août. Réveil à 5 heures. On nous dit qu'on va nous envoyer dans une forteresse de Metz. Puis on nous raconte encore que nous avons achevé des blessés

---

soldats qui mettent baïonnette au canon quand le commandant dit : « Demain matin ».

et que nos hommes restés à Buzy ont tué un sous-officier prussien. Toutes les hypothèses redeviennent alors plausibles... Cela nous explique probablement tous les villages en feu que nous avons vus hier soir et les récits des atrocités auxquelles ont assisté les malheureux rencontrés en fuite. Massacre du village de Rouvres. Enfin, vers 10 heures, le commandant du 5e Fußjäger[1] nous annonce qu'on nous renverra en France : les blessés allemands déclarent qu'ils ont été bien soignés par nous. Le curé de Mouaville, qui a aussi failli être fusillé, était accusé faussement d'avoir tué un commandant allemand. On lui a fait faire, avec quelques-uns de ses paroissiens, toute la bataille d'hier, en première ligne, devant les soldats. Il nous promet d'écrire chez nous si nous partons prisonniers. Enfin nous renaissons à l'espoir et espérons bientôt sortir de notre sacristie. Dans l'église sont nos hommes et les blessés allemands. Quand on veut sortir, on est escorté d'un Boche, baïonnette au canon (j'en fais l'expérience en allant au WC... au milieu d'un champ...). J'ai déchiré les lettres de chez nous où Père me conseillait, avec raison, d'exterminer ce peuple infect.

Enfin, on nous annonce qu'on va nous reconduire jusqu'aux avant-postes français. C'est alors que nous constatons toute la fourberie des officiers allemands, car au lieu de nous mener vers l'ouest, ils nous forcent à marcher vers l'est... Ils nous font défiler au pas cadencé autour d'une ferme. Pourquoi ? Que va-t-il se passer ?[2]

1. 5e chasseurs à pied : les chasseurs sont une troupe d'élite particulièrement mobile, destinée à engager le combat avec l'ennemi. (NDE)

2. Les Boches ont un tel respect de la hiérarchie et de l'autorité, que, bien

C'est une compagnie de chasseurs à bicyclette qui nous encadre. Ils sont d'une impolitesse crasse, se moquent de nous et pillent nos bagages. Et tout au long du chemin, nous servons de risée aux soldats qui rient de nous et nous menacent du sabre et du fusil. Nous traversons des pays incendiés et ravagés. Depuis la veille, nous n'avons eu en tout qu'une gamelle infecte pour six.

À Affleville, les chasseurs sont remplacés par de l'infanterie qui nous accompagne jusqu'à Landres, ce qui nous fait vingt-cinq kilomètres environ. On nous a pris nos chevaux et nous sommes fourbus. Là, un colonel très chic nous donne enfin à manger ainsi qu'à nos hommes. Il est 19 heures. Nous commençons à croire que nous sommes prisonniers pour de bon : on nous

---

que prisonnier, j'en fais mettre un au « garde-à-vous » devant moi. Voici dans quelles circonstances : alors que nous croisons un régiment prussien, un soldat allonge sa sale patte et me chipe mon képi sur ma tête. Comme je n'ai pas du tout envie de partir en Bochie sans rien sur le crâne, je bondis sur mon Prussien qui continue sa route en sens inverse avec son trophée. J'essaie de lui arracher mon képi, mais il le tient ferme. Alors, la conversation suivante s'engage (en allemand bien entendu) :

« – Toi tu vas me rendre mon képi.

– Non, tu n'es qu'un sale prisonnier !

– En effet je suis prisonnier, mais moi je suis officier et toi tu es simple soldat. Je t'ordonne de me rendre mon képi ! »

Et cet imbécile de Boche se met au garde-à-vous :

« – *Ya, Herr Leutnant !!* »

(quelle couche !)

Oui mais le lieutenant Beaufay, qui a vu la scène, tremblait que ça ne tourne autrement et m'engage à modérer mes transports !!

J'ai appris depuis, par le curé de Mouaville, que nous avions eu seuls la chance d'échapper à la tuerie ; après avoir fait le tour de la ferme au pas cadencé. Ceux d'entre nous dont les Boches n'avaient pas besoin ont été immédiatement fusillés (au nombre de 75).

enverra demain, paraît-il, à Metz. Enfin, vers 20 heures, le général télégraphie qu'il faudra nous relâcher, mais qu'avant il faudra aider dans un hôpital de campagne allemand, à Lanhères, à une dizaine de kilomètres. Nord de Buzy. Exténués, nous repartons sans avoir pris aucun repos et escortés de l'infanterie qui marche très vite car elle est fraîche... elle !! Je suis vanné. Pendant tout le trajet, l'aumônier et moi sommes désignés pour marcher en tête de la colonne : ainsi, s'il arrive quelque chose, les premiers coups seront pour nous. Ça ne rate pas. Vers minuit, il y a une petite rencontre, une vingtaine de coups de feu et c'est tout... Personne n'est touché.

Quelle horrible nuit ! Nous marchons toujours. Nous traversons Rouvres en flammes. À terre, cadavres. Nous croyons voir des femmes et des enfants [1]. Le lieutenant qui commande le détachement fait admirer à ses hommes la beauté du spectacle : « *Ach ! Wie Schoën* [sic] *!!!* » dit-il !!

Je cause avec deux pauvres Alsaciens qui sont navrés de servir pour les lignes allemandes. Ils tâcheront de déserter. Ils m'apprennent que les Français sont battus dans le nord (Charleroi). J'en suis atterré. On marche toujours. Je partage avec l'aumônier une dernière croûte de pain, grosse comme le petit doigt, que je gardais précieusement au fond de ma poche : il me remercie avec effusion, comme d'un cadeau princier !! Nous sommes morts de fatigue et nous craignons maintenant qu'ils ne nous mènent en avant, non pour nous relâcher, mais pour se

1. Ceci a été prouvé ultérieurement. Il y eut là une tuerie abominable de 77 civils pendant l'incendie.

servir de nous afin de forcer les lignes françaises... On n'en mène pas large. Enfin, à bout de forces, nous arrivons à 4 h 30 à Lanhères après avoir traversé quatre ou cinq villages en flammes. Comme c'est triste : tout est pillé ! Tous sont tués... Là, on nous accorde deux heures de repos. Nous dormons. Puis, nous soignons les blessés de notre mieux [1]. Déjeuner confortable à midi chez le garde champêtre (je crois), de braves gens qui se cachent pour nous donner tout ce qu'ils ont de meilleur. Les médecins boches de leur côté s'empiffrent devant nous et sablent le champagne comme des goinfres. Enfin, le travail est fini et on va nous lâcher. À ce moment, un médecin inspecteur arrive et veut nous garder jusqu'à la fin de la campagne. Ah ! le salaud !! Nous retombons dans le marasme le plus absolu : il veut nous envoyer à Metz.

En résumé, d'heure en heure nous sommes passés par les émotions les plus fortes et les plus opposées : « Vous allez être fusillés... », puis : « Vous allez être libres », puis : « On vous gardera prisonniers à Metz », etc.

Enfin, nouveau contre-ordre : ouf ! On nous renvoie. Essayons d'emmener un sergent dont les deux yeux ont été enlevés par une balle. Impossible au dernier moment. Escortés par les hussards allemands, nous passons par Étain, qui est brûlé. Sur le champ de bataille, nombreux morts allemands, tous frappés dans le dos [2].

1. Quelques prisonniers, bien qu'exténués, se lèvent et nous saluent en un magnifique « garde-à-vous ».

2. Les hussards qui nous gardent montrent le poing à leurs morts, en les traitant de « Kosaks !! »...

C'est le 4e bavarois, « le meilleur régiment de l'empire ». Un trompette de notre escorte a une sacoche pleine d'argent volé qu'il fait sonner en se moquant de nous. Exténués, nous arrivons aux avant-postes français (petit soldat roux dans le fossé de la route). Nous couchons à Aix. Lit plein de punaises. Dîner chez le curé. Suis couvert de morsures. Coup de fouet [de l'escorte allemande] (dans le mollet).

Canot sur l'étang du château, pour nous reposer, Ravoux et moi.

Journée ravissante...

Alerte à 3 heures du matin. On se replie sur Verdun. Logés à la caserne du 166 à Jardin Fontaine. Sur la place de Verdun, je suis avec le lieutenant Beaufay ; nous voyons un télégramme au mur et allons le lire. Nous ne pouvons pas croire ce qui est écrit : « Les armées allemandes sont en marche sur la Fère... ». Nous nous affalons sur un banc, consternés. Cathédrale. Bain. Cercle militaire. Je suis malade : coliques, mal de cœur, fatigue.

À 13 heures, on prend le train pour une direction inconnue. Encore fort malade. À Saint-Mihiel, nous retrouvons Poujol, Arreteig, Thirion, avec joie. Lamentable histoire de Dehlinger accusé d'espionnage. Dîner à Lérouville, puis on retourne à Sampigny. Voyage toute la nuit.

Vers midi et demi, on arrive aux environs de Paris. Grand enthousiasme partout. On contourne Paris et prend la ligne d'Amiens. Débarquement à Survillers. Quinze kilomètres, puis on cantonne à Lamorlay. Je loge chez le comte de Broglie ; chambre épatante. Bain.

À midi, on part à Fontenay-aux-Louvres. On dîne. Alerte à 20 heures. On repart et cantonne sur la paille à Vauderlan. On crève de froid. Depuis Buzy, je marche à pied en tête de mes hommes. Je n'en puis plus. Coups de feu. J'engueule mes hommes qui font mine de foutre le camp. Les Allemands arrivent derrière nous. Ils occupent Senlis, Compiègne, etc. Je n'ai qu'une frousse, c'est qu'ils aillent chez nous. Pendant cette nuit où nous marchons jusqu'à 2 heures du matin, je suis si triste de battre en retraite que je ne puis m'empêcher de pleurer. Je m'endors à une halte et me réveille... tout seul. Dans l'obscurité, les autres ne m'ont pas vu. Je rattrape avec peine. Des cavaliers passent (les derniers Français) : les Allemands nous serrent de près. Aéroplanes ennemis au-dessus de nous. Je couche sur la paille, sur le bord du chemin.

Jeudi 3 septembre. 5 heures du matin, alerte. La journée se passe en marches et en contremarches. Quel triste spectacle ! On est éreintés.

Restons sur la route de Louvres, que nous ne pouvons atteindre tant l'encombrement est grand. Nous recevons la visite de nos « successeurs », envoyés pour nous remplacer car on nous croit fusillés. En effet, plusieurs médecins auraient été tués : Dr Langlais, fusillé ; un médecin principal ; Dr Liglaire, Dr Lhommel (fusillé parce qu'il avait des chaussures allemandes), tous deux sortis de Lyon cette année ; William, Floquet – camarades de l'École – auraient été brûlés dans un village : chaque fois qu'ils voulaient sortir, ils étaient canardés.

... En Somme, nous voilà sous les murs de Paris ; mais j'ai le ferme espoir que ça ira mieux et *je sais* que nous vaincrons. Donc, courage !

Déjeuner sommaire sur l'herbe. Dîner somptueux à Gonesse, au château de M. Cauchy. Je suis pour l'instant chef de popote et on me vote des félicitations ! Bataillon de marsouins saouls. (Le porte-drapeau a oublié son drapeau dans ma chambre : il enfonce la porte en pleine nuit, croyant qu'on le lui a volé !!)

Vendredi 4 septembre. Nuit excellente. Déjeuner. Départ pour Sevran (Seine-et-Oise). Le logement à l'asile des vieillards. Aéroplanes nous survolent. Des bombes éclatent. Depuis le 26 août, j'ai fait les étapes à pied à la tête de mes cent vingt brancardiers. Maintenant je n'en puis plus. Mon entorse redevient un peu douloureuse : je ferai quelques étapes en voiture puisque mon cheval a été pris par ces cochons de Boches. Depuis le 26 également, j'ai été obligé d'abandonner mon carnet de croquis : j'ai dû en déchirer une grosse partie où j'avais caricaturé des Prussiens. Et puis, maintenant, ça n'a plus de charme : je suis trop écœuré par les événements actuels : il ne faut pas être triste pour faire des caricatures...

Samedi 5 septembre. Départ de Sevran à 2 heures. Dîner en dix minutes à... [illisible] (le médecin-chef gueule comme un putois). Longue marche. Canonnade. On passe à Juilly où va s'établir une ambulance et où nous amènerons les blessés que nous allons chercher à Mongeais. Nous ne pouvons prendre que les blessés du village, car en dehors, on se fait canarder. Travail toute la nuit. Que de blessés ! Que d'horreurs ! Tous supplient pour qu'on les soigne et les emmène les premiers... Il y en a plein une cave, puis plein les villas, dans toutes les chambres, sur tous les lits. On arrête un espion qui fait des signaux lumineux aux Boches. Que c'est triste ! Grand feu sur la place, près de l'église. Fantassins et chasseurs étendus, sans mouvement, tout le long des rues. Quel cauchemar que cette vision ! Retour à Juilly (Seine-et-Marne. Trente-deux kilomètres de Paris) à 3 heures et demie du matin.

On entasse les blessés côte à côte dans la chapelle...

Dimanche 6 septembre.
IVe Armée
État-Major

Message du commandant en chef
9 heures

Au moment où s'engage une bataille dont dépend le Salut du pays, il importe de rappeler à tous que le moment n'est plus de regarder en arrière. Tous les efforts doivent être employés à attaquer et refouler l'ennemi.

Une troupe qui ne peut plus avancer devra, coûte que coûte, garder le terrain conquis et se faire tuer sur place plutôt que de reculer. Dans les circonstances actuelles, aucune défaillance ne peut être tolérée.

Signé : Maréchal Joffre

Dimanche 6 septembre. À 5 heures, je m'étends sur une descente de lit chez le concierge de l'établissement, bien heureux encore de trouver ce petit coin. Réveil à 7 heures. Mon ami Garoby, de l'École, a été tué à l'ennemi.

Départ pour Saint-Souplay (onze kilomètres nord de Meaux) par Mongeais.

Toute la journée, bataille formidable : les obus éclatent devant nous. Cantonnement d'alerte sur la route. Les Français ont fait hier douze kilomètres en avant.

La bataille a continué une partie de la nuit et reprend de plus belle ce matin. Le médecin divisionnaire a dîné hier soir avec nous à Saint-Souplay, où nous avons couché. Ce matin, on fait feu sur un avion Taube [1] mais sans le toucher. Je n'ai pas encore retrouvé de revolver depuis le 26. Nous voyons défiler des prisonniers allemands, mais cette fois, on ne rigole plus en les voyant passer. Nous avons trop souffert des rires et des menaces, lorsque nous l'étions. Nuit à Saint-Souplay.

Sommes envoyés sur la route de Saint-Souplay à Marcilly. Aujourd'hui, je reçois le baptême du feu : à 10 heures, on m'envoie seul avec un tringlot [soldat du train], un cheval et une voiture chercher des blessés à la ferme de Saint-Gobert. Arrivés à trois cents mètres à peine de la ferme, entre elle et nous éclatent subitement quatre obus. Nous attendons cinq minutes, puis

1. Modèle d'avion allemand le plus répandu au début de la guerre, avant son remplacement au printemps 1915. (NDE)

le feu recommence de plus belle sur la ferme et à deux cents mètres à peine de nous, nous en interdisant l'accès. Hésitation... mais les obus nous obligent à tourner bride. (Pour un début, c'est pas brillant !)

Tout de même, je pensais que l'impression était [mot illisible] plus pénible. Nous sommes restés debout, à peine troublés. La seule chose est qu'à chaque éclatement de schrappnels [sic] [1] au-dessus ou à côté de vous, on rentre instinctivement le cou dans les épaules... et c'est tout. En revenant, je trouve Léon Watremez, sur la route près de Marcilly. Nous faisons la causette.

Hier après-midi, j'ai oublié de signaler que j'avais seul établi une ambulance dans la mairie à défaut du personnel de l'ambulance n° 2 qui n'est arrivé que le soir. J'ai soigné 200 blessés. Entre autres, Carpentier de Fronchois, près Lignières, qui a une balle dans le bras [2].

Toute la journée du 8, nous restons sur la route, en arrière de Marcilly qui reçoit un obus toutes les quinze secondes.

Impossible d'avancer, sur toute la ligne. À 4 heures, le médecin-chef reçoit l'ordre d'envoyer des voitures pour blessés à Fontaine-les-Nonnes. L'ordre porte cette note : « L'expérience est dangereuse mais vaut d'être tentée avec personnel restreint. » Poujol et moi sommes désignés pour y aller avec six voitures. Nous partons au trot dans la zone qui n'a cessé d'être bombardée depuis quatre jours. Des officiers nous regardent

1. Obus explosant en hauteur et projetant des billes d'acier, destinées à frapper les soldats dans leurs tranchées. (NDE)

2. Tué depuis.

avec étonnement. Arrivés à cent mètres de Marcilly, un commandant nous donne l'ordre de tourner bride : la route est bombardée... impossible de passer. Pourtant il faut essayer : nous prenons une autre route par Gesvres, qui est bombardé, et Forfry également. Les obus nous encerclent de tous côtés. Alors nous chargeons au galop. À cent mètres de La Ramée, des fantassins viennent en courant : impossible de passer. Leurs camarades viennent d'y être tués. Désolés de ne pouvoir remplir notre mission, nous faisons demi-tour. Passons nuit à Saint-Souplay (M. Fouilloux) [1].

Mercredi 9 septembre. Repos à Saint-Souplay. J'apprends avec peine que les Allemands sont à Amiens (de la bouche d'un prisonnier enfermé dans une bergerie, et qui y est passé). Pourvu qu'ils ne soient pas allés à Lignières ! Grosse émotion.

Jeudi 10 septembre. À 7 heures, départ pour Marcilly, complètement dévasté par le bombardement. Déjeuner. À 15 heures, départ pour Puisieux. Arrivée le soir. Pays dévasté. Tout sent mauvais. Cadavres partout. Logement sur la paille, dans la ferme de M. Garnier qui est dévalisée par les Prussiens. C'est écœurant. Cinq cadavres boches dans notre cour. Enfin, les Prussiens battent en retraite et rapidement. (Casque plein de cervelle : Arreteig.)

1. À un moment donné, nous sommes pris, avec nos six voitures, dans une charge de cavalerie : nous avons tout juste le temps de nous garer derrière un bouquet d'arbres...

Vendredi 11 septembre. À 1 heure, départ pour Boursonne. En passant à Betz, nous prenons une vingtaine de blessés, tant français que boches. Un officier boche en train de claquer. Un autre, blessé couché, que j'ai dans ma voiture, ne peut pas croire que l'armée allemande se sauve. Il me soutient avec arrogance qu'ils ont leur « plan ». Français tué dans un tonneau – où il s'était mis en embuscade. *Spectacle horrible* du champ de bataille, tout le long du chemin. Il pleut. Traversée de la forêt : il y a encore des groupes de Boches retardataires ; un pauvre petit cycliste, tout jeune, est descendu par eux, devant nous. Partout des morts. Boulangerie de campagne abandonnée. Autos idem. Dans les champs, on peut reconstituer des phases de la bataille d'après l'attitude des morts : les uns chargent à la baïonnette, d'autres sont en tirailleurs. Thirion esquive un coup de baïonnette que lui porte un blessé boche qu'il soigne : il a la faiblesse de ne pas tuer cette charogne. Que de viande boche démolie dans tous ces champs ! Meules brûlées avec des cadavres. Depuis le commencement de la guerre, nous avons relevé quatre cent six blessés. Dîner au château de Boursonne au milieu des blessés. Coucher à Boursonne. Nos lits sont occupés. J'ai retrouvé un revolver !

Samedi 12 septembre. Départ à 7 heures. Allons à Puiseux. Suis chez M. Vincent. Couché à Puiseux. Leur retraite continue...

Dimanche 13 septembre. Après déjeuner, balade dans les bois. Je vois un cerf que je tire à deux cent cinquante mètres et que je rate. À 15 heures, départ pour Breuil Saconin, à neuf kilomètres ouest de Soissons. Arrivée à 22 heures, au milieu d'un vacarme d'éclatements et de départs. Logement dans le grenier de M. Leclerc – cousin des Gaudon de Lesges – sur le foin. Les Boches se replient terriblement : ils repassent l'Aisne, laissent des convois sur les routes. Nos pontonniers subissent de grosses pertes en établissant un pont de poursuite. Canonnade et mitrailleuses toute la nuit. Pluie.

Lundi 14 septembre. Notre division ne peut traverser l'Aisne. Plusieurs essais avec grosses pertes. L'après-midi, je fais en vitesse une petite aquarelle avec le sergent Wybo. Vers 17 heures, nous commençons à être bombardés sérieusement : la majorité des obus passent au-dessus de nous en rasant les toits et les murs (ou en les raccrochant, auquel cas ils éclatent) et vont s'abattre dans le fond du ravin derrière nous. Nous voyons une auto passer en vitesse entre les obus. Plusieurs maisons de Saconin sont détruites. Nuit dans la paille.

Mardi 15 septembre. À 2 heures du matin, canonnade et mitrailleuses. À 6 heures, départ sous une pluie fine d'obus. M. Leclerc aurait eu les deux jambes enlevées aussitôt notre départ. Nous voyons des cavaliers anglais, les premiers. À Dommiers, je retrouve à l'ambulance, Léon Watremez qui a eu une veine inouïe : un éclat d'obus a traversé son sac et s'est arrêté sur la peau, ne lui faisant qu'une forte ecchymose. Il est évacué. Avant, je lui fais faire un gros plat de frites et un beefsteack[1]. Nous avons un lit. On en a presque perdu l'habitude : vers minuit je me réveille. Il fait très noir et je ne sais pas où je suis : « Qui est là ?... C'est toi, Ravoux ? – Oui, c'est moi ! – Où sommes-nous ? – Ah ! je n'en sais rien... – Cherchons !... » Et nous cherchons pendant deux minutes. À la fin : « J'ai trouvé : nous sommes dans un plumard ! – Ah oui : c'est vrai, nous avons un lit... – Alors dormons. – Oui, dormons. » (Ceci dit en passant pour montrer l'état d'abrutissement et de fatigue auquel nous sommes arrivés.)

Mercredi 16 septembre. Départ à 10 heures. Recherche de blessés. Il n'y a que des morts. Arrivée à 15 heures à Saint-Bandry. Plumard épatant chez M. Dujon.

Jeudi 17 septembre. Je reste dans ma chambre à bouquiner, dormir... Il fait un temps épouvantable. Un avion français reste vingt minutes au-dessus du village, luttant contre le vent... Il recule. Toute la nuit je suis malade. Coliques. Le canon n'arrête pas.

Vendredi 18 septembre. Mlle Élisabeth – ma propriétaire – est très aimable... mais : départ à 10 heures pour Hautefontaine (Oise). Poujol et moi partons en

1. Par amitié pour Léon Watremez, je le fais partir par le premier convoi, pour qu'il prenne le premier train... Hélas ! ce train arrive sur un pont sauté et tombe dans la Marne... Le pauvre Léon est tué... Que ne l'ai-je pas rencontré ! – J'en suis navré...

avant, à cheval, pour le cantonnement. Tous les pays sont pleins de troupes. Nous cherchons à Hautefontaine, allons aux deux châteaux, passons à l'auberge du *Chat embarrassé,* allons à Sailly, à Montigny, etc. puis aboutissons à Orva. Nous sommes harassés de fatigue. Je ne reçois plus de lettre de chez nous. Logés chez Mme Asset, Ravoux et moi.

Samedi 19 septembre. Journée à Orva. Sale temps. J'achète un chandail et un caleçon de laine (10 F). Aux environs d'Orva vient de se dérouler la scène suivante, il y a quelques jours : un escadron de dragons (le 16e de Reims ?), ayant traversé les lignes allemandes, arrive sur six avions allemands atterris dans un champ. Ils chargent, démolissent les appareils, mais se font tuer, sauf six qui se sauvent à la ferme d'Orva, lâchent leurs chevaux, enterrent armes et vêtements et se déguisent en garçons de ferme. Ils vivent là trois jours, labourant la terre, nourrissant les quelques bestiaux laissés par les sauvages, et mangent à la ferme à côté des soldats boches. Le troisième jour, les Français reviennent, ils sont libres.

Autre anecdote authentique que j'ai oublié de noter le 25 août à Buzy : une compagnie de chasseurs à pied se barbouillent la figure de cirage ; puis, le couteau aux dents, chargent une position jusque-là imprenable. Les Boches affolés se sauvent...

Depuis le 13, nous essayons de passer l'Aisne mais en vain. Des gros canons Rimailho [1] sont arrivés ce

1. Le Rimailho désigne le canon 155 court à tir rapide, inventé par l'ingénieur Émile Rimailho, et qui équipait plusieurs régiments en 1914. (NDE)

matin. Sera-ce pour cette nuit ? Depuis plusieurs jours, le canon n'a pas arrêté de tonner.

Dimanche 20 septembre. L'aumônier dit la messe à Montigny près d'Orva, à 7 heures. La canonnade approche. Le général de Don a l'air embêté et dit devant moi : « Ah les cochons ! en ont-ils des munitions ! » Aussitôt ordre de partir à 2 heures pour une ferme Vauberon, près de Mortefontaine. Forte pluie. Les Allemands repassent l'Aisne l'après-midi, mais sont repoussés énergiquement. Cantonnement à la ferme de M. Ferté. La nuit, les artilleurs nous font déloger. Les autres sont obligés de coucher dans la paille. On était si heureux d'avoir des lits ! Moi, je suis dans la chambre du médecin-chef. Je fais semblant de ne pas me réveiller, je me fais tout petit et je reste...

Lundi 21 septembre. Froid de loup. Il paraît que les Boches, ayant subi de fortes pertes, bombardent Reims. Je ne reçois pas de lettre de chez nous depuis plus de quinze jours. Pourtant, les Boches ont dû évacuer Amiens. Mon entorse va mieux. Le coup de fouet que j'ai eu le 28 août se passe aussi. Hier, j'ai fait la marche à pied ; mes chaussettes sont transformées en mitaines. Départ à 1 heure, marche, pluie torrentielle. Halte sur le plateau au-dessus d'Orva. Très froid. Nous allons à Courtieux, à 1 kilomètre de l'Aisne. Bombardement. Matelas.

Mardi 22 septembre. Enfin ! Les Français passent l'Aisne ! Les Boches se replient un peu. Nous montons sur le plateau en avant de Montigny, à la ferme du Châtelet, d'où nous suivons toute la bataille : nous sommes près d'une batterie de 75 [1]. Bombardement des avions. On dit que la résistance acharnée des Allemands vient de ce qu'ils sont dans des carrières très vastes, où sont de nombreux projectiles, amenés dès le temps de paix car elles appartiennent à un espion allemand qui a pu se sauver. Ils n'avaient en effet plus de munitions depuis leur fuite devant Paris, et maintenant ils en ont à revendre, les cochons !!

Mercredi 23 septembre. Journée à Courtieux. Aéro boche. Salves. Matelas.

Jeudi 24 septembre. Recevons l'ordre, à 9 heures, d'aller ramasser immédiatement des blessés sur la ligne de feu. Le médecin-chef étant absent, je fais atteler et rassemble une escouade pendant que le cycliste le cherche à Vic-sur-Aisne. Quand il rentre, il m'engueule pour mon « zèle excessif autant qu'intempestif ». Puis, cinq minutes après, il me fait ses excuses. À midi, départ pour Attichy avec huit voitures. Allons sur la ligne de feu à cinq cents mètres des Boches. Les balles sifflent. Fermes Navet et Touvent. Blessés plein nos voitures. L'un d'eux, à moitié mort, est crispé sur un casque à pointe qu'il ne veut pas lâcher... Le 294e d'infanterie

1. Le canon léger de 75 mm était le fleuron de l'artillerie française en 14-18. Mis au point à la fin du XIXe siècle, capable grâce à son frein hydropneumatique de tirer vingt coups à la minute, il constitua une arme d'une redoutable efficacité pendant toute la guerre. (NDE)

est fort éprouvé. Il n'y a plus d'officiers sauf le colonel et un lieutenant. Un pauvre bougre claque dans ma voiture. Un autre à l'hôpital d'Attichy. Comme c'est triste ! Par le pont de bateaux, nous regagnons Courtieux puis Jarelouzy. Vingt-trois obus sur un avion français. Pas touché.

Vendredi 25 septembre. Le matin, allons à la ferme du Châtelet voir une batterie du 5e qui canarde les Boches. L'après-midi, partons à cheval, l'aumônier, Arreteig et moi. Passons à Vic-sur-Aisne. À la sortie, tranchées. À un kilomètre de là, un obus arrive à côté d'une maison, à cent mètres de nous. On délibère... mais on doit aller à Saint-Christophe et on ne veut pas reculer. Nous piquons des deux. Grand galop jusqu'à Saint-Christophe où sont les avant-postes français. Les balles sifflent. Restons dix minutes derrière un pan de mur puis repartons : nous avions sans doute été vus ; la grêle d'obus qui nous a escortés à l'aller a fait de grands trous sur la route. Les Allemands n'occupent plus qu'un triangle compris entre l'Oise, le nord de l'Aisne et la frontière. Mais ils reculent péniblement de cinq cents mètres par jour, depuis dix jours !

Samedi 26 septembre. Sommes toujours à Courtieux. Je reçois enfin une carte de chez nous, mais elle date du 29 août. Ce n'est pas neuf, mais ça fait toujours plaisir : j'apprends que Maurice est passé à Lignières et est bien portant.

Le lieutenant Beaufay tue un lièvre. Le soir, à 20 heures : attaque de nuit d'une extrême violence, au nord de Vic, du côté de Saint-Christophe d'où nous venons. Les mitrailleuses font un potin indescriptible. Explosion des obus. Fusées éclairantes projetant une lumière crue sur le champ de bataille.

Dimanche 27 septembre. Messe à 8 heures. Départ à 9 heures pour Couloisy. Je fais la marche à pied, comme toujours (sauf une fois sur trois où c'est mon tour de faire le cantonnement, à cheval). Cinq kilomètres sur la rive gauche de l'Aisne, de l'est à l'ouest. Lit.

Lundi 28 septembre. Couloisy. Le soir, attaque. Une division d'infanterie arrive. Je cède mon plumard à un officier et vais coucher avec Arreteig.

Mardi 29 septembre. Concert (!) avec Arreteig et un graphophone [sic]. Je fais faire un couvre-képi et réparer ma culotte qui n'a plus de fond.

Mercredi 30 septembre. Départ pour Mortefontaine. Le matin, vais en bécane à Jaulzy voir trois Santards : Courtieux, Dirieux, Dans. Étape à pied. Cantonnement à la ferme Ferté. Piteux accueil.

Jeudi 1er octobre. Allons à cheval au château de Pierrefonds. Balade superbe. On se couche à 21 heures. À 22 heures, ordre de départ. Marche toute la nuit. Halte à 4 heures du matin dans la forêt de Compiègne.

Vendredi 2 octobre. Froid aux pieds. Départ à midi. Halte tous les cinquante mètres car toute la 56e DI est devant nous. À 5 heures, après une courte pluie, traversée de Compiègne. C'est la première ville non déserte que nous traversons depuis deux mois. Ça change. Bon accueil. On défile devant la foule en se redressant ! Dîner à *L'Escargot*. Achète un couteau à cran. Départ à 6 h 30.

Marche de nuit. Arrivée à 2 heures à Cuvilly. Pas de lit, comme de juste. À 4 heures, nous trouvons avec joie une pièce avec quelques bottes de paille. On dort un peu. Départ à 11 heures, après un frugal repas. Marche. Arrivée à Boulogne-la-Grasse. Repos bien gagné. Toute la journée, recherche des blessés au nord de Conchy-les-Pots. La nuit également. Pruneaux. Le lieutenant Beaufay ramasse un éclat tombé à dix mètres de nous, brûlant.

Samedi 3 octobre. Je reçois des nouvelles de chez nous et j'apprends qu'il leur a fallu se sauver devant les Boches pendant trois jours. Je rencontre les Santards de la 25e DI (Martinet, Casabianca de ma promo).

Dimanche 4 octobre. On va chercher des blessés toute la journée au nord de Conchy-les-Pots (Oise) – Beuveraignes.

Lundi 5 octobre. Jusqu'ici, avons ramassé six cent cinquante blessés. On tire sur un Taube. Le soir, je suis chargé de mener quatorze prisonniers à Ricquebourg avec un caporal et quatre brancardiers armés... de bâtons. Aucune tentative de fuite, mais je rencontre les Sénégalais qui se précipitent dessus pour leur couper les oreilles. On a du mal à les empêcher. Une femme également se précipite, armée d'un gourdin. Retour : 21 heures.

Un grand Sénégalais se met au garde-à-vous devant moi, salue et me supplie : « Oh ! ma yeutenant. Toi y'en a permettre à moi couper deux oreilles... deux oreilles seulement !! »

Mardi 6 octobre. Visite du château, œuvre d'un loufoque : style moyen-âgeux. Je vais voir tirer les canons 105 lourds du 2ᵉ.

Mercredi 7 octobre. Vais avec Wybo aux batteries lourdes. Mon cheval, Sigismond, pris aux Uhlans, a de plus en plus la colique. On ne peut plus le monter. Je crains qu'il n'en claque. Engueulade avec Arreteig (qui a reçu une fusée de crottin de mon cheval... bien involontairement de ma part !).

Jeudi 8 octobre. Départ à 6 heures pour Onvillers (Somme). Je fais le cantonnement. Logés à la « Cleveland Villa ». Avons maintenant la solde d'aspirant (5 F) au lieu de celle de médecin auxiliaire (2 F 44). Je dessine. Mon calepin de croquis est vu à l'état-major par l'intermédiaire du médecin divisionnaire.

Vendredi 9 octobre. Toujours à Onvillers. Je vais voir à cheval Morel, Ramery et de Courèges à Orvillers (Oise). La nuit, suis malade (dégueulade).

Samedi 10 octobre. Départ pour Remaugies (Somme). C'est plein de troupes. On va à Siennes-au-Château. Chambre de Von Klück.

Dimanche 11 octobre. Messe. Vais à bécane à Montdidier avec Poujol. Au retour, délogés par l'ambulance 2 (Robin). Allons au presbytère.

Lundi 12 octobre. Lever 9 heures. Plumard pépère. C'est la première grasse matinée que je fais. On touche un chandail. Anvers est pris. Soir, à Montdidier à cheval. Je rate Dubois qui y était.

À Beuveraignes, près d'ici, vient de se passer le fait suivant : « Beuveraignes, pendant quinze jours de suite, a été pris et repris chaque jour. Bien souvent (et c'est le cas aujourd'hui), la moitié du village est occupée par les Français, l'autre par les Boches. On se canarde dans les rues par les fenêtres. Pendant la nuit, les Allemands ont pris les femmes et les enfants, les ont groupés et ont allumé tout autour un grand feu dans l'espoir de faire sortir les Français des tranchées voisines et de les fusiller à bout portant. De fait, les cris désespérés des femmes allaient les faire sortir, mais un commandant soupçonnant la ruse s'y opposa formellement. »

Mardi 13 octobre. À Piennes [-Onvillers]. Le 350 rentre de Beuveraignes.

Mercredi 14 octobre. À 13 heures, on se sépare en deux sections. Je reste ici avec Poujol et Thirion. Les autres vont à Hangest-en-Santerre. Je grille d'envie d'aller vers Amiens car j'irais en bécane à Lignières : Thérault m'a presque autorisé. Je reçois un télégramme de chez nous, du 5 octobre. N'avais rien reçu depuis dix jours.

Jeudi 15 octobre. La pluie continue. Tante Jeanne m'écrit qu'elle m'enverra des vêtements d'hiver. On nous annonce la prise d'Anvers. Toutes nos troupes marchent vers le nord.

Vendredi 16 octobre. À cheval avec Poujol à Montdidier. Retour par Assainville [les].

Samedi 17 octobre. Grosse canonnade.

Dimanche 18 octobre. À 1 heure du matin, ordre de départ pour 4 heures, vingt-cinq kilomètres à pied. Arrivée à Mézières (Somme), à vingt kilomètres sud-est d'Amiens à 13 heures. À 15 h 30, je pars en bécane pour Lignières : cinquante-quatre kilomètres. J'en bave des ronds de chapeau. À Éplessier, j'ai les jambes en capilotade. Je crève devant la boucherie de Caulières. Arrivée à 19 h 30. On me prend pour Henri, avec ma barbe. Surprise générale. Monnette a visiblement la trouille. J'apprends la mort du pauvre Léon Watremez dont le train d'évacuation est tombé à la Marne, le jour où je l'ai quitté. On se couche à 20 heures. Maurice a fait trois prisonniers ! Je n'ai jamais eu d'aussi bon cantonnement. Plumard ! Et quel plumard !!!

Lundi 19 octobre. Mère me reconduit jusqu'à Poix en voiture. Train jusqu'à Saint-Roch. Je crève devant le cirque. Je fais mes vingt-deux kilomètres, mais je suis vanné en arrivant à Mézières. Couche avec Thirion.

Mardi 20 octobre. Mézières.

Mercredi 21 octobre. Balade à cheval à Moreuil avec Poujol. Je retrouve deux cumariots [sic] au 354e : Pin et Laval. Le médecin du 354e est le Dr Carivine, de Châlons. Je tâcherai de voir André Gilles, médecin auxiliaire au 294e.

Jeudi 22 octobre. Départ à 11 heures pour Beaucourt-en-Santerre, à 2,5 kilomètres. Cantonnons dans une villa très bien, en construction. Mais au moment de dormir, ordre de retourner à Mézières. Nous couchons dans le fournil, plutôt mal.

Vendredi 23 octobre. Trouvons un lit, Thirion et moi.

Samedi 24 octobre. Vers 15 heures, ordre d'aller à Cayeux à sept kilomètres, nord-est. Nous nous attendons à être très mal, mais au contraire nous cantonnons au château. On nous prévient que la marquise (d'Auriat ?) est hargneuse et maniaque, mais on lui fait de grandes courbettes et elle nous reçoit merveilleusement. On rit comme des fous. Sa fille est gentille. Salle à manger chic. Table immense pour nous quatre. Lits épatants. Pourvu qu'on reste ici quelque temps : mais c'est demain dimanche et, chaque dimanche, il est à remarquer qu'on déménage.

Dimanche 25 octobre. À 5 heures, alerte. Départ à 6 heures, pour Davenescourt. Arrivés là, on nous envoie à Boussicourt. Soit quinze kilomètres. Nous ne sommes plus qu'à dix kilomètres nord de Montdidier. Très bien cantonnés, mais le soir le 66e bataillon de chasseurs arrive et nous déloge. On dîne dans une grange avec la propriétaire qui est fort aimable.

Lundi 26 octobre. Nouvelle popote : moche. Avant-dernière maison à gauche, route de Pierrepont.

Mardi 27 octobre. À 5 heures du matin, départ pour Villers-Bretonneux ou Corbie, on ne sait pas. Étape de trente-cinq kilomètres à pied. Grande halte à Mézières où nous revenons pour la troisième fois. Nous déjeunons chez les Tausy où nous faisions popote et repartons. Toute la brigade est sur la route. Nombreux à-coups. Arrivée le soir à Corbie. On dîne à 20 heures à la pharmacie dans la grande rue. Logé chez un marchand de chaussures à côté, gens très gentils. Bon lit. Espérons rester longtemps ici [1].

Mercredi 28 octobre. À 5 heures, ordre de foutre le camp. Encore vingt-cinq kilomètres, toujours à pattes. Cantonnons à Puchevillers (Somme) dans une ferme. On n'est pas trop mal.

1. Je rencontre André Gilles au 294e RI dans Villers-Bretonneux. Quelle joie !

Jeudi 29 octobre. 5 heures, départ. Encore une étape d'une vingtaine de kilomètres. La brigade monte toujours vers le nord. Nous cantonnons à Saulty (Pas-de-Calais). En trois jours nous avons traversé la Somme à pied. Ici nous logeons chez deux vieux un peu maboules : on rigole toute la journée (Flore). Le canon recommence à taper ferme. Toujours pas de nouvelles de Maurice. Il est vrai que je n'ai encore rien reçu de chez nous depuis que j'y suis allé. Je reçois un paquet de vêtements chauds épatants de Chabris. Je récris aussitôt.

Vendredi 30 octobre. Tiens ! Ce matin on ne part pas. Repos ! Je ne reçois toujours rien de chez nous quoique je continue à écrire une carte chaque jour. Les opérations marchent très bien dans le nord. Les Boches commencent à prendre une bonne pile ; ça devient intéressant.

Samedi 31 octobre. Canonnade très vive toute la nuit. Visite de Beaufay et Demarre qui nous paie. (145 F pour octobre, plus le rappel des deux mois précédents = 113 F.) Je n'ai jamais gagné autant ma galette. Il est vrai que le métier comporte certains risques ! Chic ! Je reçois une carte de chez nous. Tout le monde va bien, y compris Maurice.

Dimanche 1er novembre. Messe. Église comble – un soldat se trouve mal. Toute la foule et les soldats chantent le cantique *Sauvez la France et...* Très impressionnant.

Lundi 2 novembre. À 16 heures, ordre de départ pour Hénu à dix kilomètres. Sud. Arrivée à la nuit.

Cantonnement difficile. Nous couchons sur des brancards (gelés).

Mardi 3 novembre. Le matin, Arreteig et moi partons pour Tièvres voir la première section. Mais on les rencontre à Pas. Ils cantonnent ici et nous venons les rejoindre le soir. Très chic chambre chez M. Cresson, sur la petite place. Nous assistons de loin à un combat d'avions dont l'issue nous échappe. C'est le premier que je vois. Bts [bombardements] d'avions.

Mercredi 4 novembre. Au déjeuner, l'aumônier paie le champagne pour fêter notre réunion et sa nomination à trois galons. La première section va à Sailly-au-Bois et nous à Pommier. Le Dr Robier envoie quelques-uns de mes dessins à un journal anglais. Arrivée à Pommier à la nuit. Cantonnement moche sur un sommier, sans drap, avec Thirion. Les coups de fusil font rage tout près toute la nuit. Des balles sifflent.

Jeudi 5 novembre. Sale nuit. Réveil au canon qui pète toute la journée. Nous sommes à trois kilomètres des Boches. André Gilles vient me voir et m'invite à déjeuner demain à Bienvillers-au-Bois à deux kilomètres d'ici. Je reçois une carte de Georges Perot, qui est cuirassier.

Je serais tellement vexé d'arriver à la fin de la guerre sans avoir tué un Prussien *au moins* que j'ai décidé fermement d'aller passer vingt-quatre heures dans un petit poste avancé, sans brassard, mais avec un [fusil] Lebel et des balles. Je n'en démordrai pas et mettrai irrévocablement mon projet à exécution.

Vendredi 6 novembre. Je vais déjeuner à Bienvillers avec André Gilles et Rizacher. Repas très gai. Après midi, allons à Hannescamps, dernier village français : Monchy est aux Boches. À Hannescamps, il n'y a plus que deux maisons debout. Deux seuls survivants : un vieux de 82 ans qui a reçu un éclat d'obus dans le bras, et sa femme. Les balles sifflent constamment. Les Boches sont tout près. Aspect désolé du pays : on voit les tranchées allemandes. André me donne quelques dessins du soldat Delaroche, du 294e, tué à l'ennemi (collaborateur au *New York Herald*). Les autres, une centaine, iront à sa famille.

Samedi 7 novembre. Vais à Pas à cheval avec Arreteig, voir Robin. L'après-midi, je rencontre le lieutenant Le Trévidée qui était avant officier d'administration à l'ambulance 2, et passé sur sa demande comme combattant au 361e. Nous lui faisons part de notre projet, Arreteig et moi : il nous aidera à le réaliser et nous présente à son commandant qui est fort aimable. Il nous donne rendez-vous pour demain soir au poste de commandement de Bienvillers d'où un agent de liaison nous conduira à la première tranchée, à quelques mètres des Boches, devant Monchy. Le rêve de ma jeunesse va se réaliser ! J'ai toujours rêvé de descendre des Boches, un au minimum. Demain, j'espère que ça y sera ; j'en dégringolerai le plus possible... en tâchant de ne pas me faire démolir : je vengerai un peu mes copains tués par ces cochons-là. Ah ! Ils ont défilé dans le faubourg de Cérès ! Attends un peu !! Ça se paie, ça.

Je mobilise ma capote de soldat et je jette ma croix rouge au vent... pour deux jours !!!

L'après-midi on essaie d'aller à Hannescamps, mais on reçoit des pruneaux. Un éclat d'obus tombe brûlant à mes pieds : je le conserve précieusement. Nous allons d'une tranchée de dragons, en deuxième ligne. Je vais tâcher de bien roupiller sur mon sommier pour prendre des forces pour demain...

Dimanche 8 novembre. Le matin, nous allons à la messe à l'église de Pommier. Ensuite, nous assistons à une remise de deux Légions d'honneur à des officiers et d'une médaille militaire à un marsouin. C'est une cérémonie qui, dans ce décor champêtre estompé par le brouillard, est très impressionnante. Le soir à 17 h 30, dîner. Je prends la capote de Lemaire, un mousqueton, soixante cartouches, une couverture, du tabac pour les soldats et deux bouteilles de champagne. Mon bidon est rempli de cognac. Arreteig est équipé comme moi. Nous partons à 17 h 45. Bien entendu, nous avons envoyé promener nos brassards. Dès la sortie du pays, nous ressentons une sensation bizarre : on ne voit pas à quatre mètres devant soi tant le brouillard est épais. Nous frôlons des tombes toutes fraîches.

Nous venons d'armer nos mousquetons quand surgissent à côté de nous deux dragons, sabre au poing. Ils ont un calot et nous les prenons un instant pour des dragons boches. Après avoir été arrêtés plusieurs fois, nous arrivons à Bienvillers où nous cherchons en vain le PC. À 18 h 20, je suis chez Gilles, qui ne peut me renseigner. J'ai su plus tard que le commandant, jugeant que c'était trop dangereux ce soir-là, ne nous avait pas envoyé de liaison. Nous décidons de nous en passer. Nous partons seuls. À la sortie de B., après le poste des dragons, nous rencontrons quatre hommes chargés de seaux et paquets : ce sont justement les cuistots de la 19e. Ceux qui vont porter à manger en ligne. Sur la route de Bienvillers à Hannescamps, à mi-chemin, nous prenons à gauche, à travers champs. Mais nous dévions un peu et arrivons à une tranchée du 17e territorial. La sentinelle sort et nous ordonne de passer au large, nous conseillant de nous défiler car les balles commencent à siffler. Comme nous lui disons que pour rejoindre la première tranchée, il nous faut marcher en avant, il nous menace de faire feu si nous ne reculons pas. Cet imbécile a la frousse et nous oblige à abandonner notre route. Inutile d'insister. Les cuistots croient connaître le chemin... en faisant le grand tour, disent-ils. Nous traversons les ruines d'Hannescamps et au bout, nous prenons la route à gauche. Beaucoup de troupes. Cela nous fait supposer une attaque de nuit probable, d'autant que le manque de lune et de brouillard s'y prête très bien. C'est assez lugubre. Nous marchons en silence. Les balles se font entendre, mais assez haut. Puis nous rencontrons des marsouins qui débouchent du sentier à gauche. Nous prenons ce chemin. À partir de ce moment – il est 19 heures – ça devient moins drôle – et jusqu'à 20 h 45. Je me souviendrai toujours de ces heures comme d'un affreux cauchemar. La nuit de la sacristie de Mouaville, où nous pensions pourtant être fusillés le lendemain, n'existe pas à côté. Les cuisiniers me précèdent donc ; Arreteig me suit. Les balles commencent à siffler sérieusement. Certaines semblent éclater à nos côtés. Nous marchons vite, cassés en deux, presque à quatre pattes.

Tout à coup, une balle passe si près que nous pensons qu'elle nous frôle ; elle semble être partie de tout près. Je me retourne et nous nous mettons à ricaner nerveusement. Bah ! Pour une !! Nous n'avons pas fait dix mètres (les balles continuant à passer en rafales) qu'un second projectile, ayant exactement la même tonalité que l'autre, nous passe sous le nez. Je me sens blêmir. Tous nous nous couchons. Arreteig décide que si une troisième arrive encore aussi près, nous retournons. Encore un bond... et la troisième balle arrive. Là, nous hésitons ; il y a un flottement évident. Nous nous aplatissons, nous incrustons dans le sol qui est trempé, glissant, plein de boue. On tient encore un bref conseil. Les cuistots ne veulent pas lâcher leur mission : ils ont le dîner de leurs camarades et le porteront jusqu'au bout. Oh ! Comme je les admire ! J'ai presque honte d'avoir hésité, avoir pensé un instant faire demi-tour. Quelle leçon ! Moi qui – depuis que je suis au monde – ai juré une haine aux Prussiens, moi qui ai été jusqu'à souhaiter une guerre, qui toujours ai rêvé batailles, assauts, charges à la baïonnette, qui, hier encore, ai appris avec douleur la mort de plusieurs de mes amis, qui ai juré d'aller les venger ce soir-même – je viens de frissonner ; je crois que j'ai eu peur. Arreteig m'a dit depuis avoir eu la même impression. La grêle de balles continue : les feuilles de betteraves sont fauchées autour de nous. Je crois décidément que nous avons eu de la veine. J'en suis là de mes réflexions quand je vois l'un des cuistots déjà debout. Simplement il dit : « Nous avançons, mon lieutenant ? » Nous le suivons. Maintenant nous rions. Arreteig est passé devant moi. Le sol est tellement glissant qu'il manque de tomber plus de cent fois. Il fait des entrechats extraordinaires et je ne puis m'empêcher d'éclater de rire. Pour mon compte, je glisse des deux pieds et m'assieds dans une belle flaque d'eau. C'est à son tour de rire – il ne s'en prive pas ! La fatigue commence à venir. Sûrement nous nous sommes égarés. On s'accroupit dans un ruisseau. Une silhouette se dessine à quelques pas de nous. Nous retenons notre souffle : ce sont deux braves troupiers qui ramènent un de leurs camarades qui vient de recevoir une balle dans la tête. Ils nous indiquent vaguement le chemin mais ne le connaissent eux-mêmes que fort mal. Nous repartons. L'idée de recevoir aussi une balle dans le crâne me trotte sérieusement. Nous ne rions plus. Nous sommes très fatigués. Ça fera bientôt une heure de pas gymnastique, pliés en deux, les mains à hauteur de mi-jambe – et chargés comme des baudets. Mon revolver me bat sur le côté. Je me prends les pieds dans mon cache-nez et tombe une deuxième fois. De son côté, Arreteig se prend dans un fil de fer de défense et ramasse un bouchon [une chute]. Je me redresse un moment mais une grêle de pruneaux me rappelle à l'ordre. Encore un repos. Nos guides sont merveilleux : ils posent d'abord leurs seaux et plats et ensuite s'aplatissent à leur tour. À un moment, l'un d'eux dit : « Les cochons ! ils vont me crever mes gamelles ! » Nous nous relevons après deux minutes, mais aussitôt une salve éclate, bien nourrie, nous obligeant à nous refaire petits – et cela trois fois de suite ; sûrement on nous entend... Je pense à l'aventure des deux Boches qui sont venus, la nuit dernière, apporter le café aux Français. Espérons que la même erreur ne nous arrivera pas. Enfin, nous arrivons aux tranchées de la coloniale. Renseignements vagues. Nous repartons. Il paraît que nous avons été un moment entre les tranchées françaises et boches. Pas étonnant si on a entendu un tel potin ! Nous avançons maintenant dans de longs couloirs tortueux, les « boyaux », parfois si peu profonds qu'ils ne nous cachent que jusqu'à mi-jambe. En certains endroits, ils sont pleins d'eau. Qu'importe ? Nous préférons patauger et avoir l'illusion d'être un peu à l'abri. Nous arrivons tout à coup sur une sentinelle double de dragons, à l'abri derrière un remblai. Ils nous arrêtent en causant si bas qu'il faut les faire répéter plusieurs fois : « Arrêtez-vous, les Boches sont à trente mètres ! » Et les deux cuistots qui sont en tête n'ont pas entendu... Je cours après eux et les rattrape à vingt ou quinze mètres des tranchées boches. On fait demi-tour sous un feu nourri. Je suis vanné et on se repose cinq minutes. Bientôt, enfin, nous tombons dans la tranchée de la 20ᵉ compagnie du 361ᵉ. Nous sommes en sueur ; il nous faut traverser de longs tunnels à quatre pattes. On y étouffe. Je ne sais comment je ne tourne pas de l'œil. Je manque de m'embrocher sur une baïonnette, au bout d'un fusil, en sautant dans un trou. Nous arrivons aux tranchées de la 19ᵉ à quatre-vingts mètres des Boches. Quel

« Ouf » !! On se sent en sécurité ; car une fois dans la tranchée, sans imprudence il y a peu de danger – sauf quand on tire. Le lieutenant Le Treviduc nous fait un accueil très gentil : il ne nous attendait plus.

Il nous présente au capitaine Ormancey, qui venait de prendre sa retraite et a repris du service. Il est marié à Bruxelles. Sa femme et ses deux enfants sont prisonniers. Ses frères, sœurs, neveux et nièces ont tous été assassinés à Visé. Il nous félicite d'être venus. Cela nous réchauffe plus que n'importe quoi. Nous buvons une bouteille de champagne et nous accroupissons dans un trou, courbés en quatre. Nous ne fermons guère l'œil. Il y a six hommes de garde qui veillent. Alors que je parle avec l'un d'eux, une balle me passe sous le nez et traverse un bout de papier, au-dessus de son épaule. Il ricane : « C'est Joseph ! » car les méfaits de Joseph ne se comptent plus. Joseph personnifie le bon tireur allemand. Demain au lever du jour, on tâchera de démolir Joseph – ou son frère. C'est pour ça que je suis venu.

Lundi 9 novembre. À 3 heures, les hommes nous amènent très gentiment un quart de café. J'admire le moral de ces gens-là. Que d'imprudence : quand on se croise dans une tranchée, ils n'hésitent pas à grimper un instant sur le parapet pour vous laisser passer, car ce n'est pas large. C'est comme cela que beaucoup se font dégringoler. Toute la nuit, en entendant passer et éclater les balles (car les Allemands emploient les balles dum dum [1]), on se demande s'ils ne vont pas attaquer

1. Balles qui explosaient au moment de l'impact et que les Allemands étaient accusés d'utiliser au début de la guerre. (NDE)

à la baïonnette, mais il n'en est rien. Aujourd'hui l'ordre est, pour les hommes, de rester dans leurs trous sans répondre aux Boches. Aussi le capitaine nous invite à « faire un carton », ce qui est accepté avec empressement. Le jour se lève lentement, et la brume plus lentement encore. Enfin ! On les aperçoit. Alors on s'en donne à cœur joie ! Entre eux et nous sont plusieurs cadavres français. Je tire avec énergie. Je retire mon képi, car il paraît qu'il faut se méfier. Je tire au-dessus du parapet, sans me servir des créneaux, trop incommodes, et je vise de mon mieux. Je peux bien risquer un peu pour une fois ! Si, la nuit précédente, j'ai éprouvé des sensations aussi vives que désagréables, je suis ce matin rudement heureux. Un grand diable de Boche émerge de son trou, avec une pelle. Pan ! Il disparaît. Plusieurs fois j'en vois disparaître mais... les ai-je atteints ? Moi-même, chaque fois que je tire, je me fais canarder. Quand un endroit est trop repéré par eux, on va à dix mètres plus loin et on recommence. Je tire au mousqueton – au Lebel – au revolver. À midi, on va déjeuner dans la cagna du Capitaine. Très gai, repas froid. Champagne. On répond par nos bouchons aux rafales qui passent au-dessus. Dans la tranchée des dragons, qui est à trente mètres des Boches, on s'envoie des betteraves et des boîtes de conserve sur la figure. La grande distraction consiste à s'engueuler avec eux. L'après-midi, je prends quelques croquis. Un aéro français et un Taube passent au-dessus de nous. Vers 15 heures, le canon commence. Nous voyons éclater une salve de 75 tir fusant[1] à six mètres au-dessus des Boches qui sont là devant nous. C'est merveilleux comme précision. Aussitôt ils se terrent et se taisent. Alors, ils nous envoient quelques marmites[2]. Il n'en tombe pas dans notre tranchée, mais dans la tranchée voisine. À ce moment, les mitrailleuses françaises canardent, toujours au-dessus de nous. Il est 18 heures environ. C'est l'heure de partir, mais cela met un contretemps car cela arrose juste le chemin « sûr » que nous devions prendre pour le retour. On est obligés de passer par le moulin, chemin plus long et non défilé [non protégé] : nous courons le long d'un champ de betteraves, jusqu'à la crête. Puis on se couche. La mitrailleuse tire par ici. Nous croisons cinq ou six morts français. Arreteig tombe dans les fils de barbelés. Enfin, arrivée à Hannescamps puis à Bienvillers. Soupir de soulagement ! J'ai tué j'espère « mon » – peut-être « mes » Boches. J'ai fait mon devoir de Français. Depuis longtemps il me tardait de le faire. Et maintenant, c'est de bien meilleur cœur que je ferai mon devoir de médecin...

Mardi 10 novembre. Pommier – quelques blessés à évacuer, comme tous les jours. Canonnade... lointaine. Sommes chez Mme Cuviller (Anna).

Mercredi 11 novembre. Toujours ici.

1. Obus explosant en hauteur, par opposition aux percutants, explosant au sol. (NDE)

2. Obus de gros calibre, en argot des tranchées. (NDE)

Jeudi 12 novembre. Bombardement de Berles-au-Bois à 1 200 mètres d'ici. Incendie – nous y allons. C'est idiot, mais chaque fois qu'il y a quelque chose, on éprouve le besoin d'y aller. Croquis. Visite de Gilles.

Vendredi 13 novembre. Les marsouins font prisonnier un grand officier d'artillerie.

Samedi 14 novembre. Visite de Beaufay.

Dimanche 15 novembre. Église comble de soldats (les chantres s'engueulent). Il neige pour la première fois.

Lundi 16 novembre. Les Boches envoient quelques marmites. Aucune n'atteint le village. Le soir, forte canonnade et feux de salves. Je suis toujours sur mon sommier. J'ai juste une gouttière sur le système.

Mardi 17 novembre. Vais à Bienvillers.

Mercredi 18 novembre. Froid. Vais à Berles et à Sailly.

Jeudi 19 novembre. Il neige énormément toute la journée. Promenade à cheval à Humbercamp. Mon cheval glisse et, au galop, ramasse la bûche. Moi aussi. Cumariot.

Vendredi 20 novembre. Neige. Froid. Vais à cheval à Sailly à la 2e section. Les chevaux glissent. On revient à pied. Nous avons un lit, Arreteig et moi : on colle des draps et un matelas sur mon sommier.

Samedi 21 novembre. Froid. Balade à pied. Grosse attaque de nuit. Une tranchée perdue.

Dimanche 22 novembre. Il gèle à pierre fendre. Attaque de nuit. Les balles arrivent dans notre cour.

Lundi 23 novembre. Promenade à pied à Sailly dans la neige.

Mardi 24 novembre. Toujours à Pommier – mon cinquantième cantonnement !

Mercredi 25 novembre. Poujol et Arreteig vont en auto à Doullens. Le médecin-chef vient ici.

Jeudi 26 novembre. À cheval à Bienvillers, Hannescamps, Berles.

Le général de Castelnau, commandant la 2e armée, me fait appeler avec mes albums et mes dessins et me félicite. Les généraux Barratier et de Dartein les avaient déjà vus.

Vendredi 27 novembre. À cheval à La Cauchie, Humbercamp, etc.

Samedi 28 novembre. Je reçois un caoutchouc [un imperméable] de Zotte. Soirée chez Mme Brée.

Dimanche 29 novembre. Messe. Pluie.

Lundi 30 novembre. Promenade à cheval.

Mardi 1er décembre. Poujol va en auto à Amiens. Vais à cheval à Berles. La Cauchie – Humbercamp – Depuis huit jours, pas de nouvelles de chez nous. Poujol ramène un *Kodak*.

Mercredi 2 décembre. Vais à cheval à Gaudiempré avec Arreteig. Le soir, nous faisons un concert avec le phonographe de notre proprio, qui est une brave femme. Seulement, le phono a un petit inconvénient : c'est qu'il vous donne le spleen. Oh ! ce n'est pas le noir cafard, mais quand on écoute tous ces morceaux qu'on a tant de fois entendus en d'autres circonstances avant la guerre, cela vous rappelle tantôt les fêtes à Cumières, Ay, etc., toutes les belles soirées passées au Parc de Lyon, près du chalet, bref un tas de choses qui semblent loin, loin... Déjà quatre mois ! et ce n'est pas fini [1] !!! Enfin, il nous faut la victoire écrasante... et nous l'aurons – et cela nous donnera dix fois la force nécessaire pour terminer vaillamment la campagne.

Bien souvent, notre graphophone a la voix couverte par l'arrivée inopinée d'une marmite, une salve de 75 ou des feux des avant-postes. Mais on y est tant habitués que tout cela nous laisse maintenant presque froids. Seule Anna, sa chienne Kikiss et ses deux lardons, Marcel et Jean, ont des frousses formidables

1. Je te crois !!! (N. d. l. R.) [sic]

quand ça éclate un peu trop près. Je suis sûr que, si plus tard nous pouvions nous revoir tous les quatre et les deux cuisiniers (Pascal[1] et Lemaire), assis en rond autour du graphophone, attentifs comme des gosses qui entendent ça pour la première fois, nous ne pourrions nous empêcher de rire. Quelle drôle de chose que la guerre !

Jeudi 3 décembre. Il y a un peu de soleil. On fait quelques photos : la première est voilée – la seconde est bougée – la troisième et la quatrième prises sur la même pellicule. Puis il pleut...

Vendredi 4 décembre. Séance du Conseil de guerre. C'est très impressionnant. Le chasseur Perot est condamné à cinq ans de prison pour mutilation volontaire : il s'est envoyé une balle dans l'index droit. Il est de Lyon. Hier, j'ai reçu deux longues lettres de chez nous et une carte : il y avait longtemps. Bonnes nouvelles de Maurice.

Dimanche 6 décembre. Je reçois une carte de Suzanne Martin, qui me dit que Julien est à Fonquevillers au 354e – 20e compagnie. J'y vais, l'après-midi, à cheval. Là-bas, ils ont des tranchées superbes ! Et des boyaux !! profonds de deux mètres, on y va en plein jour, sans aucun danger. J'attache mon cheval à une cuisine roulante et je vais voir Julien en fumant ma pipe. Il est à cent quatre-vingts mètres des Boches, en

1. Pascal, torpillé en 1917 – alors qu'il partait en permission en Afrique.

bonne santé. J'y suis allé à travers champs, mais au retour, il fait nuit : je prends la route de Foncquevillers à Bienvillers pour éviter les fils de fer, tranchées et trous de marmite. Seulement, la route est sur la crête et on reçoit des balles.

Lundi 7 décembre. Je retourne voir Julien. Le Dr Carivine est absent. En revenant, j'assiste par hasard à l'exécution d'un chasseur cycliste qui a quitté son poste, devant l'ennemi. Il meurt bravement. Il retire sa veste et dit : « Mes chers camarades, visez à la poitrine, pas à la tête. » Il ne veut pas de bandeau et crie : « Vive la France ! Vive l'Alsace ! » Il rachète son crime par une belle mort. Défilé des troupes devant le cadavre. Prière des soldats avec l'aumônier.

Mardi 8 décembre. À cheval dans les champs.

Mercredi 9 décembre. À cheval à Gaudiempré. Au retour, voyons l'aumônier Dehlinger, Ravoux et Beaufay, venus pour nous voir. En les reconduisant à Saint-Amant, nous croisons un marsouin qu'on va fusiller pour haute trahison. Il défile devant les troupes, soutenu par un aumônier. Il est blanc comme un mort, véritable loque humaine. On le dégrade après avoir lu sa sentence de mort : il a crié aux Boches, étant en sentinelle avancée, de venir le prendre, lui et ses camarades car, dit-il, ils ne sont que dix.

Quand on lui dit qu'il est indigne d'être soldat français, il pleure. Il redéfile devant les troupes. C'est horriblement long. Puis, douze hommes le fusillent : il tombe doucement, s'affaisse sur ses genoux. Coup de grâce... c'est fini. Les troupes défilent devant lui en présentant les armes. Nous sommes un peu soulagés en entendant dire par ses camarades que c'était une parfaite crapule.

Jeudi 10 décembre. À cheval à Beaumetz-les-Loges et à Gouy-en-Artois. Pluie.

Vendredi 11 décembre. À cheval. Je joue aux billes avec les gosses. Marmites.

Samedi 12 décembre. À cheval. Pluie. Marmitage aux environs.

Dimanche 13 décembre. Déjeunons à Sailly à la première section. Repas pépère *maous poil poil.* Poulet. Petits pois. Champagne. On joue au bac. Je perds quarante sous.

Lundi 14 décembre. À cheval avec Arreteig à Fosseux. Je vois Jacob de 2e division de la Boîte [1] – qui est au 10e corps. Bonne douche.

Mardi 15 décembre. Je vais voir Julien à Foncquevillers. Il pleut des marmites et des balles. Trois hommes tués. Je vais voir le Dr Carivine et lui recommande Julien de mon mieux.

1. La Boîte correspond à l'École de santé où Lucien Laby faisait ses études avant la guerre. (NDE)

Mercredi 16 décembre. Allons à La Cauchie avec les brancardiers. Nous organisons une fanfare pour la nuit de Noël avec de vieux instruments trouvés à Bienvillers. On aura une messe *maous !*

Jeudi 17 décembre. Allons à Sailly – je remets trois dessins à Wybo qui tâchera de les faire passer au *Rire*. L'autre jour, j'en ai envoyé deux au *Bulletin des Armées de la République*. Je reçois un réchaud à alcool de Zotte. Le soir, petite attaque ici – violente du côté de Beaumetz-les-Loges. Éclatements dans la nuit.

Vendredi 18 décembre. À cheval. Pluie. On achète une oie qu'on va engraisser pour Noël : c'est Caroline. On lui fait faire douze kilomètres à cheval et elle a l'air un peu dingo en arrivant. Notre fanfare fait des progrès. Le Dr Fulconis, médecin-chef du 43e colonial, m'invite à déjeuner pour demain.

Samedi 19 décembre. La pauvre Caroline ne veut pas manger. Elle a le spleen et un petit air tout triste. Répétition de la « fanfare ». On joue des valses et des polkas entre les airs religieux... ça égaie. L'arrivée des marmites interrompt de temps en temps le concert. André Gilles vient m'inviter pour demain à déjeuner. On fait quelques photos et je vais en bécane à Saint-Amant. Déjeuner épatant avec le colonel et quelques officiers. Je fais lire des nouvelles écrites par lui, très jolies d'ailleurs. Bonne journée.

Dimanche 20 décembre. Décidément, Caroline fait de la neurasthénie aiguë : elle maigrit à vue d'œil. Je vais à cheval à Foncquevillers où, comme d'habitude, il tombe des marmites. Très bon accueil du Dr Roudouly (trois galons), médecin-chef d'André Gilles au 294e RI [régiment d'infanterie]. Je vais voir Julien, toujours dans sa tranchée. On s'enfonce jusqu'aux genoux dans les boyaux. Mais dans la tranchée, on est bien mieux. Je lui donne du chocolat et du tabac.

Lundi 21 décembre. Pluie toute la journée. Je dessine.

Mardi 22 décembre. Je reçois à 6 heures du matin une invitation à déjeuner au 294e : le capitaine Berthier, comte de Wagram, veut faire ma connaissance (toujours à cause des dessins, bien entendu). Poujol est invité aussi. Caroline a de plus en plus mauvaise mine. On lui fera son affaire demain. Je reçois un gros colis de chez nous : chocolat, chaussettes, etc. Arreteig a été à Doullens et rapporte des tas de provisions pour la nuit de Noël. Je casse ma pipe... pas la vraie ! Ma pauvre pipe de campagne « Poum Poum ». J'espère pouvoir la faire réparer. Depuis huit jours, on fait quotidiennement des bonds en avant de deux à cinq cents mètres un peu partout. Ici, encore rien.

Mercredi 23 décembre. Le matin, on vaccine les poilus contre la typhoïde. Aussitôt arrive le médecin divisionnaire Pouillaude, qui me demande mes dessins pour le lendemain car il veut les faire voir au médecin inspecteur Tziéwousky. Nous partons, Poujol et moi, à cheval pour Foncquevillers, par un brouillard épais. Nous voulons aller droit à travers champs, mais n'ayant aucun point de repère, nous décrivons un vaste arc de cercle et nous retrouvons à Bienvillers. De là, nous décidons de prendre la route directe par le moulin. Quelques balles sifflent. Arrivons une demi-heure en retard chez Roudouly où est le capitaine Berthier de Wagram. Saulnier ne peut venir. Après déjeuner, on me présente au colonel du 294e, type très chic (colonel Selva) qui, lui, me présente au lieutenant Nollant du 17e territorial, qui me demande quelques dessins pour *Excelsior*. À 15 heures, alerte. Nous partons, car il doit y en avoir une aussi à Pommier. Arrivent une dizaine de grosses marmites. Cantonnement d'alerte. Violente canonnade. Attaque.

Jeudi 24 décembre. Le matin, on bouffe à peine : on se réserve pour le gueuleton du soir – c'est si rare ! À 14 heures, on va trouver le curé de Pommier, qui est une brute : il refuse une messe de minuit aux soldats et fermera son église à clef. Il craint que, pendant la messe, « les soldats ne pillent les maisons ». D'autre part, il craint les marmites que les lumières et la musique pourraient attirer. Engueulade. On ira à la messe de minuit à Bienvillers. À 19 h 30, les brancardiers font un petit concert. Puis plusieurs chantent (caporal Ebner, Jussianne, Lacadet qui ont de jolies voix). À 23 h 15, nous partons à pied à Bienvillers. Pas de canon mais coup de feu toutes les dix ou quinze secondes, comme toujours. À minuit, nous n'entrons pas tout de suite pour entendre s'il y aura une accalmie. Mais au lieu de ça, les Allemands envoient trois marmites coup sur coup sur Bienvillers. On leur répond alors par une salve de douze coups. Tout se tait. Puis, pendant la messe – cérémonie très touchante dans cette église éventrée par les obus – la danse reprend. Retour à travers une nuit étoilée. Lune rouge. Éclatements nombreux. Sur Pommier, plusieurs marmites. Puis on dîne. Repas fort gai avec accompagnement de graphophone. Caroline est « bien bonne ». Pomponnettes. Tous nous sommes gais. Thirion a la ziguezaguette pour de bon. Il va se coucher avant nous. Réveillon aussi bon que possible.

Vendredi 25 décembre. Gueules de bois – Invité au 66ᵉ à Souastre à déjeuner. Je ne puis y aller, l'invitation arrivant trop tard. Je vais illustrer à Saulnier un de ses articles : « Dans les tranchées ». Marmitage le soir : six sur les premières maisons...

Samedi 26 décembre. Allons à Berles par la neige et la grêle. Attaque très violente à 16 heures.

Dimanche 27 décembre. Vais passer l'après-midi chez Saulnier. Un [mot illisible] lâche deux bombes. Pluie. Sale temps.

Lundi 28 décembre. Mal de gorge. Pluie. Quatre marmites.

Mardi 29 décembre. Invité à déjeuner par le colon [colonel] du 294ᵉ. Demeure souterraine. Je déjeune avec un lieutenant du 17, les lieutenants Wilhelm et Morin. Après, je vois Gilles, Roudouly, Fatou *and Co*. Plusieurs marmites. Je fais envoyer un paquet de chocolat et tabac à Julien, que je n'ai pas le temps d'aller voir. Un 77 tombe à quelques mètres de moi, sans éclater. Je reviens par Souastre et remets mon article à Saulnier. Mal de gorge.

Mercredi 30 décembre. Allons à Doullens Arreteig et moi avec une auto du Service de santé, avec des blessés. Je me trouve tout bête de marcher sur un trottoir : raffut formidable avec mes grosses godasses. Déjeuner : *Aux quatre fils Aimon*. Départ à 15 heures.

Jeudi 31 décembre. Mon rhume va mieux. Quelques marmites. Vaccination antityphoïde. Je reçois d'Yvonne une petite lampe électrique.

1915

Vendredi 1er janvier. Allons tous les quatre à cheval à Souilly, déjeuner. Repas *maous :* huîtres. Retour à la nuit. Pluie. Solde : 197,60 F.

Samedi 2 janvier. Je reçois une lettre du *Bulletin des Armées :* ils ne peuvent prendre mes dessins. Par contre, Wybo m'écrit qu'ils sont acceptés au *Rire.* Chouette !!

Dimanche 3 janvier. Messe, balade.

Lundi 4 janvier. Foncquevillers (Roudouly et Colon).

Mardi 5 janvier. J'envoie du tabac à Julien. Balade à cheval à Grincourt où on pense trouver du poisson. Bredouilles.

Mercredi 6 janvier. Reste à la maison. Plusieurs lettres : Popol me donne l'adresse de Knaub.

Jeudi 7 janvier. Ma fête. Je reçois des colis : confitures épatantes. Gâteau des rois (Arreteig croque le marmot). On boit le champagne.

Vendredi 8 janvier. Allons par la pluie à Sailly, Poujol et moi.

Samedi 9 janvier. Pluie. Marmitage. Vais à Bienvillers voir Fulcois. En allant à Hannescamps, un éclat d'obus tombe à mes pieds.

Dimanche 10 janvier. Allons voir les fortifications de deuxième ligne, de Pommier.

Lundi 11 janvier. La 1re section vient déjeuner. Pomponnettes. Ziguezaguette (le père Théraut). Recevons de la grêle en les reconduisant. À Sailly, rencontrons le capitaine Ormancey qui nous offre le thé.

Mardi 12 janvier. Vais à Bienvillers. Marmites sur le cimetière de Pommier.

Mercredi 13 janvier. Je vais à la ferme la Haye, près Foncquevillers, où Julien est au repos. Je retrouve Hainaut, de Paris (PCN [1] et 1re année).

1. À la création de l'École du Service de santé de Lyon en 1888, le régime comprenait quatre années d'études, puis cinq à partir de 1911. Auparavant, les « santards » effectuaient une année de préparation scientifique (physique, chimie, histoire naturelle) confiée aux facultés des sciences dès 1893 pour la

Jeudi 14 janvier. Vais à Bouvancourt voir cousin Pierre Montagné, médecin-chef du 70ᵉ RI, et le lieutenant Copain, un cousin de Faupin.

Samedi 16 janvier. Il pleut.

Dimanche 17 janvier. Messe. Vais à Souastre chez Saulnier qui me présente aux médecins du 361ᵉ.

Lundi 18 janvier. Il neige, nous bâtissons un Guillaume [effigie de l'empereur Guillaume II] énorme en neige, dans le jardin. Combat de boules de neige avec les soldats.

Mardi 19 janvier. Je reçois une carte de Julien qui est remonté en ligne. Neige.

Mercredi 20 janvier. Je vais le voir à Foncquevillers. J'ai la guigne avec mes culottes : hier, ma rouge a pété du haut en bas pour la deuxième fois, et aujourd'hui ma [culotte] de velours, pour la sixième fois. Enfin, on va rapiécer tant bien que mal...

Jeudi 21 janvier. Balade à pied.

---

délivrance du certificat d'études physiques, chimiques et naturelles, appelé PCN. Les élèves mobilisés pour le front devaient poursuivre leurs études par un cursus universitaire de seize inscriptions. À la rentrée de 1919, les étudiants en médecine durent ainsi valider cinq examens de fin d'année. La thèse achevait le cursus universitaire. (NDE)

Vendredi 22 janvier. Vais voir, à cheval, cousin Pierre à Wanquetin. Je vois Pourteau, de l'École.

Samedi 23 janvier. Je monte en haut du clocher de Berles, à huit cents mètres des Boches. On voit nos marmites éclater sur leurs tranchées et le bois d'Adrifer.

Dimanche 24 janvier. Visite de Beaufay.

Lundi 25 janvier. Vais en bécane – quelques marmites.

Mardi 26 janvier. Demain, fête de Guillaume, on s'attend à une attaque.

Mercredi 27 janvier. Duel d'artillerie. Les 155 sont guidés par un aéro qui nous renseigne en passant au ras des batteries, avec un porte-voix...

Jeudi 28 janvier. Allons à quatre pattes en avant de Berles, voir Monchy.

Vendredi 29 janvier. Balade.

Samedi 30 janvier. Vais voir cousin Pierre à Bavincourt – mais il ne rentre que demain. Retour par Saulty-Larbret, Gaudiempré.

Dimanche 31 janvier. Messe. Neige. Vais à pied avec Thirion à Bayeulmont, La Cauchie, [mot illisible].

Lundi 1er février. Grimpons dans le clocher de Berles avec Arreteig, voir les Boches.

Mercredi 3 février. Demarre vient déjeuner. Solde : 190 F. Allons en voiture le reconduire jusqu'à Saint-Amant. Chaussures américaines.

Jeudi 4 février. À Berles avec Arreteig. Rencontrons Copain. Clocher. Balles. Nous avons de bonnes jumelles et voyons parfaitement les tranchées boches.

Vendredi 5 février. Je vais sur « Agathe », jument d'Arreteig, voir cousin Pierre à Bavincourt. Bonne promenade.

Samedi 6 février. Ordre du général d'aller creuser des tranchées : chaque jour nous irons, chacun notre tour, Thirion et moi, surveiller nos hommes. À 7 heures et quart, rassemblement. Repas froid. Retour : 16 h 45. (Sergents Lacombley, Ferrange, Chape. Caporaux Lemaître, Ebner, Caby, Beaudoin, Tranchant.) Trente-neuf travailleurs.

Faisons des tranchées devant Pommier. Pas rigolo. Pluie. Deux obus à deux cents mètres. Eau. Boue. Froid.

Dimanche 7 février. Allons, Poujol et moi, voir jouer la « Revue du 294e » à Souastre : elle est absolument tordante. Comme improvisation, c'est merveilleux. Artistes amateurs et professionnels (le comique

Braudel, emballeur dans le civil, est gonflant). Retour par la nuit noire.

Lundi 8 février. Tranchées. Pluie. Marmites.

Mardi 9 février. Tranchées. Combat impressionnant de huit avions. Un de mes dessins est paru dans le numéro 12 du *Rire*.

Mercredi 10 février. Neige. Tranchées. Vais voir Julien à Souastre.

Jeudi 11 février. Tranchées.

Vendredi 12 février. Idem. Neige. J'arrive un peu en retard sur le terrain : le général Lavergne me fiche quatre jours d'arrêts. Pourtant, je ne suis pas obligé de faire ce travail et il devrait tenir compte que c'est plutôt en dehors de nos attributions. Poujol va rouspéter : il [le général] lève la punition...

Samedi 13 février. Tranchées. Pluie diluvienne.

Dimanche 14 février. Messe. Les soldats chantent, c'est épatant. Allons au bois de la Bazèque faire des gabions et des fascines[1]. Chic temps.

1. Les gabions sont, en termes militaires, des paniers cylindriques sans fond, faits de branchages entrelacés sur des piquets fichés dans le sol, et remplis de terre afin d'offrir une protection pour l'exécution des terrassements. Les fascines sont des fagots de branchages destinés à retenir la terre des parapets ou des tranchées. (NDE)

Lundi 15 février. Tranchées entre Bienvillers et Pommier. Marmites.

Mardi 16 février. Idem... Cantonnement d'alerte – aussi ne peut-on pas fêter le mardi gras. J'ai un dessin dans *Fantasio.*

Mercredi 17 février. Tranchées. Pluie – Vent – Neige.

Jeudi 18 février. Kif-kif... Pluie – Vent – Neige.

Vendredi 19 février. Repos. Vais à Souastre voir Julien. Nous allons voir la « Revue du 354e » qui est moins drôle que celle du 29-4.

Samedi 20 février. Tranchées – Neige – Vent – Pluie.

Dimanche 21 février. Tranchées – Neige – Vent – Pluie.

Lundi 22 février. Tranchées – Neige – Vent – Pluie.

Mardi 23 février. Tranchées – Neige – Vent – Pluie. Beaufay est évacué.

Mercredi 24 février. Vais voir Hainaut à Saint-Amant. Le 354e arrive à Pommier, pour Berles.

Jeudi 25 février. Tranchées. Marmites.

Vendredi 26 février. Tranchées. Marmites.

Samedi 27 février. Tranchées. Marmites. Grand froid – Neige – Gel. L'aumônier et Ravoux viennent déjeuner. Après-midi, malade, θ [température] = 39,2. P [pouls] = 120.

Dimanche 28 février. Repos – Purge – Froid – Brrrr !

Lundi 1er mars. Thirion me remplace aux tranchées.

Mardi 2 mars. Je peux y aller le soir [aux tranchées]. Un obus éclate à 30 mètres à peine de moi.

Mercredi 3 mars. Julien vient déjeuner avec nous. Tranchées.

Jeudi 4 mars. Idem.

Vendredi 5 mars. Julien déjeune. Je dîne chez le colon du 43e colonial.

Samedi 6 mars. Je vais aux tranchées devant Monchy. Quel changement depuis le 8 novembre ! Boyaux modèles.

Du samedi 6 au mardi 16 mars. Rien à signaler.

Mercredi 17 mars. Déménagement de chez la mère Cuviller : nous avons une petite maison épatante où nous sommes seuls : même rue, tout au bout.

Changement d'état-major : le général Lavergne se débine, remplacé par Vuperbi : nous n'allons plus aux tranchées, du coup !

Jeudi 18 mars. Nous établissons un « Palais des sports » dans le jardin. Faisons des sports toute la journée : courses, sauts, etc.

Vendredi 19 mars. À déjeuner : Drs Gardet, Wolf, Franquet et aumônier. Le peintre Dessouche me complimente pour mes dessins et me conseille d'en faire ma carrière.

Dimanche 21 mars. Printemps. Messe. Sports. Combat d'avions.

Lundi 22 mars. Temps superbe. Combat d'avions.

Mercredi 24 mars. Déjeunons à Souastre.

Jeudi 25 mars. On touche un nouveau lieutenant du train.

Vendredi 26 mars. Je commence à analyser les eaux de Pommier.

Samedi 27 mars. Je continue...

Dimanche 28 mars. Fête des Rameaux : nous nous mordons pour ne pas rire en voyant toutes les bonnes femmes de l'endroit se mettre à quatre pattes et à plat ventre pour embrasser les dalles de l'église.

Lundi 29 mars. Un aéro passe à faible hauteur (six cents mètres). Feux de salves. Mitrailleuses. Toute la garnison d'ici (le 350e) fait feu ! mais les balles retombent... On le touche : il descend sur l'aile jusqu'à deux cents mètres, avec un nuage de fumée... Il peut atterrir dans ses lignes. Vais à Foncquevillers à cheval. Deux balles me passent juste sous le nez. Le colonel Selva me donne une fusée de 150 boche, qui vient juste d'arriver.

Mardi 30 mars. Analyse des puits.

Mercredi 31 mars. Idem.

Jeudi 1er avril. Je voudrais passer dans l'infanterie pour tâcher de me distinguer un peu, si possible. J'en ai plein le dos d'être si peu utile : on évacue bien quelques blessés chaque jour, mais c'est insignifiant. Je fais donc une demande pour passer au 294e régiment d'infanterie.

Du jeudi 1er au lundi 12 avril. Rien à signaler. Le 4, c'est Pâques. On va à Souastre. Marmitage. Pâques.

Le bombardement reprend sur l'extrémité ouest de Pommier. Réponse à ma demande : « Il sera pris note de vos *desiderata*, mais il faut attendre. »

Mardi 13 avril. Je vais voir Georges Perot au 6e cuir. [cuirassiers] à Rivière, dans les tranchées de première ligne, près d'Arras. Il pique une syncope en me voyant, le pauvre vieux : je le ravigote de mon mieux.

Jeudi 15 avril. Bombardement avec des 120 belges.

Samedi 17 avril. Je vais à Foncquevillers. Le colonel Selva va tâcher de hâter mon affectation.

Jeudi 22 avril. Roudouly vient me voir pour m'annoncer mon affectation au 294e d'infanterie.

Vendredi 23 avril. Ma mutation paraît à la division. Je vais faire mes adieux à Souastre. Arrivée de mon successeur, Bastard, qui vient du 355e.

Samedi 24 avril. Départ pour Foncquevillers. Présentation au colon. On est ici, à cinq cents mètres des Boches. On couche dans ch'cave [1] avec Gilles et Fatou. J'ai un matelas. Soirée chez le colon.

Dimanche 25 avril. Messe dans une grange par l'abbé Nicolas (infirmier au 5e bataillon). Visite. Je parcours toutes les tranchées de mon régiment. L'après-midi, bombardement en règle. Je vois Julien. Le

1. Argot ch'timi. Lucien Laby imite la façon de parler des habitants du Nord.

médecin inspecteur d'armée vient visiter notre poste de secours. Un aéro reçoit trois cents obus boches en deux minutes et n'est pas touché. On couche dans ch'cave, le dortoir habituel.

Lundi 26 avril. Visite (tous les matins à 8 heures). Marmites dans le jardin à côté. Vais aux tranchées.

Mardi 27 avril. On prend aux Boches une pancarte plantée entre les fils de fer barbelés : ils nous annoncent notre défaite. On la remplace par un drapeau français.

Mercredi 28 avril. On évacue Robert Lee (de Reims), que j'ai retrouvé ici comme lieutenant, pour une sciatique. Roudouly me propose de l'accompagner à Amiens. Quelle veine ! Je télégraphie chez nous que je serai probablement demain à Amiens. Pourvu que ça réussisse !!

Jeudi 29 avril. Allons à Pas-Mondicourt, Roudouly et moi, à cheval, mais... l'auto est partie. Je télégraphie que c'est remis à samedi. J'irai en bécane. Après-midi, bombardement.

Vendredi 30 avril. Le matin, vaccination dans les tranchées. Pendant que je suis en train de vacciner, je vois abattre un Boche à cinquante mètres (entre les fils de fer). Ce fou venait sans doute nous jeter des grenades. Blessé au pied, il se sauve en boitant. On tire de nouveau et il tombe. Il se tord, atteint au ventre probablement. Il se cache derrière le cadavre d'une vache. Je lui crie en boche de venir se faire soigner : il essaie en vain de se traîner sur les mains... Il est 9 heures du matin ; il va rôtir toute la journée au soleil. À midi, le divisionnaire envoie un mot : la décision du QG est abrogée. Il va donc falloir que, dans quelques jours, je retourne aux brancardiers. Allons à cheval à Pas-Mondicourt. Le soir, violente canonnade : on va chercher le blessé... mais les Boches sont venus avant nous. On vient me chercher : il y a deux blessés par le 77 à la 19e compagnie. J'y vais avec deux brancardiers. Un obus (entre autres) arrive à deux mètres de moi (c'est mon record !) au ras du parapet du boyau. Juste le temps de s'aplatir. Enfin je ramène mes blessés.

Samedi 1er mai. Lever à 4 heures. Départ en bécane à 4 h 30. Bon vent. Arrivée à 7 heures à Amiens. Mère, Yvonne et Monnette arrivent à 11 heures. Père a la goutte. Quelle guigne ! Déjeuner chez Mme Watremez. Courses : guêtres, costume bleu clair. Mère part à 3 h 30. Moi à 4. J'arrête une auto sur la route et monte dedans, de l'École. Rentré à 7 heures ; dîner. On boit la bouteille de champagne que j'ai rapportée, chez le colon.

Dimanche 2 mai. Messe en plein air. Allons à Pas à cheval avec Roudouly. Bombardement. Tour quotidien en ligne.

Lundi 3 mai. Balade à Coigneux, Coin, Souastre à cheval, avec André.

Mardi 4 mai. Adieux au Colon, au Dr Roudouly, André, Fatou, Julien, etc. Quelle guigne d'être obligé de partir. Mon ordonnance, Duez, était un chic type. Départ en break à 9 heures. Arrive pour déjeuner à Pommier. Les copains sont contents de me revoir. Carlier, mon ordonnance, aussi. Après midi, vais à Souastre, avec Thirion : le patron n'est pas là.

Mercredi 5 mai. Arrivée de quelques 120. L'un d'eux arrive à trente mètres de notre villa. Les morceaux arrivent sur le toit et, comme nous couchons Thirion et moi dans la mansarde, il ne s'en faut pas de beaucoup que nous soyons amochés. Une femme est blessée près de la mairie. Un obus éclate dans le cantonnement des brancardiers. Personne touché.

Du mercredi 5 au vendredi 21 mai. À Pommier. Rien de neuf.

Vendredi 21 mai. Déjeuner à Foncquevillers.

Samedi 22 mai. Père vient me voir à Doullens. J'y vais, conduit par Hénin, dans la voiture popote. Arrivée du train à 9 h 30. Formalités nombreuses (passeports). Joie très compréhensible. Excellente journée. Repas *poil poil.* Père doit partir à 15 heures, mais... pas de train au dernier moment. Je suis obligé de le laisser *Aux quatre fils Aimon* et ignore comment il pourra partir demain. Rencontre de de Gênes.

Lundi 24 mai. Déclaration de guerre de l'Italie.

Vendredi 28 mai. Arrivée du Méd. Aux. [médecin auxiliaire], Régis, très chic type.

Mercredi 2 juin. Je vais voir Georges Perot qui est à Étré-Vimy, à vingt kilomètres de moi, au repos. Au retour, mon cheval cale.

Dimanche 6 juin. Une des pièces de 120 court (qui sont en batterie à Pommier) éclate... Nous faisons les pansements à cinq pauvres types blessés affreusement. Dupont (coureur cycliste) a une énorme plaie abdominale par où sortent les intestins. Horrible. Très courageux. Il est foutu. Boileau a le mollet droit arraché complètement ainsi que la moitié de la cuisse. Lui aussi est très courageux malgré ses terribles plaies : le pied ne tient plus que grâce aux os. Autres blessures : moitié de la fesse enlevée. Bras cassé. Blessure à la tête.

Lundi 7 juin. À minuit, ordre d'attaque. De 1 heure à 8 heures du matin, bombardement intense. On compte les explosions : 81 coups, puis 110, puis 134 à la minute. Puis on ne peut plus compter tellement il y a du raffut. Le 361ᵉ attaque la ferme Toutvent, devant Hébuterne, avec un bataillon, et l'enlève. Un éclat d'obus arrive dans notre mansarde en perforant le toit. Violente préparation d'artillerie. Dupont et Boileau meurent à Pas.

Mardi 8 juin. Quatre contre-attaques boches sont repoussées avec pertes et fracas. Bombardement sérieux.

Mercredi 9 juin. Le matin, obus. Le soir, je vais à cheval à Coigneux pour voir M. Flamant – mais je fais chou blanc : il n'y est plus...

Du mercredi 9 au vendredi 18 juin. Bombardements intermittents. Nous bâtissons une cabane bambou en rondins [1], dans le jardin de la « Villa des Loufoques ».

Vendredi 18 juin. J'apprends que le médecin auxiliaire Marceron du 294e vient d'être évacué pour bronchite. Serai-je désigné pour le remplacer ? Hier, les Boches à force de marmites ont démoli un 155 entre Pommier et Berles. Quelques blessés. Chevaux tués. La batterie de 155 vient s'installer à Pommier à la place du 120. Souastre est marmité numéro 1.

Du vendredi 18 au mercredi 30 juin. Alternatives diverses pour mon passage au 294e. Le colonel fait une demande pour m'avoir, mais il paraît que le médecin d'armée s'oppose à ce que les Santards aillent dans les régiments d'infanterie. Je suis salement refait ! Un Taube lâche une bombe qui tombe à vingt mètres de Régis et moi... et n'éclate pas. Heureusement ! Je touche une capote bleu ciel.

Jeudi 1er juillet. 23 ans ! – Zut ! Ça commence à me faire vieux !!...

1. Allusion probable à une cabane-buvette située près d'Abbeville et ayant inspiré une chanson populaire. (NDE)

Vendredi 2 juillet. On va nous donner, paraît-il, des permissions de quatre jours ! Chouette !! Je m'inscris et j'attends les événements...

Mardi 6 juillet. Je vais à Foncquevillers : le remplaçant de Marceron est arrivé : Lamaze, un ancien camarade de Paris. On se reconnaît au bout de deux minutes. (Jardin du PS [poste de secours] – Hamac.)

Jeudi 8 juillet. Je dessine un programme pour la fête du 14.

Vendredi 9 juillet. J'ai ma permission de quatre jours ! Je pars ce soir à six heures par Mondicourt. Départ à 23 heures ! Arrivée à Amiens le 10 juillet à 6 heures. Départ pour Lignières à 7 h 30 à Saint-Roch : on m'a confié un détachement de permissionnaires pour aller d'une gare à l'autre, mais je les laisse tous se débiner en route. Arrivée à 10 heures.

Quatre jours de perm. Épatants.

Mardi 13 juillet. Départ à 20 heures avec Vonne. Couche à Amiens.

Mercredi 14 juillet. Départ à 6 heures pour Doullens. Déjeuner. Trouve une auto (A. Lagache vainqueur du circuit de la Sarthe 1914) qui me ramène à Pommier à 14 h 30. Paraît que j'aurais dû rester un jour de plus. Ce 14 juillet est assez calme.

Du mercredi 14 au dimanche 25 juillet. Vie monotone à Pommier. Un peu de cafard. Villa terminée.

Lundi 26 juillet. J'apprends enfin ma mutation au 294e d'infanterie ! – J'y vais. Je passe au 6e bataillon avec André Gilles comme aide-major. Chouette ! Je partirai demain après-midi pour Foncquevillers. Visite à Souastre.

Mardi 27 juillet. M. Flamant vient déjeuner avec nous à Pommier ; après déjeuner, il vient en voiture avec moi jusqu'à Souastre. Arrivée à 14 h 30 à Foncquevillers. Le soir, chez le colon. Nuit à la cave.

Mercredi 28 juillet. Matin : visite. Puis ferme de la Haye. Julien est à Coigneux.

Jeudi 29 juillet. Visites à Foncquevillers puis à la Haye avec Fatou. Soir, balade à Hébuterne avec André, chez les Anglais : capitaine Lord Chandell. Petit poste avancé à quarante mètres des Boches.

Vendredi 30 juillet. Five o'klock [sic] *tea* à Hébuterne avec Roudouly chez les officiers anglais (médecin et capitaine Soissons).

Samedi 31 juillet. Le 6e bataillon est parti cette nuit pour douze jours au repos à la Haye. Allons le rejoindre. Je fais popote avec le commandant Baboneau.

Dimanche 1er août. Messe. Visite de l'aumônier Dehlinger. Après, je vais passer ma visite médicale. Je fais la connaissance du lieutenant Fenaux, beau-frère de Cailleau qui est prisonnier. Lieutenant Doneau. Fort bombardement de 150 pendant la nuit. Ai une cagna très bien mais humide, à deux mètres sous terre.

Lundi 2 août. Anniversaire de la mobilisation. Un an de guerre !! – C'est long... Encore combien ?????...

Mardi 3 août. Balade à cheval à Pommier. Je vois tous mes anciens copains et mon successeur, Tassin.

Mercredi 4 août. Je fais une petite conférence aux poilus sur les gaz asphyxiants. La pluie continue depuis deux mois !

Jeudi 5 août. Deux conférences aux poilus. Pluie.

Vendredi 6 août. Le matin, je vais à Foncquevillers après la visite. Le soir, balade à cheval à Souastre.

Samedi 7 août. La Haye. Combat d'avions : mitrailleuses.

Dimanche 8 août. Messe en plein air par l'aumônier Dehlinger.

Lundi 9 août. Balade à cheval avec les Anglais : Boyencourt, Coigneux, Saint-Léger-les-Authies, Coin, Souastre.

Mardi 10 août. La Haye.

Mercredi 11 août. Vais à cheval à Hénu voir le lieutenant Tardy. Relève dans la nuit.

Jeudi 12 août. Le matin, arrivée à Foncquevillers. Léger bombardement.

Vendredi 13 août. Le soir, chute dans un puisard profond, aux tranchées. Si ce n'était pas un vendredi 13, je me serais peut-être cassé la g... ?

Samedi 14 août. J'assiste à l'envoi de soixante torpilles[1] aériennes aux Boches. C'est épatant. Mais... réponse immédiate : je reçois un éclat à deux mètres de moi. À un moment, je suis à un PP [petit poste], en avant de la batterie des lance-torpilles : l'un de ceux-ci se cabre et envoie son engin presque verticalement : je le vois tourbillonner au-dessus de ma tête et je crois un instant que je vais être écrabouillé. Il tombe à côté.

Dimanche 15 août. Messe dans la grange. Balade à Lucheux avec André.

Lundi 16 août. Poujol vient déjeuner. Balade à cheval.

Du mardi 17 au vendredi 20 août. Légers bombardements. Torpilles.

1. Terme qui désigne, pendant la Première Guerre mondiale, un type de bombe largué par avion sur les personnes au sol. (NDE)

Samedi 21 août. Déjeuner à Pas : suis à côté du Dr Touyeras. Accident à un exercice de grenades, à côté de l'ambulance : deux morts, cinq blessés – dont le médecin auxiliaire – blessures atroces : deux bras coupés, maxillaire enlevé, etc.

Dimanche 22 août. Messe. Vais à notre droite chez les Anglais.

Lundi 23 août. Idem.

Mardi 24 août. Sommes relevés. Allons à la ferme la Haye. Fête des mitrailleuses à Souastre. Concert épatant.

Jeudi 26 août. Anniversaire de Buzy !! Trois capitaines anglais à déjeuner.

Vendredi 27 août. La Haye. On nous annonce un départ imminent de la division. Irons-nous au repos ou bien faire la trouée ??

Samedi 28 août. Un nouveau médecin aide-major arrive au 5e bataillon, remplaçant Fatou. Dr Lévy de l'ambulance de Coin.

Dimanche 29 août. Messe en plein air par l'aumônier Dehlinger. Visite aux batteries anglaises qui s'établissent devant la Haye. Exercice de grenades l'après-midi : on manque d'avoir un accident grâce à un imbécile qui s'affole et lâche sa grenade.

Lundi 30 août. Exercice de grenade. Un accident ! J'extrais un éclat du front d'un sergent. À 16 h 30 arrive un cycliste du 290e. Zotte est à Couturelle, paraît-il, à douze kilomètres d'ici. Je téléphone au colonel, qui m'autorise à y aller. J'y vais dîner. Zotte qui n'a plus sa barbe. Ne me reconnaît que difficilement, moi qui en ai une – et réciproquement. Retour par la pluie à 21 heures.

Mardi 31 août. Exercice de grenades.

Mercredi 1er septembre. Zotte est à Lucheux, à dix-sept kilomètres d'ici. Je pars à 9 heures en bécane et y vais déjeuner. Retour par la pluie à 14 heures. On parle d'une relève en autobus pour aller donner un gros coup en Champagne – ou à Arras (peut-être ailleurs ??)

Jeudi 2 septembre. Départ à 13 h 30. Les Anglais nous relèvent toute la matinée. Arrivée à Hénu par un orage épouvantable : je vais au château où est l'ambulance Delassusse : ils me donnent un plumard. Il y a juste dix mois, je couchais dans ce même patelin sur mon brancard. À 3 heures du matin arrive Lamaze : il n'a rien trouvé et couche avec moi. Lévy reste à la porte !!

Vendredi 3 septembre. Journée à Hénu. Le 5e bataillon arrive le matin.

Samedi 4 septembre. Embarquement en auto. Voyage épatant : nous avons une superbe limousine provenant du *Grand Hôtel* de Nice (avec Fenaux, Doneau, Gilles, Martinot, Faivre, etc.). Passons à Pas, Doullens, Saint-Pol, à Hesdin. Le soir, pas de lit : je couche dans le grenier de l'école que l'institutrice m'aménage très bien. Froid.

Dimanche 5 septembre. On m'a trouvé un lit dans l'une des petites maisons ouvrières, près de l'usine. Gens très gentils : famille Berché. Messe. Chœur des poilus. Drôle de curé ! – Balade au Haras.

Lundi 6 septembre. Visite du patelin et environs.

Mardi 7 septembre. Le matin, je vais à cheval à Humerœuil au GBD [Groupe de brancardiers divisionnaires]. J'ai été proposé cet hiver pour la croix de guerre pour Buzy, mais le méd. div. [médecin divisionnaire] Pouillaude qui avait fait, ce jour-là, la plus grosse gaffe de sa carrière, étouffe l'affaire : la proposition est arrêtée au passage. Ça ne l'empêche pas, lui, de décrocher l'ordre de l'armée – croix de guerre avec palme. C'est écœurant. L'après-midi, je vais voir Julien à Béalmont. (Musique.)

Mercredi 8 septembre. Promenade à Hesdin, ville voisine (neuf kilomètres) avec Poujol et Régis.

Jeudi 9 septembre. Blingel-Incourt. Manœuvres du régiment.

Vendredi 10 septembre. Manœuvres : vagues d'assaut. Gilles et moi représentons « les gaz ». Nous faisons irruption de derrière les buissons et les poilus doivent mettre les masques.

Samedi 11 septembre. Manœuvres. Pour un « repos », zut ! on en bave des ronds de chapeau ! Lévy s'assied dans une belle m...

Dimanche 12 septembre. Blingel-Incourt. La popote Baboneau devient agréable. Le soir, Gilles rentre noir. Nous fondons la « bande des Trutrus ».

Lundi 13 septembre. Journée à Hesdin avec les lieutenants Gérard et Ninet, de l'ambul. [l'ambulance]. On s'amuse comme des petites folles !

Mardi 14 septembre. Blingel.

Mercredi 15 septembre. Manœuvres de brigade à Azincourt de 3 à 15 heures. Vagues d'assaut. À Auchy, halte chez Mlle Laure.

Jeudi 16 septembre. Départ demain matin. Zut !! On était trop bien ! Le soir bonne rigolade avec les « *Trutru and Co limited* » (Fenaux, Denot, Faivre, Gilles et moi), jusqu'à 1 heure du matin.

Vendredi 17 septembre. Départ 16 heures. Passage dans les bois d'Auchy. Embarquement à 21 heures à Hesdin. À minuit, on passe à Hazebrouck.

Samedi 18 septembre. Quand on se réveille à 5 heures, on est à Calais. Drôle de route, si on va en

Champagne ! – Boulogne – Étaples. À midi, on passe à Saint-Roch et à Amiens, sans arrêter : je passe désespérément ma tête !... Je ne vois personne. Déjeuner à Longueau – Creil – Paris. À 23 heures, arrivée à Épernay. Débarquement à Oiry : perdus sur la route : je loge chez M. Lorent.

Dimanche 19 septembre. À 8 h 30, départ en bécane pour Ay. Je vois toute la famille. Joie générale ! – À midi, je vais déjeuner à Plivot chez Madeleine. Je vois Suzanne. Départ à 18 heures. Avant, on boit le champagne dans le jardin « entre Trutrus ». Je casse une bouteille. Marche toute la nuit, très pénible : 30 kilomètres. Campement dans le bois entre Bouy et la Veuve. Il y en a, des traînards ! Ils sont vannés, rien à faire pour qu'ils suivent. Quel froid !

Lundi 20 septembre. Toujours dans le bois des sapins. Ai très froid la nuit. Défense d'aller à Châlons.

Mardi 21 septembre. Bois kif-kif. On nous lit un ordre du jour de Joffre : nous allons faire une grande offensive très prochainement. Chic !! Tant mieux, ça va barder – et bientôt on ira en Bochie.

Mercredi 22 septembre. Ça y est, on va cogner – et de tout son cœur. Cette fois il faut triompher sur toute la ligne... Départ à 6 heures. Passons à Cuperly. Campement dans un bois de sapins à quelques kilomètres, au nord-est. Nous touchons des casques. Engueulade avec le lieutenant Gervaise.

Jeudi 23 septembre. Journée dans les bois. Gilles va voir son oncle. C'est demain ou après-demain qu'on leur rentre dans le lard, enfin !!!! – C'est la veillée des armes. Gare là-dessous, les Boches ! Confession.

Vendredi 24 septembre. Enfin ! Réunion du régiment pour la lecture de l'ordre du jour de Joffre : « Soldats de la République ! Demain il faut vaincre ou mourir. La Patrie compte sur vous... Vous avancerez derrière un mur de fer et de feu... etc. etc. » C'est donc demain le grand jour. Il faut rejeter l'ennemi de France et ne s'arrêter ni de jour ni de nuit. Nous partons ce soir pour Jonchery. Demain, départ de l'attaque à l'est de Saint-Hilaire-le-Grand. 5e bataillon à droite, 6e à gauche. Il faut atteindre la cote 172 à dix kilomètres E. [à l'est], Saint-Hilaire-le-Petit, en passant entre Saint-Souplet et Sainte-Marie-à-Py. Espérons qu'on en reviendra. Sinon, tant pis, il y a longtemps que j'ai fait le sacrifice de ma vie. Je suis moins ému qu'à la veille d'un examen. Je n'ai pas peur. Ah ! mais non alors, pas du tout. J'écris mes adieux chez nous – et les mets dans l'enveloppe qui sera prise sur moi si je suis tué. Réveil à minuit après une nuit sous une tente commune pour Lamaze et moi, fabriquée entre deux sapins par Duez.

Samedi 25 septembre. Il pleut un peu ! – Il faisait si beau hier... Départ à 1 heure du matin. Grand-halte entre Suippes et Jonchery. De grosses marmites (du 280) tombent sur la ferme de Jonchery. Blessés et tués : les avant-trains d'artillerie en sortent au galop. Nous croisons le 132e. Le régiment est dans un champ en petits paquets. Le champ situé juste devant nous, jusqu'à la crête, est fouillé par les obus allemands qui arrivent à espaces réguliers. Ce sont des gros : ils arrêtent juste à notre champ et recommencent trois fois au moins à pilonner le même : erreur de pointage fort heureuse pour nous ! Un avion passe tout bas et nous crie que l'attaque est déclenchée et que les Boches f... le camp. Nous traversons Jonchery et Saint-Hilaire sous un feu intense. Lamaze a son casque percé. Je reçois un éclat d'obus à la cheville sous la malléole ext. g. [extérieure gauche] : bleu ; je boitille. Arrivons aux tranchées devant la Ain (nord-est de Saint-Hilaire). Le 3e zouaves et le 3e tirailleurs viennent de charger et ont gagné deux ou trois kilomètres. Blessés nombreux. Je vois la charge du 361e. Les prisonniers arrivent. Moineaux sur les fils de fer : marmitage intense. Balles. Blessés marocains disant leurs prières. Aspect du poste de secours bondé et plein de cris. Le soir, pluie diluvienne. On a de l'eau jusqu'à mi-jambe dans les boyaux. À 21 heures, rassemblement du régiment près de la passerelle de la Ain où on reste jusqu'à 1 heure du matin. Pas la plus petite place pour s'asseoir. Ai-je jamais eu aussi froid ? Je suis obligé de marcher et de piétiner. Pourtant je suis bien fatigué... J'ai les pieds gelés, plein d'eau glacée jusqu'aux genoux : cela ne veut pas sécher, par ce froid de canard... Légère bronchite.

Dimanche 26 septembre. Départ à 1 heure du matin vers Souain. Traversons un bois plein de munitions. Je dors une demi-heure. Arrivée à la ferme des Wacques. Elle est en pièces : quelques pans de mur.

Ferme de Souain. Déploiement en tirailleurs. Gilles n'a plus de semelle à son soulier : il attache ce qui en reste avec son mouchoir. Passons la première tranchée française d'où est partie l'attaque (difficultés avec ma bécane). Arrivée aux tranchées boches entièrement retournées. Nous tombons sur le « Grand Entonnoir », de 25 mètres de large sur 10 de profondeur : c'est une mine que les Français ont fait sauter sous les Boches[1]. Nombreux cadavres – Français et Boches. Nous sommes au Moulin de Souain : tout ce qui en reste est une demi-roue, en bois. Arrivons à un *Block-Haus* de mitrailleurs boches : ils sont crevés, depuis peu. Ils sont trois, tous saignés à la carotide par une petite incision identique : vraiment c'est du beau travail. Duez (le pauvre Duez qui n'a aucune nouvelle de sa femme et de ses enfants depuis le début), est heureux : il jubile. Il leur met le pied sur le ventre et les fait saigner... Gilles, plus pratique, leur prend leur tabac et le fume avec délices. Enfin nous avançons ! – Sera-ce la victoire définitive ? Nous passons la journée dans une sape boche [petit abri creusé en profondeur]. Bombardement violent (210 et 320) : gros pépères noirs. Le soir, nous traversons la plaine, copieusement arrosée par les marmites : c'est inouï, un véritable enfer de flammes, quelque chose d'inimaginable. Nous rejoignons la ligne de tirailleurs – six blessés[2]. L'adjudant Lejuste est tué. Nous retournons dormir à la cagna boche. Lamaze est

1. Grosse explosion d'un dépôt de munitions chez les Boches, formant un énorme champignon noir qui subsiste très longtemps.

2. Voyons un escadron de spahis [soldat d'un corps de cavalerie organisée

à moitié assommé par un obus et reste dingo jusqu'au lendemain.

Lundi 27 septembre. Réveil à 4 heures. Je vais seul en avant, à travers balles et marmites, reconnaître l'emplacement du régiment. Reconnaissance assez dure. Seul, dans le noir, avec des balles qui vous sifflent aux oreilles et dans un terrain à peu près inconnu. Je garde le sourire. Il y a de nombreux blessés – et tués. Le colonel Bonne et le lieutenant Wilhelm ont été tués hier. Mon commandant Babonneau est blessé à 9 heures : il a un poumon perforé par éclat d'obus. Il est vraiment admirable : tout le sommet du poumon gauche est en miettes et il ne laisse pas exhaler la moindre plainte. Il donne ses instructions à phrases entrecoupées et nous serre la main ; il est tout blanc[1]. Mon vieux copain Donot a un schrappnell [sic] dans la fesse. Déjeuner au Bois du Sultan dans une espèce de trou, garni de branchages, mais pas blindé du tout : l'entrée en est tournée vers les Boches. Un obus éclate dans les jambes d'un poilu : il est projeté de côté, reste debout et est tout surpris de se retrouver indemne. J'écris ces lignes à 14 h 30, dans le susdit « abri »... Nous sommes là, Gilles et moi, assis par terre, côte à côte, le dos au mur, regardant par la porte, sous un feu formidable,

---

par les Français d'abord en Algérie, à partir de 1834, puis au Maroc et en Tunisie] en bouillie... Puis un avion abattu : monté par le père et le fils, tués côte à côte.

1. Quand le commandant Babonneau passe, sur son brancard, les poilus – qui sont à plat ventre car les balles sifflent dru – se dressent spontanément et présentent les armes, au garde-à-vous – c'est poignant.

comme jamais je n'en ai vu. Nous sommes encadrés à chaque instant par des gros [obus] – à éclatement retardé : on les entend arriver en terre puis – au bout de deux à trois secondes, éclater horriblement. Roulement continu... On ne s'entend plus... mais on garde le sourire. André vient de me crier dans l'oreille qu'il pense que les grosses branches qui sont au-dessus de nous, comme toiture, vont nous dégringoler sur le tournant. Sûrement car les murs s'effritent et s'éboulent. V'lan ! encore un qui nous secoue ! – Allez-y, bande de salauds ! Vous ne nous aurez pas ! Je reste calme mais suis un peu énervé. Gros nuage de poudre : blessés. La séance continue. Faut pas s'en faire, on les aura quand même. Nous sommes côte à côte, André et moi, mais comme il y a tout juste la place, il y en a un qui, forcément, a juste la porte devant lui et est peut-être un peu plus exposé que l'autre aux éclats : nous changeons de place, en frères. Un gros obus arrive tout à côté : nous retenons nos respirations, dans une angoisse indicible, pendant les deux secondes qui précèdent... notre mise en bouillie ; mais... il n'éclate pas ! À 17 heures, Roudoudou vient nous chercher car c'est devenu intenable : les murs en terre de notre trou s'éboulent ; un obus tombe sur un trou voisin de cinq mètres, poste de secours du 361e : nous voyons un bras voler en l'air et tous les matériaux de la petite cabane – trois brancardiers sont tués – un curé aussi, je crois. Le Dr Chamart a une commotion, enseveli sous les décombres. Ah ! Il n'est pas brillant ! Le ferait-il au chiqué ? Il reste comme un gros tas, affalé au fond d'un boyau, avec des yeux de merlan frit... Enfin on avance et on prend la ferme Navarin. Nous quittons notre cabane en ruine du Bois du Sultan et allons passer la nuit à la 1re cagna de l'Entonnoir. Que cette traversée de la plaine semée de morts est donc triste ! Bombardement sur notre position avec des 280. L'un d'eux défonce notre porte. Nuit agitée.

Mardi 28 septembre. Hier après-midi, j'ai encaissé le bombardement le plus formidable qu'on puisse imaginer. André n'en avait jamais subi non plus de pareil. Les brancardiers Nicolas (prêtre) et Lamiral sont blessés. À 6 heures du matin, allons à Souain chercher de l'eau : mais une marmite est tombée dans le puits. On se met la ceinture [on se serre la ceinture]. Nous nous rendons à notre nouveau PS qui est à l'est de la route nationale Souain-Sommely, au niveau du Bois du Sultan, dans le Boyau de Ratisbonne. Pour accéder à notre abri (bien blindé avec les rondins), nous sommes obligés de marcher sur une couche de cadavres boches : c'est inouï ce qu'il y en a : plein les boyaux. À un point qu'on ne peut pas mettre les pieds à côté... Devant notre cagna sont les Boches tués, qui devaient y habiter : nous mangeons avec grand appétit le repas qui leur était préparé : de l'excellente choucroute (nous ne songeons même pas à la possibilité d'un empoisonnement : nous avons trop faim). Le bombardement reprend, formidable encore, mais là, on se sent à peu près en sécurité. Je suis remis des émotions d'hier, mais Gilles est encore dans un sommeil quasi léthargique. Roudouly parle de l'évacuer – au moins provisoirement. Le repas des Boches que nous prenons chaud –

ce qui ne nous est pas arrivé depuis quatre jours – nous remet d'aplomb : nous ne mangions plus que du pain et du singe... quand on en avait, et un peu de chocolat. Outre la choucroute, les Boches nous ont laissé du café. Repas épatant. Marmites en quantité. Blessés nombreux. J'ai les pieds dans l'eau depuis quatre jours. Ce soir, Duez espère me rapporter des chaussettes sèches et des godasses. Quel rhume !!! Enfin, le temps se remet un peu au beau. Si ça pouvait durer ! Le régiment sera probablement engagé ce soir (car nous subissons depuis le début un marmitage meurtrier, sans nous battre). On va les avoir, ces cochons-là. Ils ont encore reculé un peu. Que de morts ! La plaine en est jonchée. Visions horribles. Si on en revient, de cette bataille, ce sera de la veine... Véritable enfer. Le soir, dîner sommaire, le même que depuis quatre jours : singe et boule – que nous prenons aux morts. Blessés – nuit sur la terre de notre PS du Boyau de Ratisbonne. Le soir, on apprend que le 26e bataillon de chasseurs a enfin réussi à prendre la ferme Navarin, qui nous arrête depuis trois jours. Sur mille trois cents hommes, il ne lui en reste plus que deux cents. Un régiment boche est pris par les chasseurs à cheval, devant Sainte-Marie-à-Py. Ce qui reste d'un autre (le 106e boche) se rend également. La nuit, nous sommes réveillés par une foule de rats qui mangent notre déjeuner du lendemain. Pluie.

Mercredi 29 septembre. À 5 h 30, nous sortons, Lamaze et moi. Sensation d'élasticité que donnent les cadavres boches quand on marche dessus. Nous allons, avec les infirmiers, au régiment qui est à 1 200 mètres en avant de nous, à 150 mètres des Boches. Pour aller, ça va bien : quelques marmites. Là-bas, balles et torpilles. Mitrailleuses. Je vois tous les officiers et poilus de mon bataillon. L'un d'eux tombe à côté de moi, avec une balle dans le bassin. À noter le bruit mat, très différent du claquement habituel. J'ai toujours les pieds trempés. Je n'ai pas de chaussures nouvelles, Duez n'ayant pu aller jusqu'au train de combat. D'ailleurs, tout le monde est dans cet état, pis encore puisque certains n'avaient pas le moindre abri cette nuit. Les lieutenants Lang et Humbert sont évacués. Trutru Fenaux est trempé comme une soupe, de la tête aux pieds, et gelé : il claque des dents. Tous sont mouillés et fourbus, mais pleins de courage. Ils sont épatants. Au moment de revenir, un feu de barrage très dense se déclenche entre le régiment et le PS. Marmites panachées, de tous calibres. On attend un quart d'heure dans une tranchée puis, comme un ralentissement semble se produire, on part. Malheureusement, cela redouble d'intensité. Nous sommes pris dans un véritable ouragan. Je prends la tête ; les autres (huit ou dix) me suivent de quatre en quatre mètres. Des chevaux tombent à côté de nous. Nous croisons un avion français abattu. Éclats me cinglent la main et tapent sur mon casque. On est salement encadrés – et on y attrape chaud. Je prends le sac d'un infirmier, Lebec, qui n'en peut plus. Mais moi, j'en bave, du coup. Je suis content car je n'ai pas flanché et ai conservé tout mon calme. Deux restent en panne ; Dubouille et Lebec flanchent. Un brancardier blessé – (ça fait six en quatre jours). Enfin on arrive. Ouf !!!! – On a eu chaud, mais pas un instant je n'ai eu peur. Déjeuner (reste de choucroute boche d'hier). Mes pieds sont toujours dans l'eau ! – Comme c'est désagréable ! – J'ai une trachéite carabinée. Temps atroce, toujours. Dans les boyaux, on marche sur les tas de Boches crevés. Ah ! Ceux-là ont voulu venir en France ! Ils y restent... et pour longtemps. Après-midi, arrosage copieux de 77. Le 65ᵉ bataillon chasseurs a gagné ce matin trois kilomètres à notre gauche. J'écris un mot à la famille de Fenaux, à Châlons, que je confierai au premier blessé ; c'est pour qu'on lui envoie un imperméable. Ça va être à nous d'en mettre. Devant nous est la tranchée dite « des Vandales ». Si seulement on pouvait la prendre ce soir !! – Pas d'attaque, ce soir. Le capitaine Figuaire, adjoint du colonel Selva (qui depuis la mort du colonel Borne a pris le commandement de la brigade et est remplacé par le commandant Voinier) est blessé à la tête. Courage merveilleux : il vient à pied, ne veut pas être évacué, prétendant que « c'est une blessure d'enfant de troupe » : il a une belle fracture du crâne... Le fourrier [1] de la 21ᵉ, Zam, un poilu fort gentil, est blessé grièvement à la tête : il me reconnaît à travers ses pansements. Le soir, Duez m'apporte enfin mes chaussures et chaussettes de laine. Quelle douce sensation !

Jeudi 30 septembre. Les Boches tiennent toujours bon devant nous. Ah ! Quand les aurons-nous, ces cochons-là ? – Les 32ᵉ et 33ᵉ colonial qui ont fait le

1. Mot utilisé pour sergent-fourrier, sous-officier chargé de l'administration de la compagnie. (NDE)

gros de l'attaque sont relevés. Ils sont fourbus mais sont gais. Ils ont subi de grosses pertes. On a enfin recouvert les macchabées boches dans les boyaux, avec un peu de boue. Les boyaux sont maintenant d'une élasticité remarquable : le Boche fait ressort. Matinée calme. L'après-midi, nous allons, Roudouly et moi, voir le colonel Selva et me félicite devant lui [sic]. Il dit que je suis « très brave » etc., ce à quoi je suis fort sensible car – depuis quatorze mois – c'est la première fois qu'on veut bien s'apercevoir que je n'ai pas la trouille. Au retour, nombreuses marmites (130 autrichiens arrivant avec une vitesse vertigineuse, sans qu'on ait le temps d'entendre le moindre sifflement). Voilà cinq jours qu'on n'a pas pu se laver. Je n'ai jamais été aussi sale. Pas d'eau. Nous avons avancé, paraît-il, un peu vers Sainte-Marie-à-Py. La ferme Navarin est prise hier, mais reprise aujourd'hui par les Boches. La nuit, contre-attaque boche repoussée.

Vendredi 1er octobre. À l'aube, on nous relève et nous allons passer la journée dans l'ancienne tranchée française de première ligne à 1 500 mètres est de Souain. Journée calme. Vers 11 heures, j'ai une surprise rudement agréable : Roudouly vient m'annoncer qu'il m'a proposé pour la croix de guerre et une citation à l'ordre du régiment. Quelle veine ! Ce que je serais heureux si cette deuxième proposition (la première datant de Buzy) pouvait aboutir ! Ça en serait une chance, ça, par exemple ! – Il fait froid et on est toujours sales... mais sales !!!! – Enfin, c'est la guerre. Il paraît que ce soir on repart en ligne. On est très très fatigués, mais, s'il le faut, on ira ! Le soir, on se couche à même, au fond de la tranchée. Duez m'aide à creuser un peu pour que je puisse « m'incruster dans le mur » et qu'on ne me piétine pas dessus ! Dieu ! qu'il fait froid toute la nuit ! Gelée blanche. Le matin, on est gelés, transis, raides comme des bouts de bois [1]. Dans la nuit, quelques obus asphyxiants. Allons reconnaître, le Dr Roudouly et moi, les tranchées que le régiment va prendre ce soir, au nord de la route Souain-Tahure, à mi-distance. Nous relevons la Légion. Nous trouvons une installation de PS (très bien, à 500 mètres derrière la crête où sera le régiment). Je repasse par la tranchée de Ratisbonne où sont restés Lamaze et André qui est évacué le soir même, étant dans un état de dépression et de fatigue lamentable. Je rencontre Mollin qui est aux tirailleurs marocains – Haller, médecin au GBD – où il me remplaçait – s'est fait tuer hier. Mon régiment a perdu cent cinquante hommes jusqu'ici. C'est lui qui a le moins casqué de la division. Le successeur de Gilles arrive : c'est le Dr Touyeras, de l'ambulance 2 : il a un énorme ballot de couvertures sur le dos... et a l'air un peu dépaysé. Mais c'est un chic type. Départ à 23 heures.

Dimanche 3 octobre. Sommes aux tranchées au lieu-dit « Sadowa ». Notre cagna, à ouverture tournée vers les Boches, s'appelle l'« *Heinrich's Rüh'* » [« Au

1. Quand je me réveille, je me crois paralysé car, malgré mes efforts, je ne puis remuer : c'est que mes vêtements trempés de pluie ont gelé la nuit et je dois forcer mes articulations l'une après l'autre pour casser cette carapace !!

repos d'Heinrich »]. Je n'ai jamais été aussi sale. Pas d'eau. À peine pour boire. Pour comble de malheur, on est envahis par les poux des Boches... et *von Gott* sait combien ils sont tenaces ! Dépression générale. Je suis exténué et manque de me trouver mal, à midi.

Lundi 4 octobre. Allons en première ligne comme chaque matin. Il y a eu cette nuit trois blessés et trois tués. Il paraît qu'on attaque demain ou après-demain à la baïonnette. Tant mieux. Ma citation est paraît-il en bonne voie. Les brancardiers du régiment reçoivent des félicitations collectives – chose rare entre toutes :

« Le lieutenant-colonel commandant le 294e RI adresse ses félicitations au groupe des infirmiers et brancardiers du corps pour le dévouement sans bornes et le courage admirable qu'ils n'ont cessé de montrer dans l'accomplissement de leur service spécial pendant les journées du 26 au 29 septembre 1915 – Selva. »

D'autre part, voici la copie de ma proposition de citation à l'ordre du régiment ; même si elle n'aboutit pas, cela fait toujours plaisir :

« Laby Lucien – Aspirant – élève à l'ESSM [École supérieure du Service de santé militaire] a été, pendant les journées du 26 au 29 septembre, un modèle d'abnégation et de dévouement. A su obtenir de son personnel, par sa crânerie souriante, son entrain, son mépris du danger, le maximum d'efforts avec le minimum de pertes. »

Bombardements toute la nuit sur les Boches, qui répondent à peine.

Mardi 5 octobre. Enfin ! Voilà des nouvelles de chez nous. Ils ont reçu toutes mes cartes (sept) en paquet, la poste les ayant retenues pendant la bataille. On parle d'attaquer, mais les fils de fer boches n'ont pas été bousillés par notre artillerie. Alors ? – Pourvu qu'on n'abandonne pas et que notre gros effort n'ait pas été inutile !... Non. On attaque demain à l'aube. Ce soir, je change enfin de linge : après quinze jours, cela fait du bien. Toute la nuit, grosse préparation d'artillerie, comme le 25 pour la première attaque. Riposte boche énergique.

Mercredi 6 octobre. À 3 heures du matin, tout le monde est debout. Les marmites tombent si près que la lampe à acétylène et les bougies de notre PS s'éteignent plusieurs fois. La 23ᵉ compagnie attaque la première, mais les fils de fer barbelés ne sont pas complètement amochés et notre première vague se brise dessus. Une trentaine de blessés nous arrivent – parmi lesquels le lieutenant Martin (de la garde républicaine) : un bras cassé et deux doigts enlevés ; le sergent Lévy qui semble un peu fou et a un enfoncement du crâne ; l'adjudant Gauthier. Il paraît que le lieutenant Waller, un bon camarade, est resté, blessé, dans un trou de marmite devant les fils boches à 50 mètres de nos lignes : touché très grièvement à la tête. Impossibilité absolue d'aller le relever en plein jour. J'irai le chercher ce soir, à la tombée de la nuit, avec deux brancardiers. Ce sera dur. On aura de la veine si on en revient... L'adjudant Brochard vient d'être tué ; c'était un bon copain, mon voisin de table. Je viens de demander à Roudouly à aller chercher Waller ce soir ; il me l'a défendu, disant que ce n'était pas ma place. Les brancardiers le ramènent à la nuit ; il a une blessure horrible à voir ; il a la moitié de la face enlevée, à gauche. Il est défiguré entièrement, avec un trou où on pourrait mettre deux poings. Très courageux. Pertes d'aujourd'hui : quatre-vingt-dix hommes. La nuit, on prend le quart chacun son tour ; moi, de 3 à 6 heures. Gros obus tout autour de notre abri.

Jeudi 7 octobre. Le lieutenant Martinot, de la 23e, est tué. C'est triste. Lui aussi déjeunait à la popote Babonneau. Le lieutenant Série du 5e bataillon est tué. Bombardement continuel. Il paraît que les ailes avancent. Mais nous, impossible : on se cogne aux réseaux que l'artillerie n'a pu démolir. Le lieutenant Mouray, un excellent camarade, tombe avec deux balles dans la cuisse : il appelle au secours ; alors les Boches braquent leur mitrailleuse dessus et le fusillent jusqu'à ce qu'il ne bouge plus. Ils renouvellent la même lâcheté quelques instants plus tard sur un sergent et plusieurs poilus blessés.

Vendredi 8 octobre. Le régiment attaque à la baïonnette à 3 heures de l'après-midi. Mon ami Fenaux est persuadé qu'il va rester sur le terrain ; je le console de mon mieux et lui promets d'aller le chercher moi-même s'il tombe. Attaque superbe. On gagne de suite trois tranchées presque sans pertes (tranchée des Satyres). Mais l'artillerie de la 51e DI, qui devait tirer sur une tranchée à notre droite, cesse son tir et on est pris de flanc par les mitrailleuses boches. On est obligés de battre en retraite sur nos premières positions. Le lieutenant Chauvel quitte le capitaine Jamin avec une blessure insignifiante. Tout à coup, il tombe et fait un signe de la main ; on croit que c'est un signe amical d'adieu. Mais quand on repasse, il est mort, la carotide tranchée par un éclat.

Pertes énormes. Nous faisons des pansements sans arrêt, de 16 heures à 1 heure du matin, sous un bombardement terrible. On est absolument fous. On perd huit cents hommes environ et *tous* les officiers des compagnies *sauf quatre* (capitaine Anirépock, Jamin, mes amis les lieutenants Fenaux et Faivre). Il n'y en a plus un seul au 5ᵉ bataillon.

À la 17ᵉ compagnie, le lieutenant Sibille, voyant qu'on est obligés de battre en retraite, s'élance *seul* avec son revolver et des grenades et se fait tuer au milieu des Boches.

À la 18ᵉ compagnie, le capitaine Maranda[1] et le lieutenant Bourgeat sont tués ou prisonniers. À la 20ᵉ, le capitaine Lainé, les lieutenants Milion, Debergue, tués – le lieutenant Ledras, blessé à la cuisse. À la 19ᵉ, lieutenant Couturier est tué, Morin, un bon camarade, blessé à la figure par EO [éclat d'obus] – Le commandant Voinier du 5ᵉ bataillon est blessé très grièvement, à l'épine dorsale. On croit que la 18ᵉ, qui était en tête,

1. Les derniers poilus qui ont aperçu le capitaine Maranda racontent avoir vu celui-ci, seul au milieu d'une horde de Boches, se défendant avec une pelle-bêche comme avec une massue... Mais après en avoir abattu un certain nombre, il succombe à son tour.

est prisonnière. Il n'y avait de points d'appui ni à droite ni à gauche et ils sont cernés. Au 6e bataillon à la 21e, le lieutenant Chauvel, un très bon ami, très chic, est resté là-haut. Le lieutenant Gervèse est blessé. À la 23e, le lieutenant Till est tué, l'adjudant Mandagaran, un petit Basque très brave, est blessé et prisonnier. Le 5e bataillon est maintenant – à défaut d'officiers – commandé par un adjudant. L'adjudant Baurens, très brave aussi, est tué. Que de blessés ! Les Boches ont retourné leurs balles[1] : on retrouve – et j'ai moi-même entre les mains – des bandes de mitrailleuses avec toutes les balles retournées. Ouvrage fou toute la nuit. Je suis fourbu. On amène – entre autres – un Boche avec une balle dans le ventre : on le met avec ces messieurs dont on fait un tas à part pour ne s'en occuper que quand tous les Français seront pansés. Quand je veux le soigner, le lendemain matin... il est claqué, mes brancardiers ayant eu... la gentillesse de lui offrir du chocolat !!

Samedi 9 octobre. Les pansements continuent – le marmitage aussi. Une marmite tombe dans celle de notre cuistot, Chenu, qui fait du thé pour les blessés. Désespoir du brave Chenu. Il paraîtrait qu'on part au repos ce soir. Il serait temps de reformer la division qui est à l'état squelettique. Départ le soir à 21 heures. Nous croisons un régiment du Midi – le 58e je crois.

1. Les Allemands ont été accusés, au début du conflit, de retourner les balles dans la douille avant le tir, afin que le projectile ne puisse effectuer une trajectoire rectiligne et inflige ainsi une blessure plus mutilante lors de l'impact. (NDE)

Ils se moquent de nous : « Té ! bé ! on disait qu'il n'en restait plus !! Mais ils sont encore bien gras ! » etc. Au même moment, quelques obus bien placés arrivent dans leurs rangs serrés – pas un dans les nôtres : ils font écran. Hurlements de douleur, pagaye. Nous sommes énervés et ça nous fait rire... On campe dans un bois de sapins à trois kilomètres. Sud-est de Souain... On allume des feux, il fait froid. Le général Darkin – seul dans la nuit – aborde les poilus et leur demande : « Où est ma division ? » – Serait-il fou ? Nous couchons dans une minuscule cabane en terre, Touyeras, Lamaze, Lévy et moi, serrés comme des harengs.

Dimanche 10 octobre. Journée dans le bois de sapins. Je me lave et tue mes poux. Quel bien-être ! Sur mille cinq cents nous restons six cents.

Lundi 11 octobre. Encore dans le bois. Partons la nuit à 1 heure du matin. Incendie partiel du bois.

Mardi 12 octobre. Arrivée dans un nouveau bois de sapins à 6 heures du matin, à deux kilomètres. Nord-est de Bussy-le-Château. Décidément, on n'en sortira pas de ces sacrés bois ! On est pourtant bien fatigués. Après déjeuner, j'apprends que la 27e DI où est Hambourger est aux environs. Je fais trente kilomètres à cheval (par Courtisol) et à la fin j'apprends qu'il est à Somme-Suippes... à quatre kilomètres d'ici ! Aussitôt dîner, je vais en bécane là-bas – et je retrouve ce vieux Popol ! – Quelle veine. Rendez-vous pour demain.

Mercredi 13 octobre. Le matin, je quitte le bois « des Pots de chambre » et vais voir Popol, à cheval. L'après-midi, il vient ici en bécane. Je prends une douche. Je fais connaissance de René Vincent qui voit mes dessins et me dit que je suis un futur Caran d'Ache ! Puisse-t-il ne pas se tromper !

Jeudi 14 octobre. Toujours dans notre bois. Vais à cheval déjeuner à Somme-Suippes avec Popol, Testas et Vachet. Ils partent pour Courtisol. Je vais en bécane dîner à l'ambulance 2 (Robin) avec André qui est fort fatigué encore et sera évacué demain matin de l'ambulance. Retour la nuit.

Vendredi 15 octobre. Sacré bois ! C'est un repos qui n'en est pas un : dans une cabane en terre, avec les trois autres toubibs. Enfin on espère partir bientôt à l'arrière...

Du samedi 16 au dimanche 24 octobre. Toujours au bivouac. Quel sale repos ! On mériterait tout de même un peu mieux, quand on a trinqué si fort !! Balades à cheval. Allons le 19 à Bussy en petit train Decauville, Lamaze et moi.

Dimanche 24 octobre. Vais à Châlons en bécane par Bussy et la Cheppe. Déjeuner chez l'oncle Jules. La tante Devaux est très malade. Au retour, on m'apprend qu'on part à minuit.

Lundi 25 octobre. Départ à 1 heure. Marche de 23 kilomètres. Sommes vannés. Arrivée à Sarry. Je dors en arrivant (chambre avec Toutouille).

Mardi 26 octobre. Allons vadrouiller à Châlons, à pied, avec Touille et Lamaze.

Mercredi 27 octobre. Déjeuner chez oncle Jules. Écrivons à Mère de venir, si possible.

Vendredi 29 octobre. Déjeuner chez oncle Jules. Allons chez le colon [colonel] avec Touyeras.

Samedi 30 octobre. À 15 heures, je vais à Châlons. Mère est arrivée : elle m'avait cru tué d'après la lettre qu'on avait faite exprès laconique, le courrier étant souvent ouvert – et l'entrée de Châlons interdite. On télégraphie à P'pin, que je vais bien. Ma Croix est officielle à partir d'aujourd'hui ! – l'oncle Jules en achète une et Mère me décore.

Dimanche 31 octobre. Déjeuner à Châlons avec Mère. Journée excellente. Hier soir, notre nouveau colon est arrivé : colonel Daydé, qui remplace le pauvre vieux père Selva. Il n'a pas l'air très commode. Il prend le commandement aujourd'hui. Quelle guigne !

Lundi 1er novembre. Déjeuner à Châlons. Messe de la Toussaint. Demain, Mère part. Adieux.

Mardi 2 novembre. Promenade à cheval à Chepy, Saint-Germain et voir le GBD. C'est le père Delassus qui remplace Thérault. Je vois tous mes anciens camarades du 25e artillerie : Smidt, Perrin, Sculo, capitaine Didiot, et, jeudi 4 novembre, retour Sarry.

Vendredi 5 novembre. Messe pour les morts du 294e. Après-midi à Châlons. Je rencontre des Santards : Grand'Claude – Cazalis (qui part demain en Serbie), Picot, Mage – et un ancien copain de Paris : Cretté.

Samedi 6 novembre. Châlons avec Poujol, Régis, Thirion.

Dimanche 7 novembre. Sarry.

Lundi 8 novembre. Allons à Châlons avec Touille et Lamaze. J'apprends la mort de la tante Devaux. Je rencontre Barreau et Jacob.

Mardi 9 novembre. Sarry.

Mercredi 10 novembre. À cheval à Châlons. Grand-Mère Gandon est arrivée.

Jeudi 11 novembre. Enterrement de tante Devaux. Je vois oncle Gustave, oncle Auguste, Eugène et Georges Devaux. Déjeuner à la Haute-Mère-Dieu. Pendant ce temps, les 17e et 21e compagnies partent avec Lamaze entre Suippes et Perthes-les-Hurbus pour des travaux de terrassement.

Vendredi 12 novembre. Sarry : allocution aux troupes du général de Dartein, toujours le même : « Vous irez au Paradis des braves gens... avec Clovis et Jeanne d'Arc, etc. » On rigole. Il n'arrive pas à sortir son épée !!!...

Samedi 13 novembre. À Châlons avec Touyeras et lieutenant Thibout.

Dimanche 14 novembre. Vais dire au revoir à Châlons. Neige.

Lundi 15 novembre. Départ à 6 h 30 en voiture pour relever Lamaze (tous les quatre jours). Gelée. Neige. Le cheval glisse. Allons au pas. Arrivée à midi. Froid intense. Baraquements en planches dans les bois, au kilomètre 3 1/2. Popote avec le capitaine Jamin et le lieutenant Noir (arrivée de l'artillerie, sur sa demande, il y a cinq jours. Il est prêtre). Les nouveaux lieutenants arrivent : Ginet et Gervais, puis Ricq.

Mardi 16 novembre. Camp 3/5 [3e et 5e compagnies]. Neige.

Mercredi 17 novembre. Idem. Froid. Je touche un poêle[1].

1. Pendant une des pénibles marches, le soldat Vivère, un de nos bons clients à la visite, ivre à ne pas tenir debout, se cramponne des deux mains à une cantine roulante que, malgré la fatigue et la cuite, il arrive à suivre péniblement. La face éclairée par un large sourire de poivrot, il répète, pendant des kilomètres : « La guerre ! mais c'est un plaisir, pour moi !! une promenade ! une partie de plaisir, cette guerre !! » Il nous fait bien rire.

Jeudi 18 novembre. Idem. Neige. Brouillard.

Vendredi 19 novembre. Idem. Froid. Brrrr !!!

Samedi 20 novembre. La relève devait être aujourd'hui. Mais... contre-ordre. Le régiment va nous rejoindre.

Dimanche 21 novembre. À 22 heures, alerte. Puis à 22 h 30, on se recouche.

Lundi 22 novembre. Départ à 5 heures. Arrivée à Suippes. Le régiment arrive à 15 heures. Sommes bien cantonnés : au 16 de la rue de l'Orme. J'ai un matelas par terre. Je fais la popote avec le lieutenant Tansin, type très vantard et capon, me dégoûte. Par contre, le lieutenant Danauville, ex-consul à Luxembourg – venu sur sa demande dans la biffe [l'infanterie] –, est très chic.

Mardi 23 novembre. Restons à Suippes. Je vois Julien.

Mercredi 24 novembre. Le 5e bataillon part à la ferme des Wacques, près Souain.

Jeudi 25 novembre. Retournons à la popote 22/24 compagnies, celle du commandant. Suis maintenant un des anciens, avec Fenaux et Faivre ; le reste, c'est des bleus nouvellement arrivés (lieutenants Simon, Meunier, Remia, Théry, Lebrun).

Vendredi 26 novembre. Suippes. Froid.

Samedi 27 novembre. Exercice de grenades. Le matin, messe pour les tués du 212e territorial avec notre musique. Le soir, notre comique Braudel vient chanter.

Dimanche 28 novembre. Gelée. Froid énorme.

Lundi 29 novembre. Gelée. Froid énorme.

Mardi 30 novembre. Expériences contre les gaz, dans une salle où on fait passer les poilus avec leurs masques : Morvan veut faire le malin, le retire et manque de crever.

Mercredi 1er décembre. Roudouly part en perm.

Jeudi 2 décembre. Je monte des chevaux. Vais à Jonchery au GBD.

Vendredi 3 décembre. Vais à Châlons, pour la conférence médicale, avec Lévy, par le train. Déjeuner chez oncle Jules. Retour en auto.

Samedi 4 décembre. Le matin, nous allons à cheval avec le commandant Anirépock, reconnaître les tranchées du 35e pour la relève du soir. Nous laissons nos chevaux au Bois Guillaume. Une marmite arrive, qui renverse mon cheval, sans le toucher. Impossible de retrouver le Bois du Sultan qui est complètement rasé.

Nous retournons déjeuner à Suippes.

Le bataillon part à 16 heures. Véritable tempête.

Boue. Qu'est-ce que ce sera dans les boyaux où il y avait déjà pas mal d'eau ce matin !! – Souain. Ferme des Wacques. Au Bois Guillaume, on prend le boyau du 2e mixte [2e régiment mixte comprenant des Européens et des coloniaux]. Il a deux kilomètres de long. Nous allons mettre trois longues heures à le parcourir, dans une eau glacée. Au début, nous plaisantons. Je suis avec Trutru Fenaux, en tête de la 22e. Tant que l'eau est fluide, ça va à peu près. Mais bientôt la boue devient épaisse et dépasse les genoux. Bientôt on en a jusqu'aux cuisses... Parfois, quand on tombe dans un trou, jusqu'au ventre. Et puis, c'est tellement glaiseux qu'il faut fournir un véritable effort pour sortir chaque jambe tour à tour... On tire ses genoux avec les mains... Nous ne rions plus du tout. Plusieurs s'embourbent jusqu'à la taille. Enlisements. Il y en a qui vont rester là jusqu'à demain matin et qu'on viendra rechercher avec des cordes. Je passe à côté d'un clairon, un barbu, qui en a presque jusqu'au cou : je l'aide à se sortir et j'essaie de le porter... Hélas ! au bout de dix mètres d'efforts, je le laisse retomber... et l'abandonne là. Nombreux à-coups. On piétine sur place. J'engueule un « imbécile » qui se balade sur le parapet avec une lampe électrique : malaise ! C'est le commandant !! – Que d'efforts pour arriver ! Je n'en puis plus et j'ai froid. Impression terrible. Arrivée, enfin, à l'est de l'Épine de Vedegrange, devant Sainte-Marie-à-Py, à 23 h 30 [1].

1. Le 8, c'est en pleine nuit que se produit l'alerte aux gaz : tous les guetteurs frappent à toute volée sur les douilles servant de gongs... Réveillé en sursaut, j'ai une telle peur que tous mes muscles tremblent chacun pour

Dimanche 5 décembre. La pluie continue. Nous avons une petite cagna avec Lamaze, en première ligne : c'est un ancien observatoire boche (« *Beobachtung* »), tout petit, avec juste deux cadres servant de lits, l'un au-dessus de l'autre, et une planche fichée au mur en guise de table. Quelques marmites. Grenades. Torpilles. Popote avec le commandant et la 22ᵉ. Trois blessés.

Lundi 6 décembre. Trois blessés : l'un d'eux a une balle dans la tête. Dans la nuit du 6 au 7, alerte. Préparation d'artillerie boche, sur notre gauche. On ne peut dormir. Marmites. Je suis encore trempé. Impossible de se déchausser.

Mardi 7 décembre. Bombardement formidable toute la journée. Huit blessés. Gros obus en masse, sans arrêt. On est un peu énervés, malgré l'entraînement. Je suis presque sourd. Deux obus éclatent dans mon boyau du PS qui est comblé. Je vais dans le boyau Dadi Sista voir les copains de la 24ᵉ : les lieutenants Ginet et Roger (ce dernier qui était, en 1912, mon maréchal des logis au 25ᵉ artillerie). En revenant, dans ce boyau, je suis fiché par terre par quatre obus – qui comblent le boyau. Je suis un peu dingo pendant un quart d'heure. Vers 18 heures, cela se calme. Il n'est que temps.

---

son compte, à un point tel que, malgré ma volonté absolue, je ne puis arriver à me lever… À la fin, claquant des dents, je me mets sur pied, mais je ne puis faire un pas.

Mercredi 8 décembre. Pluie. Le soir, alerte aux gaz : on annonce un nuage arrivant sur le 354e, à notre gauche. Grosse impression. Cette alerte est terrible : on n'est pas encore habitués à ce genre de combat et, malgré soi, on a peur. J'espère pouvoir me dominer mieux la prochaine fois. Ce n'est, ce soir, qu'une fausse alerte.

Jeudi 9 décembre. Boue. Pluie. Toujours à la tranchée Lubeck.

Vendredi 10 décembre. Froid intense. Pas de feu. Un type de renfort du Midi se pend, « de peur d'être tué ». On vient me réveiller, mais il est déjà raide. Dans l'après-midi, Duez arrive affolé : « M'sieur Laby, il y a l'pindu qui a remué ! » Je lui promets – pour le « pindu » – un grand coup de pied dans le derrière si ce salaud-là n'est pas mort ! – Mais si, il l'est bien... Quel lâche !!

Samedi 11 décembre. Nous sommes sales comme des poux. Pas d'eau propre.

Dimanche 12 décembre. Ah ! les beaux dimanches d'antan ! Le soir, on entend les Boches qui creusent des galeries. La 18e compagnie croit qu'elle est minée. Quelle impression, encore !

Lundi 13 décembre. Les amateurs d'émotions fortes sont servis ici ! Gros marmitage. Plusieurs 150, tout à côté de mon trou. L'un d'eux tombe en plein dans le boyau – et le bouche, à 20 mètres d'ici. Quelques tombes sont retournées.

Mardi 14 décembre. À 20 heures, encore une alerte aux gaz. Cette fois, je n'ai pas peur. Quelle éducation de la volonté, cette guerre ! Dire que l'autre jour – et bien malgré moi – je me suis mis à trembler : un tremblement nerveux, idiot, contre lequel je réagissais de toutes mes forces, mais en vain. Je suis content de cette petite victoire sur ma carcasse. Ce n'est, aujourd'hui encore, qu'une fausse alerte. Mais la prochaine fois, j'espère être tout à fait à hauteur !

Mercredi 15 décembre. Bombardement. Froid. Souris et rats en masse dans mon gourbi [1]. Touyeras a trouvé un truc pour « avoir les pieds secs ». Et quel truc ! Quand il quitte sa cagna – à 500 mètres en arrière de la mienne, il quitte ses chaussettes – qu'il met dans sa poche – et ses grolles – qu'il met sur son dos. Puis, il arrive pieds nus, en barbotant, comme à la mer. Une fois au gourbi du commandant, où nous déjeunons, il sort une serviette sèche, s'essuie, se chausse... et a les pieds secs, lui. N'empêche qu'il nous fait bien rigoler !!

Jeudi 16 décembre. Quel sale secteur ! Les Boches sont insupportables. Je suis sale, sale – pas d'eau – pas de linge.

Vendredi 17 décembre. Pas de charbon non plus ! Brrrr !!...

1. Mot arabe désignant une maison élémentaire. Par extension, en argot militaire, c'est un abri. (NDE)

Samedi 18 décembre. Alertes. Fusillades. Canonnades. Je vais entendre causer les Boches, au poste d'écoute de la 21ᵉ, à 10 mètres. On entend des bribes de conversation. Quoique de chaque côté on cause le plus bas possible. Les Boches sont enrhumés.

Dimanche 19 décembre. Le vent est toujours pour les Boches. Vont-ils essayer de nous asphyxier ? – On se méfie.

Lundi 20 décembre. Ce soir, les Boches chantent. On fait tirer l'artillerie sur eux. Froid. Neige.

Mardi 21 décembre. Relève du 5ᵉ bataillon pour trois jours, à Suippes. Il viendra nous relever le 24 au soir : joli réveillon en perspective ! Lamaze me quitte. Je reste seul dans la cagna. Avec un seul bataillon, nous conservons tout le secteur du régiment !! – Je crois qu'une chose est à souhaiter, c'est qu'« Ils » n'attaquent pas, car, quoi qu'on fasse, pour un tel front, on est trop peu...

Mercredi 22 décembre. On s'embête bien plus tout seul qu'à deux. Je dessine et je lis.

Jeudi 23 décembre. Un Boche se balade en face avec un parapluie ouvert : c'est tout ce qu'on en voit.

Vendredi 24 décembre. À 21 heures, le « cintiène [1] » bataillon nous relève. « Marche à l'Étoile » toute la nuit

1. L'auteur imite sans doute la prononciation de « cinquième » des hommes du bataillon. (NDE)

de Noël. J'ai enfin ma croix de guerre ! Arrivée à Suippes à minuit 15. Le lieutenant-major Guérigny, notre chef de popote, était parti en avant pour préparer le réveillon : il a bien fait les choses. On se met à table à 1 heure. Huîtres, choucroute, jambon, dinde, etc. Vins nombreux. Nous sommes déjà fatigués, aussi nous sommes vite cuités, y compris le commandant Anirépock : il y a un harmonium faux comme un jeton, sur lequel on tape avec énergie. Nous buvons une bouteille de kummel à deux. Trutru Fenette va se coucher : on fait une farandole autour de son lit. On sort de la popote à 7 heures et quart, très vaseux. Nous nous donnons le bras, avec Touille – et longeons les murs.

Samedi 25 décembre. Noël ! On s'étend une demi-heure sur nos matelas. Séance épique de la visite : Touyeras se cramponne à un « malade » qu'il ausculte et l'ensemble oscille lamentablement. Restons à Suippes. Gueule de bois...

Dimanche 26 décembre. Encore très vaseux.

Lundi 27 décembre. À 6 heures, je prends le train pour Châlons, où je passe la journée chez l'oncle Jules. À 14 h 30 – coïncidence épatante ! – arrivent tante Jeanne, Totote et Toto. Quelle veine ! Excellente journée. Je repars à 17 heures avec Fenaux, en auto.

Mardi 28 décembre. À 14 heures, départ du bataillon pour les tranchées. Arrivée à 21 heures. Je ne passe pas par les boyaux, mais en plaine. J'esquive quelques balles, mais j'ai les pieds secs. Lamaze préfère rester là, avec moi, car son bataillon est relevé à 500 mètres d'ici, dans les boyaux très mal [mots illisibles]. Bombardement intense ; plusieurs blessés.

Mercredi 29 décembre. Combat de grenades à fusils. Trois blessés.

Jeudi 30 décembre. Tranchées. Froid. Pas de feu. Mais on a pris le parti de se déchausser la nuit, en cachette. Un tué.

Vendredi 31 décembre. Ouf ! Une année de tirée. Espérons que l'année prochaine à cette époque-ci, la guerre sera terminée !!

1916

Samedi 1er janvier. À 5 heures du matin, Trutru Fenette vient nous souhaiter la bonne année, à Lamaze et à moi ! Ça fait plaisir de voir une bonne balle [bouille] sympathique, comme la sienne, pour étrenner l'année ! – Le gouvernement nous envoie du champagne, du jambon, des oranges, des pommes et un cigare !

Dimanche 2 janvier. Froid. Bombardement.

Lundi 3 janvier. Enfin ! C'est demain la relève.

Mardi 4 janvier. À 15 heures, le 5e bataillon vient nous relever. On va dîner aux Wacques. Arrivée à Jonchery avec la 21e et la 24e à 21 heures. Sommes dans un petit pavillon nègre.

Mercredi 5 janvier. Vais à cheval aux Wacques passer la visite des 22e et 23e. Je déjeune au GBD.

Jeudi 6 janvier. Vais voir Beaufay, passé au parc du 25e artillerie à côté. Il m'invite pour demain. Le soir, vais voir en auto aux Wacques.

Vendredi 7 janvier. Vais déjeuner chez Beaufay à Suippes.

Samedi 8 janvier. Vais à cheval l'après-midi aux Wacques passer une revue des tampons et lunettes à gaz. Ici, je suis très bien installé : petite maison d'une pièce, non souterraine (ça c'est chic) dans un véritable village suisse : gazon, pins, massifs, un beau travail d'embusqués.

Dimanche 9 janvier. Je dîne au GBD avec Poujol, Thirion, Ravoux.

Lundi 10 janvier. Dernier jour de repos : demain, la relève. C'est pas long.

Mardi 11 janvier. Réveil à 4 heures, mais on ne part qu'à 7. Temps couvert. Pas de saucisse [ballon d'observation]. Les Boches nous repèrent au Bois Guillaume. Très fort bombardement toute la journée. Blessés. Le 5e bataillon va au repos à la ferme Piémont, derrière Suippes.

Mercredi 12 janvier. Je suis seul dans mon trou. Souris. Rats. Pluie. Boue. Blessés.

Jeudi 13 janvier. On me promet ma perm pour le 20. Veine !

Vendredi 14 janvier. Popote avec le commandant Anirépock (dit Cucu-bobock) et la 24e. Pluie. Obus. Gros noirs tout à côté de mon poste. À la 21e, un obus tombe dans la cuisine – trois blessés et un tué (le pauvre bougre écrivait à sa femme : il est resté dans la même attitude, le crayon à la main).

Samedi 15 janvier. C'est du 5 au jus pour ma perm ! [plus que 5 jours de service].

Dimanche 16 janvier. Pluie. Marmites.

Lundi 17 janvier. Demain, c'est la relève !

Mardi 18 janvier. Lamaze arrive. Mais je préfère rester ici car mon bataillon va à 800 mètres à peine, au bois N. 28 à un repos fictif, dans les boyaux.

Mercredi 19 janvier. Je déjeune à N. 28 et dîne avec le commandant Dumilieu (dit : Ducentre ou Dourakine) du 5e bataillon. Très violent bombardement. Blessés. Un Boche saute en l'air, la tête d'un côté, le corps de l'autre.

Jeudi 20 janvier. Ah ! Zut ! Il paraît que je ne pars plus en perm que dans quinze jours ! Je vais rouspéter chez Roudouly et chez le colon qui me dit : « Mais voyons, quand voulez-vous partir ? – Mais... demain, mon Colonel ! » Il rit du culot et accepte. Chouette ! C'est du zéro demain matin ! Si rien ne change d'ici là !

Vendredi 21 janvier. Je quitte la tranchée à 14 heures avec ma perm de huit jours en poche (six plus deux pour la croix de guerre). Duez m'accompagne. Le mauvais sort s'acharne à vouloir me démolir avant ma perm. – Après, soit ! mais pas aujourd'hui !! – Deux obus sur le boyau où je passe. Une balle à deux ou trois centimètres au-dessus de mon casque. Sur la route Souain-Suippes, une vingtaine de gros noirs dont l'un, tout près. On est obligés de se planquer dans un boyau. Arrivée à Suippes. Dîner chez Tardy, officier des détails.

Samedi 22 janvier. Train à 1 heure 30 du matin. Paname [Paris] à 10 heures. – Ici, une journée en rab'. Arrivée à Amiens, où Maurice est en perm (à 23 heures). Je couche avec M. Flamant.

Dimanche 23 janvier. Journée à Amiens (en rab'). René est là aussi. Départ à 18 heures. Arrivée à Lignières dans la nuit. Mais ma perm est timbrée du 24 et le jour du timbre ne compte pas. Père et Mère sont épatés.

Du lundi 24 janvier au mardi 1er février. Perm à Lignières. Maurice et Vonne viennent. Je vais à Amiens. Chouette permission, mais trop courte, malgré le rab'.

Mercredi 2 février. Départ par Abancourt avec Vonne à 19 heures. Arrivée à Paris à 22 heures. Il y a eu un gros déraillement à Saint-Denis : heureusement qu'on n'a pas pris la ligne d'Amiens.

Jeudi 3 février. Journée à Paris. Départ à 20 heures : on m'empêche de prendre l'express – parce que sous-officier : je saute la balustrade et rejoins Yvonne. Elle descend à Épernay. Arrivée à Suippes le 4 février à 2 heures du matin. Le Rt [régiment] est aux tranchées. Je couche dans un fauteuil chez Breitnacher, à l'infirmerie, train de combat.

Vendredi 4 février. Je pars à 8 heures aux tranchées – et j'arrive pour déjeuner : le commandant Anirépock ne me reconnaît pas car j'ai rasé ma barbe, en perm [1]. – Je mets le retard sur le dos des trains « qui ne marchent pas ». Ça prend. En somme, j'ai pris treize jours.

Samedi 5 février. Bombardement formidable des tranchées boches qu'on retourne entièrement, avec tous les calibres (nombreux 220 et 270). Je grimpe sur mon gourbi, pour mieux voir. Spectacle féerique. Les Boches sautent en l'air. Nous calculons approximativement qu'en deux heures on leur a envoyé pour 800 000 t[onnes] !!!

Dimanche 6 février. Ça va mieux. Les Boches ripostent avec énergie.

1. Le commandant me prend pour son « successeur » et me fait grise mine. Quand enfin il me reconnaît, car j'éclate de rire, il est heureux de me retrouver et ne me tient pas rigueur de ma petite blague.

Lundi 7 février. Guerre à la grenade toute la nuit. Cinq blessés.

Mardi 8 février. Fausse alerte : les Boches chargent à la grenade, au bastion et foutent le camp.

Mercredi 9 février. Départ pour le Repos. Arrivée à 15 heures à la ferme Piémont. Neige.

Jeudi 10 février. Neige. Baraquements pas trop moches. Semblant de lit (cadre avec de la paille). Poêle. Table. Chaise.

Vendredi 11 février. Froid – Neige. On parle d'une relève pour aller au « Grand Repos ». Si seulement c'était vrai !

Samedi 12 février. À 19 heures, au moment de dîner, alerte. Il y avait eu canonnade toute la journée. On passe à Suippes à 20 heures 12 puis aux Wacques. On prend une piste et on arrive à minuit à la cote 150. Allons-nous contre-attaquer ? Les Boches ont chargé cet après-midi et ont pris deux lignes de tranchées. On en a repris une. Les balles claquent. Obus. On couche là, sur la terre. Froid terrible. Boue. Les flaques d'eau dans lesquelles on couche, gèlent. J'ai l'impression que mes pieds sont gelés... Je me figure que mes orteils sont ratatinés et que demain je ne pourrai pas marcher. Les Boches prennent le « Chapeau de gendarme ».

Dimanche 13 février. Restons au même endroit toute la journée, en position d'attente. À 19 heures, déclenchement du feu de barrage. Ce coup-là, ça y est... Nous allons charger ? – Mais non : contre-ordre. Départ pour les tranchées des Wacques. Je couche dans un trou, avec mes brancardiers.

Lundi 14 février. Retour de Toutouille. Pluie. Boue.

Mardi 15 février. À 9 heures, alerte. Allons à la cote 150, au même point. Attendons toute la journée. À 23 heures seulement, nous montons relever le 354e qui a écopé. Le 355e a huit officiers tués et des prisonniers. Je retrouve ma vieille cagna boche (*Beobachtung*) à 150 mètres de l'ennemi.

Mercredi 16 février. Eh bien ! j'y suis presque attaché à ma cagna ! Il y a bien quelques gouttières et le sol est plein d'eau, mais je m'y trouve bien ; je me sens chez moi. Pieds trempés.

Jeudi 17 février. Deux blessés. Pluie. Boyaux pleins d'eau.

Vendredi 18 février. Six blessés. Bombardement. Rhume de cerveau.

Samedi 19 février. Un blessé. Que d'eau ! Que d'eau !!

Dimanche 20 février. Gros bombardement de 14 à 18 heures. Ça barde salement.

Lundi 21 février. Neige. Froid.

Mardi 22 février. Bombardement formidable : 10 000 obus, sans compter les 75. Les Boches répondent énergiquement toute la journée.

Mercredi 23 février. On parle de reprendre les deux tranchées dites le « Chapeau de gendarme ». C'est un saillant [1], à notre gauche, près du Bastion.

Jeudi 24 février. Marmitage intense. Froid.

Vendredi 25 février. Préparation d'artillerie sur le « Chapeau de gendarme ». À 16 h 25, les deux compagnies du 355e montent à l'assaut – et le reprennent. Mon bon camarade, le lieutenant Ginet, est tué.

À 23 heures, pendant un pilonnage de nos positions, un gros obus tombe sur la sape du colonel Daydé (une sape modèle, pourtant, à 5 mètres de profondeur). Tout est retourné. Notre colon est tué. C'était un bien chic type. Le lieutenant Berthelot, son adjoint, est blessé mortellement. Il meurt pendant le transport. Le lieutenant Hublert, un nouveau, est tué. Le lieutenant Auvray, seul, est blessé légèrement : c'est la pire des andouilles doublée d'un capon – n'empêche qu'on lui colle la Légion d'honneur pour ce beau fait d'armes. Les sept téléphonistes et leur caporal, Wanvuc (architecte), sont enterrés. On essaie de les avoir, mais en vain. (On les a eus deux jours après.)

1. Segment de la ligne de front, faisant saillie dans les lignes adverses et représentant ainsi un danger. (NDE)

À 17 heures, contre-attaque boche : ils rentrent dans leurs tranchées plus vite qu'ils n'en sont sortis. Marmites en grande quantité. Deux prisonniers boches.

Samedi 26 février. À 2 heures du matin, je me lève pour le lieutenant Devarinnes, blessé au bras.

À 5 heures, nouvelle contre-attaque boche, après une grosse préparation d'artillerie. C'est un bataillon du 58e. On le laisse prendre la première tranchée et là, on tue tout ce joli monde à la mitrailleuse et à la grenade. Un commandant charge en avant avec un couteau à scie : « *kapüt* » ! – Il paraît qu'à Verdun, ça barde salement : les Boches ont gagné quatre kilomètres. Quelle guigne ! Toute la journée, grosse artillerie. Froid très vif.

Dimanche 27 février. Toujours en première ligne, on commence à être fatigués. Dès le matin, les Boches commencent à nous bombarder sans répit, mais surtout à notre droite, sur la 127e DI – Puis, l'action s'étend sur tout le front et – à gauche – les Boches sautent dans le « Chapeau de gendarme ». On le reprend le soir. Toute la journée, bruit de canon infernal : on a mal aux oreilles : on ne sait pas comment on ne devient pas fous... Poujol me téléphone de l'arrière, de Jonchery, en voyant notre crête embrasée, en feu. Je l'entends à peine. Il parle d'abord de questions de service (évacuation des blessés) puis, reconnaissant ma voix : « C'est donc toi, mon vieux Laby ? – Eh oui, mon vieux, comment ça va ? – Bien... mais toi ? Tu n'es donc pas encore écrabouillé sous un pareil déluge ? » Alors je m'amuse à me payer sa tête : « Un déluge ? Mais non, mon vieux, tu veux rire ? C'est presque calme ici, et on y est fort bien, etc. » Je vois d'ici sa tête !! – Une vingtaine de poilus sont ensevelis dans leurs cagnas. Deux causent encore. Arrivera-t-on à temps pour les dégager ?

18 heures : depuis ce matin, pas d'arrêt : on reçoit de tous les calibres. Tout à l'heure, je blaguais, mais zut ! Je commence à avoir mal à la tête !

Lundi 28 février. Hier soir, ces cochons de Boches ont fait une violente attaque juste à droite, avec jet de liquide enflammé (flammes de 200 mètres – 14 [mot illisible]). Ils nous prennent la ligne 1 et 1 bis. Toute la nuit d'hier à aujourd'hui, on se bat à la grenade dans les boyaux. C'est juste à droite de ma cagna et ils n'auraient que quelques bonds à faire pour me sauter sur le rab. Un agent de liaison des chasseurs arrive plein de boue, quand je suis chez le commandant. Il a rampé parmi les Boches et croit qu'une grosse partie de son bataillon est prisonnière. Mauvaise nuit. Ce matin, contre-attaque. On ne peut reprendre qu'une partie du terrain. L'un des poilus ensevelis dans la sape à 6 mètres de profondeur est pris par une seule jambe (à 11 heures). On ne peut le dégager qu'à 20 heures. Un autre est pris à plat ventre : on ne voit que ses pieds qui dépassent. C'est terrible : il remue ses semelles ; il cause pendant 6 heures : « Dégagez-moi ! J'étouffe !! » Impossible. Il meurt. Ah ! les assassins !... Marmitage toute la journée, moins fort.

La séance continue. À Verdun, il paraît qu'on se

bat très fort. On est enfin arrivés à arrêter les Boches – qui ont gagné neuf kilomètres. Froid. Neige.

Mardi 29 février. J'ai rarement eu du linge sale aussi longtemps sur le dos : ça va faire 25 jours. J'espère pouvoir envoyer demain Duez à l'arrière, pour en avoir, s'il y a une accalmie. Un poilu est arrivé ce matin à un véritable record : il a attrapé sur lui 105 poux, en une nuit ! Tous en ont ; je ne sais pas comment j'y ai échappé jusqu'ici. Ce matin, on devait partir au repos. Mais, une fois de plus, c'est remis à la Saint-Glinglin... Enfin !! – Lévy est remplacé par le Dr Gardel (au 5e bataillon). En allant au bastion, un 90 autrichien tombe à 5 mètres de moi, dans la tranchée Julien et me fout par terre. J'ai des éclats dans ma capote, mais moi je n'ai rien : pas une égratignure. Une petite, toute petite blessure ne serait pourtant pas trop mal venue en ce moment : Hôpital, Repos, Convalo, Citation... Oui, mais il n'y a rien de fait. Dire qu'Auvray a décroché la Légion d'honneur pour sa petite « écorchure » de la cuisse. C'est une tombola !...

Mercredi 1er mars. Le 5e bataillon vient en ligne. J'y reste avec Lamaze. Touyeras reçoit deux obus qui traversent son PS : ça tue une nichée de rats, rien de plus. Vais à la popote Dumilieu. Ce qu'on s'amuse avec Lamaze, à cette popote ! Le commandant est crevant... et on s'envoie par moments de tels coups de pieds dans les tibias qu'on ne peut éviter les fous rires... Ce qui est fort gênant, autant qu'irrespectueux pour Dourakine.

Jeudi 2 mars. Bombardements. Gelée.

Vendredi 3 mars. Idem. Neige.

Samedi 4 mars. On parle d'une relève.

Dimanche 5 mars. Ouf ! C'est demain. Je me suis cru malin et ai voulu marcher « à la boussole » ; mais je nous perds lamentablement... Duez est goguenard !

Lundi 6 mars. Départ des tranchées à 2 heures du matin. Froid intense. Duez et moi nous perdons en plaine pendant deux heures : on se prend dans les fils de barbelés, dans les tranchées. En plein bled, on ne sait plus où on est. Ce n'est pas gai. On se retrouve à l'aube. Arrivée à Suippes à 9 heures.

Du 7 au 9 mars. Suippes.

Vendredi 10 mars. Je vais à Châlons en chemin de fer, avec Lamaze.

Samedi 11 mars. On nous apprend que cette semaine, dans trois ou quatre jours, le régiment va encore charger à la baïonnette. Combien de nous vont encore y rester ? La 22e partira en tête avec mon ami Fenaux. Je fais la demande pour partir avec lui, en tête des poilus. Résultat : Roudouly m'engueule et il n'est pas écrit que je pourrai marcher comme je le désirerais, et c'est dommage.

Dimanche 12 mars. Je vais à cheval à Cuperly bouffer avec Beaufay. L'attaque approche.

Lundi 13 mars. Hier soir, Roudouly nous a réunis pour nous donner le plan de l'attaque. La 22e, la 24e et la 17e partent en tête, devant Sainte-Marie-à-Py. Lamaze et moi aurons chacun un PS en première ligne. Lui abri 9 – moi abri 17. Il paraîtrait que c'est pour demain. Quelle sensation pénible. On a beau ne pas avoir la trouille, ça vous fait tout de même quelque chose. Il y aura une forte préparation d'artillerie : quarante mille obus de 75 et dix mille d'artillerie lourde. Ça va barder salement, demain !! Bah ! on en a vu d'autres... Espérons qu'on passera encore entre les gouttes. Balade à cheval à Jonchery. Roudouly me dit que si par hasard je me faisais amocher, il tâcherait de me faire décrocher la médaille militaire... Soirée avec Lamaze, Touille, le sergent Gircourt (un ami de Lamaze, très gentil) et le lieutenant Gervais.

Mardi 14 mars. Derniers préparatifs. On part ce soir à 18 h. Chacun écrit une lettre ou deux à sa famille et la confie à un type de l'arrière restant ici. Je laisse mes lettres pour chez nous et 200 F au dentiste Schnorf. Je garde 150 F pour si je suis fait prisonnier. Fenaux me fait promettre d'écrire chez lui s'il y reste ; Lamaze, Touyeras et Gariel aussi, ainsi que Gicourt. Précaution réciproque. C'est réellement poignant : on laisse ses montres, bagues et lettres ici, pour ne pas être pillé. Fenaux nous photographie tous en groupe. Espérons qu'il n'en manquera pas. Dîner qu'on s'efforce de rendre gai – le dernier pour certains, peut-être. Touille joue un peu de violon. Temps merveilleux. Beau soleil. Départ, sac au dos, à 6 heures du soir. Nous défilons au pas cadencé devant le général Gouraud. Ça donne l'impression d'un « *Morituri te salutant*... » Arrivée aux tranchées à minuit. Rechercher un PS. Je serai entre la parallèle de départ (à 40 m) et la ligne 1 bis – dans le boyau Dadi-Sista [sic].

Mercredi 15 mars. Réveil à 7 heures. À 8 heures juste, après un beau réglage, commence le véritable bombardement. C'est incroyable. À 8 h 05, le premier blessé de la journée est le colonel (décidément !). Le colonel Berthon est blessé au bras et légèrement à la tête, devant mon poste. Je lui fais son premier pansement... En ce moment, il est 10 heures. Voilà 2 heures qu'on ne s'entend pas... et il y en a encore pour 3. Les Boches répondent avec une énergie qui me surprend : leur feu est presque aussi nourri que le nôtre... et ce n'est pas peu dire ! Le sol tremble, je peux à peine écrire. Par la porte ouverte (il n'y en a pas...) nous voyons se croiser dans le ciel torpilles et gros obus de tous calibres. Ai-je déjà été à pareille fête ? Oui, en y pensant bien, mais c'est une cérémonie de première classe, il faut l'avouer. V'lan ! je viens d'être fichu par terre par un éclatement devant la porte, alors que j'étais dans l'escalier. J'ai eu l'impression d'être retourné comme une peau de lapin. Ça fait mal : douleur aiguë sous le rectum et le... trou de balle !! Il n'y a que 2 mètres de terre au-dessus de nous et c'est un miracle que cela résiste. En voilà qui tombent tout autour. Que de fumée de poudre ! – À 12 h 45, mon ami Fenaux fait une reconnaissance et constate que les réseaux boches ne sont pas complètement coupés. De plus, devant l'avalanche de fer boche, il pense qu'il serait fou de charger dans un quart d'heure. Alors se passe une scène poignante : Fenaux téléphone au commandant pour lui demander de prévenir l'artillerie qu'il faut continuer son tir jusqu'à 14 heures – heure à laquelle on sortira. Le commandant téléphone au colonel : c'est accepté, l'assaut est reculé d'une heure. Alors il veut le téléphoner à Fenaux... mais à ce moment les fils sont coupés par un obus. Il est à ce moment 12 h 45 et il faut au moins 12 minutes pour aller de chez le commandant au poste de Fenaux... Un coureur part quand même ventre à terre, mais c'est fou, il n'arrive pas... À 13 heures juste, les 22ᵉ, 24ᵉ, 17ᵉ et 18ᵉ sortent – ou plutôt essayent, sous les feux français et boches. La majorité des braves poilus est arrêtée par le barrage boche qui s'est déclenché à 12 h 56 en voyant nos poilus sortir des cagnas et se mettre en ligne dans les trous. Ils sont vus car, de la première tranchée et des boyaux, il ne reste *rien*. C'est un indescriptible chaos plein de débris, d'entonnoirs et de morts. À la 22ᵉ, le lieutenant Théry, un excellent camarade, part en tête – quatre poilus seuls arrivent à la tranchée boche avant lui. Il tombe en avant, tué avant d'y sauter. Ce qui reste de la section Fenaux ne peut pas non plus passer. Le lieutenant Lebrun, un copain aussi, est blessé à la tête : fracture ; très brave, ça le fait rigoler. Étant évacué, il croise le général qui veut lui donner sa croix de guerre. Il refuse, disant ne pas la mériter, n'ayant pas atteint son objectif. (Trépané le lendemain, il refusa de se laisser endormir.) À la 24ᵉ, mon ami Faivre charge en tête. Blessé mortellement en arrivant dans la tranchée ennemie. Il crache le sang. Les derniers qui le voient déclarent qu'il fut descendu dans une sape boche, le sacrum arraché, les intestins pendant par là... C'est horrible.

Le lieutenant Remia charge aussi : il disparaît, prisonnier ou tué. À la 17ᵉ, le lieutenant Noir, un prêtre, part en tête. Il est brave (je me souviens de son allure raide et guindée du dernier défilé – il veut se faire tuer). Il a dit au colonel (le jour de son arrivée au régiment) alors que celui-ci lui faisait remarquer que l'infanterie était autrement dangereuse que l'artillerie qu'il quittait sur sa demande : « Mais mon colonel, c'est pour cela que je viens... et je ne souhaite qu'une chose, c'est d'être le premier officier tué de notre régiment. » Il charge donc seul en avant et tue quatre ou cinq Boches au revolver, à bout portant. Puis il est blessé horriblement à la face, aux bras et aux jambes [1]. Avant de quitter, il passe son commandement au lieutenant Ternisien. Il reçoit une balle dans la tête et est tué. Le lieutenant Gervais prend le commandement : il est tué. C'est alors que mon ami, le sergent Gircourt, dit Toto (avec lequel, la veille encore, on avait passé la journée), prend le commandement... et se fait tuer. À la 18ᵉ, les lieutenants Maurice, Aubertin, Michaud sont tués. Que de vilaines blessures je vois passer dans mon poste de secours.

1. Quand Noir arrive au poste de secours, plein de sang, les Boches blessés qui l'ont été par lui se sauvent quand ils le voient ! Quel hommage à sa bravoure !!

Ce matin, mon poste était une cagna dans un boyau. Ce soir, ce n'est plus qu'un trou au fond d'un entonnoir très vaste : pour y descendre, on est obligé de faire le toboggan sur son derrière ! Pas commode pour les blessés couchés : aussi je les panse en plein bled sous les marmites : un blessé au bras reçoit un éclat dans la figure pendant que je lui mets une écharpe (avant que notre sape ne soit transformée en entonnoir). À un moment, nous sommes à moitié emmurés vivants par un gros éboulement de l'entrée : nous déblayons, Duez et moi, avec les pelles et pioches que nous avons toujours eu la précaution de prendre avec nous. Ça recommence deux fois, coup sur coup. On y attrape chaud. Le caporal Picard a le bas-ventre enlevé ; bravoure extraordinaire. Le caporal Carpentier, que je fais asseoir devant moi pour le panser, me cause encore très distinctement avec un hémisphère cérébral hors du crâne – et que je tiens dans une compresse dans ma main ; il me répète : « Oh ! Monsieur le major, comme je voudrais dormir ! Laissez-moi dormir. » De fait, le pauvre bougre s'endort... au bout de deux heures, pour bien longtemps hélas ! Un de mes anciens brancardiers, Andruette, a l'avant-bras complètement arraché. Une trentaine de Boches qui errent sur le bled, cherchant à se rendre, me voyant les manches retroussées jusqu'aux coudes et plein du sang des blessés, s'imaginent sans doute que je suis un égorgeur, nettoyeur de tranchées. Ils se jettent à plat ventre en hurlant : « *Kamerad ! Pas kapüt !!* » Je leur prends leurs coutelas que je donne à mes infirmiers. Ils m'offrent tout le contenu de leurs poches, argent, tabac, pour que je ne les tue pas. L'un d'eux m'explique qu'il a des enfants. Je me contente de prendre la casquette du sous-officier qui est en tête, comme souvenir de ma capture : mais heureusement qu'ils ont eu encore peur de moi, sans ça j'étais foutu ! – L'un d'eux a un lance-flammes sur le dos. Je les envoie vers l'arrière en vitesse, avec un coup de botte dans les fesses du moins pressé !!

Il paraît que cent cinquante mille obus ont été tirés dans la journée ; cinquante mille sur les Boches et cent mille sur nous – car les Boches (du dire même des prisonniers) devaient attaquer eux-mêmes à 16 heures au « Bec de Canard ».

Je remarque une fois de plus la bravoure des agents de liaison : l'un d'eux, Esserick, de la 23e (du Midi, pourtant – faut lui rendre cette justice !), est projeté en l'air, devant moi, par un obus qui lui arrache son papier. Il ramasse celui-ci en disant (il est coiffeur) : « Té ! c'est moins drôle que de faire la barbe ! » et repart en courant dans la fournaise... Que de tués ! Il y en a plein les boyaux. Les tranchées boches sont aussi retournées que les nôtres : on les voit qui bondissent d'un trou à l'autre, de même qu'ils nous voient distinctement. La nuit, le cycliste Scampf du commandant Anirépock vient me chercher car ce dernier est blessé à l'œil : je suis l'agent de liaison, au grand galop dans un terrain indescriptible. Quand ça tape trop près, on se blottit au fond d'un trou. Le commandant sera évacué demain matin. Son œil est perdu. Je rentre seul. Brrr ! C'est encore plus terrible – les 88 autrichiens pleuvent littéralement.

Jeudi 16 mars. Notre artillerie s'est tue, mais les Boches continuent. Les brancardiers sont merveilleux. Espérons que ce soir tous mes blessés seront évacués. Il y en a plein les cagnas (ou plutôt, ce qui en reste). Je les parcours et fais des piqûres. On est fourbus et abrutis. Touyeras vient me voir. Dans la parallèle de départ, il y a plein de morts ; mais les morts et les vivants sont étendus côte à côte : je crois marcher sur un des premiers [morts] et, à ma grande stupéfaction, c'est un poilu bien vivant qui rouspète comme un diable. Le soir, à minuit, le travail est enfin fini. Je ne reconnais plus du tout le secteur au retour : pourtant, je le connaissais comme ma poche : les boyaux sont retournés, bouchés, on se perd. Que de cadavres étendus à terre ! – L'un d'eux a été projeté sur un arbre et pend lamentablement...

Passons au Bois Guillaume où est le PS de Roudouly. Wacques. Suippes à 4 heures du matin.

Vendredi 17 mars. À 14 heures. Départ pour la ferme du Piémont. Baraquements. Que d'absents !... À chaque instant et pour tous motifs, on pense à Toto, à Faivre...

Samedi 18 mars. Roudoudou m'a dit que la prochaine fois il me proposerait pour une citation à l'armée [1], si mon service marche aussi bien. Mais cette fois-ci, je n'aurai rien...

1. La citation individuelle, pendant la Première Guerre mondiale, est une récompense matérialisée par un texte et donnant droit à la croix de guerre,

Dimanche 19 mars. Le soir, nous allons en auto à Châlons, avec Trutru Fenette (le seul restant avec moi, des cinq).

Lundi 20 mars. On organise une équipe de football. Printemps ! Finie enfin, la campagne d'hiver !

Jeudi 23 mars. Le repos continue. Cheval.

Vendredi 24 mars. Messe en plein air pour nos morts du 29-4. C'est très touchant. Plusieurs poilus pleurent... Comme c'est triste... Chacun pense à ses amis restés là-bas [1].

Jusqu'au lundi de Pâques, le 24 avril, nous restons au repos à la ferme du Piémont. Je vais de temps en temps à Châlons et ai la chance d'y rencontrer Vonnette qui va voir Maurice près de Saint-Dizier : nous déjeunons ensemble chez l'oncle Jules.

Des renforts arrivent, qui bouchent les trous : classe 16. Le lieutenant Morin, blessé à la bataille de Champagne, le 8 octobre, revient parmi nous. Il y a de nombreuses citations pour l'affaire du 15 mars. Mes

---

créée en 1915. Les citations s'organisent selon un ordre de valeur croissant : à l'ordre du régiment, de la brigade, de la division, du corps d'armée, de l'armée. (NDE)

1. Tout au long du service religieux célébré pour nos pauvres copains, nous sentons quasi physiquement et douloureusement la présence invisible, mais réelle, de tous ceux qui, en foule, sont restés là-haut et qui pourtant sont ici, au coude à coude, parmi nous...

chefs me répètent que je méritais une récompense mais, qu'étant donné la faible quantité des citations disponibles, ça aurait fait du tort aux camarades n'en ayant pas encore eu. Quant à Roudouly, qui était à 2 kilomètres en arrière de moi, il est cité à l'ordre de l'armée ! – Un cycliste est cité pour « avoir conduit le médecin (c'était moi !) sous un bombardement terrible, auprès du commandant blessé » (énucléation de l'œil). Mais « le médecin », il se brosse. Heureusement qu'on ne fait pas son métier pour obtenir une récompense !

Dimanche 23 avril. L'immense majorité des officiers du bataillon font leurs Pâques dans la petite église en branchages, en plein air. C'est le premier jour de beau temps. Notre nouveau commandant s'appelle le commandant de Nervo. Concert le soir. Le 9, il y avait eu un petit concert du régiment avec un sketch de Lamaze (je faisais les bruits de coulisses...).

Lundi 24 avril. Relève du régiment. Nous prenons le secteur de gauche dit « Chapeau de gendarme ». Je monte en reconnaissance avec le caporal infirmier Weil et trois brancardiers. À peine arrivés, Weil reçoit un obus et est tué. Pauvre garçon ! Montés ici cinq, nous ne sommes plus que quatre. Avoir fait toute la campagne et mourir bêtement...

Mardi 25 avril. Visite du secteur. Bain de lézard au soleil sur le bled, derrière la terre rejetée des tranchées ; à plat ventre, on n'est pas vu du Boche : zut pour les balles et les marmites, c'est trop bête de rester dans les trous par ce beau temps. Le commandant de Nervo est un peu malade. Le Dr Gardel du 5e est évacué et remplacé par Thirion.

Mercredi 26 avril. En revenant de la popote, par le boyau d'Alger, je manque d'écoper une salve de 150 qui éclate tout près de moi.

Soleil torride. Hier, une escadrille de trente avions boches est venue bombarder l'arrière et – en passant au-dessus de nous – a jeté les petits papiers suivants : « Malheur aux Français qui seront dans la tranchée le 27 ! – Heureux sont ceux qui verront la journée du 28. » On n'a pas la frousse car on est bien habitués à leurs ordinaires coups de bluff. Quand même – que nous réserve demain ?

Jeudi 27 avril. Journée calme. Beau soleil. Duez et moi, nous nous donnons tour à tour une douche au pulvérisateur Vennorel qui est là contre les gaz et ne sert jamais.

Vendredi 28 avril. Rien cette nuit. Décidément, les Boches se sont payé notre tête...

Samedi 29 avril. Les Boches mettent un écriteau illisible devant leur première tranchée : deux volontaires vont le chercher la nuit. Mais il est relié par des sonneries à une dizaine de postes de mitrailleuses. Les poilus arrachent quand même l'écriteau et reviennent indemnes ; on ne sait par quel miracle...

Dimanche 30 avril. Une section de Fenaux (qui vient d'être nommé capitaine) enlève un petit poste boche. Combat à la grenade et au revolver.

Lundi 1er mai. Relève à 22 heures, non pour aller au repos, mais pour reprendre notre vieux « secteur 1 » de cet hiver, à la droite de celui-ci. Je retrouve avec plaisir ma vieille cagna boche. On y est décidément tout à fait chez soi et fort bien : il n'y a plus de rats, à peine quelques souris. Je remplace Lamaze du 5e, qui est en perm... (Pendant que j'écris qu'il n'y a plus de rats, un gros, énorme, me monte dans le dos !!... Justice est faite !)

Mardi 2 mai. Temps superbe. Marmites. Les Boches auraient coupé leurs fils de fer devant nous, pour attaquer (?). On les attend. Popote avec le 5e bataillon : le commandant Cérat et le capitaine Bracq.

Mercredi 3 mai. On est relevés le soir, à minuit.

Jeudi 4 mai. Arrivée à la ferme du Piémont au repos, à 6 heures du matin.

Vendredi 5 mai. Allons à Châlons, Fenaux et moi, dîner avec Dédé Gilles qui y est en traitement. Fenaux malade devant l'hôpital Corbineau. On l'y soigne. Auto.

Samedi 6 mai. Piémont. Balade à cheval au GBD à Cuperly.

Dimanche 7 mai. Balade à Châlons avec Toutouille, en voiture.

Du lundi 8 au mercredi 10 mai. Piémont.

Jeudi 11 mai. Relève de la division à 6 heures du matin. Départ en autos-camions. Irait-on encore se faire casser la gueule ? – Débarquement auprès de Revigny : à Laimont (Meuse). Le 5e est à Neuville-sur-Ornain. Arrivée à 14 heures. Pays superbe. Lit. Popote chez Mme Rose Radouan, très aimable.

Vendredi 12 mai. Laimont. Bain de pieds dans l'Ornain, très jolie petite rivière. Pêche. Le lieutenant Mulet, mitrailleur, passé sur sa demande dans la biffe. Arrive à notre popote : c'est un très chic type.

Samedi 13 et dimanche 14 mai. Repos pépère. Histoire sans paroles. Je déjeune à Neuville avec le 5e. On s'amuse avec Lamaze à saouler le commandant Cérat qui commence à se dire malade à l'approche de l'attaque ; on lui fait raconter une fois de plus ses chasses.

Lundi 15 mai. Départ en camions à 6 heures. Nous passons à Bar-le-Duc. On débarque à Moulin-Brûlé. On croise le 11e qui est dans un état lamentable : ils reviennent de se battre devant Verdun : ils ont perdu neuf cents hommes. Pluie. Nous restons dans un bois jusqu'à 19 heures. Trempés comme des soupes. Les camarades rient de me voir dormir tranquillement au pied d'un arbre, sous une pluie battante, la bouche grande ouverte. Arrivée à la Citadelle[1] de Verdun à 24 heures. Le père Cérat se fait évacuer.

Mardi 16 mai. Journée à Verdun. Nous visitons les ruines (aspect du théâtre éventré, vue intérieure). Départ à 19 h 30 pour la première. C'est une relève terrible : l'artillerie tape comme rarement. Feux de barrages nombreux et serrés à traverser. Nous arrivons aux « Quatre cheminées » vers 23 heures. À partir de là, jusqu'à la ferme Thiaumont, c'est épouvantable. (C'est entre la Côte du Poivre et Douaumont.) Nous passons « Froide Terre ». Nous sommes à la file indienne, en plein bled[2]. Nous traversons deux ravins très profonds. Nous avons la lune juste derrière nous et les Boches nous voient nous découper sur le ciel, aux crêtes. Les gamelles et les casques reluisent. Des fusées éclairantes nous font jeter à chaque instant à plat ventre. Une pluie de 105 fusants arrive. Le sol est labouré de trous de marmites. Toujours des fusées et toujours la reptation. Arrivés au haut de la dernière crête, au-dessus du « Ravin de la Dame – dit Ravin de la Mort » (se prolongeant par le « Ravin des Vignes »), nous avons une

1. La Citadelle basse de Verdun a constitué une position protégée qui devint pendant toute la bataille une véritable ville souterraine susceptible d'accueillir en permanence 3 000 à 4 000 hommes. (NDE)

2. Touyeras, qui s'est surchargé de tout un équipement pesant, est éreinté et jette tous les cent mètres un nouvel objet : couverture, conserves, musettes et jusqu'à un appareil à photos tout neuf ! Tout y passe !!!

vision très nette de tout le champ de bataille, éclairé violemment par les fusées. C'est là, dans le fond, qu'est notre PS, à 150 mètres des Boches. S'ils ont la mauvaise idée de déclencher en ce moment un feu de barrage, pas un de nous ne pourra en échapper. Mais non : on passe entre les gouttes. Arrivée au fond du ravin qui est à pic, hérissé de troncs d'arbres qui furent autrefois un bois, dans un sol bouleversé, volcanique – à 1 h 30 du matin.

Mercredi 17 mai. Nous avons un PS non blindé : c'est un trou, recouvert de planches. Un 77 y entrerait comme chez lui. Nos tranchées sont à 30 mètres des Boches, sans aucune défense accessoire : pas un fil de fer. Ceux qui s'en tireront, de ce coupe-gorge, auront encore de la veine. Un obus arrive qui, à lui seul, tue huit poilus et en blesse quatre (dont trois sergents). Ça barde salement. À 22 heures, alerte ; feux de barrage intenses. Il en tombe tout autour de nous ; le terrain est labouré comme une écumoire. Artillerie toute la nuit. Heureusement que notre PS est un peu défilé [un peu abrité], sans quoi il y a longtemps qu'il n'existerait plus. Mes brancardiers sont pris dans le feu, avec leurs blessés.

Jeudi 18 mai. On a soif : depuis trois jours, il fait très chaud. Le ravitaillement n'est possible que la nuit – et encore ! – On boit l'eau qui croupit dans les trous de marmites : elle est chaude et verdâtre. On choisit celle où il n'y a pas de macchabées trop près, mais sait-on ? Je vais au poste d'écoute, à moins de 150 mètres d'ici : il est à 5 mètres des Boches. Je n'en ai pas encore vu de si proche que celui-là ; c'est un ancien boyau au milieu duquel les Boches d'un côté, nous de l'autre, avons entassé des sacs à terre. Violent marmitage toute la journée : 150 à 210 comme s'il en pleuvait. Le dernier pan de mur qui reste de la ferme Thiaumont est écorné. Nous sommes à 900 mètres de Douaumont. Fenaux connaît bien le terrain : il est venu chasser ici avant la guerre. À 22 heures, mon camarade le lieutenant Perrin est blessé au bras. Le sergent Dauge a la blessure la plus laide que j'aie jamais vue, faite par une balle (retournée ?) : tout son larynx est enlevé. C'est un véritable égorgement. Il a toute sa connaissance et est très très brave. Il meurt au bout d'une heure. Sur l'autre lèvre du ravin, derrière nous, mais bien en vue de l'ennemi, à 800 mètres de lui à peine, se découpe brusquement la silhouette d'un poilu. Il marche posément, à grandes enjambées, et suit la crête, d'un bout à l'autre, sans se baisser jamais. Toute la ligne boche s'acharne sur lui, au fusil, à la mitrailleuse, au canon. Ça ne lui fait pas faire un pas plus vite ! Est-il fou ou veut-il se suicider ? Il ne tombe qu'au bout de 6 à 700 mètres...

Vendredi 19 mai. Réveil à 6 heures dans une nappe de gaz asphyxiants. J'ai tout juste le temps de mettre mon masque, mon étui en fer ne voulant pas s'ouvrir : je m'arrache les ongles dessus, avec rage [1]. Sale impression. C'est un nuage chloré, tout jaune. Cela dure

1. C'est Duez qui, voyant que le nuage approche et que, ne pouvant ouvrir ma boîte métallique avec mes ongles en sang, je vais me faire asphyxier, crève la boîte avec une baïonnette. Il réussit à ne pas crever le masque en même temps, ce qui tient du miracle.

quinze minutes. J'ai des coliques énormes, résultat sans doute de la mauvaise eau qu'on boit. Alors que je suis au fond d'un entonnoir de 210 – merveilleux WC – je suis pris dans une salve de 150 boches, suis fichu par terre et vidé de mon trou par un éclat à 10 mètres de moi : mon entonnoir est comblé par celui qui vient de se faire à côté. Je reçois quelques éclats ; mais pas de blessure. Je cavale au galop en tenant ma culotte vers les copains qui rigolent comme des baleines, à mes dépens ! – On nous apprend que nous attaquons encore le 21 – après-demain !! Le régiment va se faire hacher une fois de plus ; j'espère en sortir encore ce coup-là [1].

Samedi 20 mai. On fait ses préparatifs. Toute la nuit viennent des blessés qui nous réveillent toutes les dix minutes, Le Cacheux et moi. L'attaque est remise au 22. Donc, encore deux jours. Roudouly vient voir mon PS en plein air : on travaille pour faire un trou et des pare-éclats, mais le roc est trop dur. Le soir, Touyeras vient me retrouver. Sale nuit. Nombreux blessés (surtout par le 75e qui nous tape sans arrêt dans le dos, malgré les fusées vertes [2] qu'on lui envoie pour faire

1. L'imbécile de capitaine Jamin veut renvoyer deux brancardiers chercher un macchabée, sous les balles qui pleuvent. Comme je rouspète, disant que ça ne vaut pas la peine de faire tuer deux hommes, il me dit : « Ce poilu n'a pas hésité à se faire tuer pour nous ; il a droit à ce que nous en faisions autant pour lui. » Je réponds à ce raisonnement de femme saoule en disant que puisqu'il en est ainsi c'est moi qui irai avec un brancardier. Le commandant intervient et empêche cette expédition inutile.

2. Les fusées éclairantes vertes, envoyées depuis les premières lignes, étaient censées signaler à l'artillerie qu'elle tirait trop court et qu'elle devait allonger son tir. (NDE)

allonger le tir : le téléphone est coupé. Notre 75e nous amoche quinze bonshommes).

Dimanche 21 mai. C'est demain. On va tâcher d'avoir du coffre, comme les autres fois... et un peu de veine, si possible. Il paraît que la brigade marocaine attaquera à notre droite (Douaumont) et le 354e à notre gauche. De 13 à 19 heures, bombardement : on fait évacuer la première ligne pour la seconde, par la troupe. Or, comme celle-ci est derrière nous, nous sommes seuls en avant, entre le régiment et les Boches. Cette manœuvre a pour but d'éviter les coups courts français dont certains tombent dans nos lignes. De fait, il en arrive tout près. Voilà des blessés : l'un d'eux a un bras à moitié enlevé. Un autre, le clairon Destemberg de Châlons, a un hémisphère cérébral sorti et vit toute la journée. (Il n'est pas encore mort quand j'écris ces lignes : il remue bras et jambes, cela fait pitié.) Qu'est-ce que ce sera demain ?!! – Bombardement très violent, de tous calibres. Quand le bataillon reprend sa place en première ligne, tout va bien, les Boches ne s'étant pas aperçus que nous avions momentanément évacué notre première tranchée. Nuit agitée. Pansements.

Lundi 22 mai. Aujourd'hui, à 6 heures, le bombardement commence. Le bataillon renouvelle la manœuvre d'hier et vient se placer derrière nous. L'assaut est fixé à midi moins cinq. Quelle émotion ! – Tous les copains, nous nous serrons la main. Fenaux est persuadé qu'il va être tué ce coup-ci. Je déjeune avec le commandant de Nervo, Jamin, et Mulet, le lieutenant mitrailleur, type fort gentil et brave. À 11 h 30, les compagnies remontent à la tranchée pour y reprendre leur place mais... en y arrivant, elles y trouvent les Boches qui s'y sont infiltrés. Bataille. Panique. L'ordonnance de Jamin, Fauchart, se sauve avec d'autres en hurlant : « Sauve qui peut. » Il reçoit une balle dans le ventre. Je le soigne dans mon PS (piqûres) et il meurt le soir. Le soldat Morvan, le pire des voyous de la 22e, met baïonnette au canon et, à lui seul, empêche une bande de fuyards de se sauver : je le vois seul, debout au-dessus du parapet, tenir ses camarades en arrêt. Brave type ! Des Boches font irruption dans notre PS – Fausse alerte ! – Ils sont prisonniers. Ils veulent rester là, accroupis, n'osant pas traverser le ravin martelé par les leurs. Je les fous à la porte avec un grand coup de pied dans le derrière du plus crampon [le plus fort possible]. Les Boches avancent sérieusement, paraît-il. S'ils font 100 mètres, nous sommes frits. Heureusement, on se reprend et on les fout dehors. Les poilus chargent et vont jusqu'à la tranchée boche de deuxième ligne.

Au départ, l'aumônier Briant nous donne à tous l'absolution générale « *in articulo mortis* ». À partir de ce moment, notre PS regorge de blessés : pansements toute la nuit ; on ne peut même pas s'étendre. Le lieutenant Mulet vient d'être tué, deux minutes après m'avoir serré la main : un éclat est arrivé sur sa musette pleine de grenades et l'a mis en charpie ; le lieutenant Danauville de la 23e (ex-consul du Luxembourg) a chargé tout habillé de neuf et n'a pas voulu mettre de capote de poilu : il se fait descendre et est grièvement blessé au fond d'un trou. Les Boches le prennent. L'aspirant André – 19 ans – est tué. L'aspirant Maîtrejean – même âge – l'est aussi. André et lui sont là, allongés devant mon PS – Le lieutenant Thuanne, qui toujours affirmait avoir le pressentiment certain d'en revenir, est tué. Le lieutenant Morin, déjà blessé en Champagne, est reblessé à la tête. Il tue cinq ou six Boches. Le soir, une contre-attaque boche se déclenche, qui nous repousse presque entièrement. On fait une centaine de prisonniers. Bombardement fou. Le 75ᵉ, qui tire toujours trop court, nous fait beaucoup de pertes. À midi, je vois charger, à travers un déluge de ferrailles, dans un ordre parfait, le 36ᵉ d'infanterie qui est à notre droite. Le 129ᵉ prend le fort de Douaumont. Toutes nos fusées (vertes) prennent feu. Incendie : nous ne pouvons plus communiquer avec l'arrière [1].

Mardi 23 mai. Le 5ᵉ bataillon arrive en renfort, avec Lamaze. La séance continue, tant comme marmitage que comme blessés. Vers midi, les Boches contre-attaquent. Le commandant de Nervo, seul, debout sur la crête, commande, mais en vain, aux poilus qui sont groupés de-ci de-là dans les trous de marmites, de se

1. Il ne nous reste plus que trois pigeons voyageurs. À un moment, les Boches attaquent à la baïonnette : il nous faut un barrage d'artillerie ; et plus aucune fusée pour le demander. Alors on lance en l'air un pigeon. Mais la pauvre bête est touchée et retombe, ensanglantée à nos pieds... On lance alors le second, qui parcourt un large cercle pour chercher sa direction... et est à son tour touché : nous voyons ses plumes s'éparpiller au vent autour de lui, et il tombe. Enfin, nous lançons le troisième... notre ultime espoir !... Il fait un grand tour puis pique droit sur Verdun : 5 minutes après, nous avons notre barrage qui cloue net l'assaut boche... Brave pigeon !!!

mettre en tirailleurs à la crête. Il y a beaucoup de poilus de la 19e. Le commandant hurle : « Baïonnette au canon ! Baïonnette au canon ! Tous, à la crête !! » Personne n'obéit. Panique. Il n'y a pas d'officier. N'ayant pas de blessés à ce moment-là, j'hésite, puis je retire mon brassard ; je colle des fusils, de force, dans les pattes des égratignés, blessés très légers qui se font tout petits autour de mon PS, et les oblige à marcher. Je vais sortir – un peu brusquement peut-être – les autres de leurs trous. Je me précipite à leur tête, leur fais mettre baïonnette au canon et arrive à les placer à la crête. Les Boches sont repoussés. Mais ils persistent à contre-attaquer, à droite et à gauche. Le lieutenant Chandy a une commotion. Quelle chance, si on se tire de ce guêpier [1] ! – Le lieutenant Devarinnes est blessé à la tête. On a déjà vu bien des choses terribles, depuis le début de cette guerre, mais des choses pareilles, réellement jamais. C'est fou-fou-fou. Les pansements continuent toute la nuit. Blessures atroces. Depuis le 17 mai, je n'ai pas dormi une heure par nuit. Vers minuit, on vient me chercher pour voir le commandant de Nervo qui vient de devenir fou, brusquement. Pour le mettre sur un brancard et l'évacuer, c'est toute une affaire ; il ne me reconnaît pas. Jamin est parti en liaison à côté et le commandant me demande qui je suis. Il cherche son revolver. Je le prends avant lui et suis presque obligé de me battre avec lui. Et

1. Étendu à plat ventre, dans un tourbillon de terre et de ferrailles, m'attendant à être broyé d'une seconde à l'autre, je fais le serment à Dieu d'aller, jusqu'à la fin de mes jours, chaque dimanche à la messe, s'il veut bien me protéger et permettre que je vive...

c'est un rude gaillard ! Les brancardiers me viennent en aide et on le lie sur son brancard : le capitaine Jamin ne rate pas l'occasion d'une petite scène grotesque dont il a le secret : il l'embrasse en lui disant que c'est « pour la France, pour la Patrie, pour Dieu ».

Je retourne à mon poste. Les blessés s'accumulent, tellement l'évacuation est dure le long des pentes et au milieu des feux de barrages. L'un de mes brancardiers, Sandrin, est mis en miettes : on n'en retrouve rien qu'une boue rouge : il rentrait de permission, le pauvre gosse ! – Un autre, un coiffeur, est ramené dans une toile de tente d'où sortent ses entrailles qui pendent en dehors : je n'oublierai jamais ses hurlements de douleur et son masque de damné. Il y a une trentaine de blessés devant mon PS, tous couchés : ceux qui peuvent se traîner sont partis seuls. Les blessés légers servent de brancardiers dont le dévouement sans bornes ne peut compenser l'insuffisance numérique. Les prisonniers boches et même les blessés portent aussi les brancards : l'un d'eux, qui a le thorax perforé de part en part par une baïonnette, est bien bon pour aider à porter les pauvres bougres qui râlent ici depuis deux ou trois jours et autant de nuits : on devient cruels, sans s'en rendre compte au juste. Quel lamentable tableau quand tombe la nuit et que, par conséquent, les relations deviennent possibles avec l'arrière, que de voir ces pauvres diables vous tendre les mains, de les entendre vous supplier de les évacuer avant le jour ! – « Monsieur le Major, faites-moi porter, je sens que je vais mourir ! » – « Et moi, je ne peux plus : il y a trois jours que je suis là ! » – « Monsieur Laby, moi, je suis de la Marne, on est pays [du même pays], ne me laissez pas crever là ! » etc., etc. C'est épouvantable, simplement. Je fais de mon mieux, mais quelle impuissance ! Il va encore en rester beaucoup pour demain soir... J'apprends dans la nuit que la 21e doit attaquer demain encore.

Mercredi 24 mai. Nous avons déjà douze brancardiers hors de combat. Le bombardement redouble. Un obus tombe en plein à la porte de notre PS, à 1 mètre : tout est éclaboussé de sang. Il y a une dizaine de tués et blessés là, devant nous. C'est une vision horrible. Notre petit fanion de la Croix-Rouge est pulvérisé. Tout à coup, une marmite arrive, à une cinquantaine de mètres d'ici, près de mon vieil ami le capitaine Fenaux, qui tombe. Un poilu l'amène, couvert de sang, sur ses épaules. Il est grièvement blessé, à la tête, au bras, à la jambe : il me regarde et dit simplement : « Tu vois, Trutru, j'ai mon compte ! » Je lui fais son pansement de la tête tandis que Touille et Lamaze pansent le reste. On lui coupe ses jumelles qu'il a au cou et il me les donne comme souvenir. De sentir son sang si rouge et si chaud couler plein mes mains, ça me fait mal. Je m'étrangle pour ne pas pleurer et dès que j'ai fini, je vais me cacher derrière le mur qui sert de porte – et je ne puis plus retenir mes larmes. À un moment, il a du délire. Mais quand le soir arrive, il est moins mal. Il envoie chercher sa croix de guerre dans son sac et je la lui accroche avec une épingle : il veut l'avoir s'il meurt. Je reste près de lui toute la journée. Les Boches envoient du 380, chose peu agréable. Quel bond on fait en l'air, quand ça arrive. Un obus arrive, dont un éclat passe en sifflant entre mon bras droit et moi. Je suis blessé très légèrement – ça saigne.

À minuit, c'est la relève. Nous allons au PS du colon aux « 4 cheminées » – gros marmitages de 380 – mais là, on s'en fout, on est à l'abri, c'est blindé ! La nuit, les Boches attaquent en rangs serrés, quatre par quatre. On en tue des kilos à la mitrailleuse. À la fin, ils arrivent à s'infiltrer tout doucement dans les ruines de la ferme de Thiaumont. Une courte attaque les en déloge. Nous sommes à l'endroit dit « Les Carrières ». Il y a là un énorme dépôt de mélinite : nos capotes deviennent toutes vertes. Souhaitons que ça ne saute pas. Il arrive des gros, gros obus, on croit des 380 ou des 420. C'est incroyable le raffut que ça fait en arrivant : on a l'impression du métro qui entre en gare ; on a largement le temps de sortir pour les voir passer – car c'est gros et ça ne va pas bien vite.

Jeudi 25 mai. Il paraît que le 5e a subi ce matin une attaque énorme et qu'il a, partout, repoussé les Boches. Je dors ! enfin !! Mon bataillon parti à huit cents rentre à quatre cents. Les pertes du 5e seraient encore supérieures. Je revois mon commandant de Nervo qui a dormi sans arrêt depuis son accès. Il ne se rappelle pas bien et voudrait savoir. Il est redevenu normal. Le lieutenant Raideley de la 22e est tué. Les capitaines Janes et Devaux sont blessés. On m'annonce que je suis proposé pour la médaille militaire. Ce que je serais heureux si ça pouvait arriver ! Je suis présenté par Roudouly au colonel Poujin[1] qui commande la

1. Le colonel Poujin commence d'abord par me passer un bon savon pour avoir quitté mon brassard et fait acte de combattant. Puis il me tend la main ensuite et me dit que j'aurai la médaille militaire.

brigade. Il me félicite. Tant pis si je ne décroche rien, je suis déjà très fier d'être proposé.

Vendredi 26 mai. En trois jours, le régiment a subi *douze* attaques à la baïonnette. Les Boches arrivent en rangs serrés. On en tue à la grenade et à la mitrailleuse, par monceaux. Ils n'arrivent pas à nous enfoncer : nous n'avons pas fait de gain de terrain, mais nous n'avons pas non plus perdu un pouce de celui qu'on nous avait confié. Quatre brancardiers sont tués, huit blessés.

Samedi 27 mai. Le lieutenant Fournier est blessé. On va être relevés. À minuit, quand la relève va commencer, on apprend la mort de mon pauvre Fenaux. Nuit noire ; on tombe au fond des trous de marmites [1]. On traverse Verdun ; il fait déjà jour. On arrive au bois « de la ville » où nous avons débarqué d'autobus, près du « Moulin brûlé ». Roudouly me propose officiellement pour la médaille militaire. Il a été obligé de changer le motif où il faisait allusion à mon intervention dans le combat du 23. C'est dommage : je l'ai vu et il était très chic. Il me dit de n'y pas trop compter mais que j'aurai sûrement une citation à l'ordre de l'armée. Ce sera déjà quelque chose. Nous restons toute la journée dans les bois, par la pluie. À 23 heures, on embarque dans le train. Départ.

Dimanche 28 mai. Quand je me réveille, le train, après des allées et venues, n'est qu'à deux kilomètres

1. En passant près des batteries de 75, les poilus les engueulent et veulent les embrocher pour nous avoir tiré dans le dos. On les sépare.

de son point de départ. Vers 9 heures du matin, il y revient tout à fait ; il y aurait un déraillement devant nous. Journée au bord de la voie. Je vais voir la tombe de Fenaux. Comme c'est triste ! – Il l'a, sa « petite croix de bois » et son « petit jardin sur le ventre » dont il parlait toujours en riant, le pauvre vieux ! Il est enterré dans le cimetière de Ballécourt (Meuse). À la tombée de la nuit, départ.

Lundi 29 mai. À 4 heures du matin, on se réveille à Baudonvillers, à huit kilomètres de Saint-Dizier. Le 6e bataillon va cantonner à la ferme de Lambroye, à côté. Accueil très cordial de la famille Messin. Mlles Julia, Maria et Léona : on dédouble tous les lits pour nous coucher. Je suis avec Meunier[1].

Mardi 30 mai. Promenade à Saint-Dizier. Vadrouille avec toute la bande des copains.

Mercredi 31 mai. Allons avec le brancardier Schérer rendre visite à la famille de notre pauvre Fenaux, à Triancourt...

Jeudi 1er juin. Henri Ivernel vient me voir. Il est à côté, à Héronville.

Vendredi 2 juin. Je vais le voir à mon tour, à cheval. On ne s'était pas encore vus depuis le 5 août

1. Lettre de Lucien Laby à ses parents et à Yvonne, datant du 29 mai. Voir en annexe. (NDE)

au gueuleton de Reims. Depuis ce dîner si gai, André Bardet déjà a été tué.

Samedi 3 juin. Ferme de Lombroye. Saint-Dizier.

Dimanche 4 et lundi 5 juin. Promenades. Saint-Dizier.

Mardi 6 juin. À 5 heures du matin, départ de Lombroye. 18 kilomètres. Arrivée à Vouiller. Le soir je vais avec Lamaze, en voiture, à Saint-Dizier.

Mercredi 7 juin. À 5 heures du matin, départ. On embarque. Départ à 13 heures. Arrivée à Épernay à 16 heures [1]. Le régiment cantonne à Boursault. Je saute en bécane et vais à Cumières où j'ai la chance inespérée de retrouver Maman venue passer huit jours ici ! Dîner en famille. Retour à Boursault.

Jeudi 8 juin. Je retourne à Cumières où je déjeune avec Mère, Grand-Mère et l'oncle Gustave. Mère partira demain. Je rejoins le régiment à Troissy près de Port-en-Binson. Plumard chez M. Philippe Moreau, un brave homme.

Du vendredi 9 au mercredi 21 juin. Repos épatant à Troissy, le plus agréable que nous ayons jamais eu.

1. Le défilé, en musique, dans Épernay est tragique : de nombreux poilus, tués à Verdun, étaient originaires d'Épernay ou des environs : leurs familles, prévenues que le 29-4 débarque, viennent pour les embrasser... Ils appellent leurs noms... et personne ne répond... et pour cause !! Nos cœurs se serrent, et on est comme un peu honteux d'être vivants devant ces nombreux pleurs...

Voyages nombreux à Épernay avec Lamaze. Sur « Couci-Couça », à Châtillon (tante Marie, Madeleine, Marie) – où je déjeune – à Dormans (abbé Piot) – déjeuner – accueil épatant. Ferme de Champaillé (Mme Piot) [1].

J'apprends malheureusement que ma médaille est dans les choux. Je ne serai probablement cité qu'au corps d'armée. Il n'y a que les embusqués qu'on récompense : l'ambulance 2 (Robin) est cité !!!!

Mercredi 21 juin. À 8 heures, ordre du départ pour le lendemain. Promenade au bois cueillir des roses.

Jeudi 22 juin. Départ à 4 heures, arrivée à Mardeuil d'où je pars déjeuner et dîner à Cumières. Journée très agréable. Le soir, je suis déjà couché dans la paille que Duez, un peu pompette, a oublié de préparer (première et dernière engueulade !). Quand un ami de mon oncle Alfred, M. Gaston Varmier, vient me réveiller et m'emmène boire et coucher chez lui.

Vendredi 23 juin. Départ à 4 heures. Défilé dans Épernay. Nous sommes maintenant trois bataillons car

1. Un matin, à l'aube, revue du général. Or, la majorité de mes brancardiers étant du pays, je les ai laissés partir à droite et à gauche à 10, 20 kilomètres ! Et il faut une musique... Il reste dix, sur trente musiciens. Pour sauver la situation, je réquisitionne tous les poilus qui ne doivent pas défiler, gardes d'écurie et autres, et je leur colle un instrument dans les pattes, avec ordre de ne pas y souffler tout en faisant semblant. Seul, celui auquel on confie la grosse caisse doit taper dessus comme un sourd. Il ne s'en prive pas, le bougre. Quand on défile devant le général, il ne s'aperçoit de rien et croit que ce sont des musiciens de 25e qualité. Il applaudit en disant en souriant : « Bravo, la musique !! »

un bataillon du 354e vient nous renforcer : ce sera le quatrième. Nous prenons la route de Reims. Quelle chance d'aller nous battre chez nous ! En passant à Dizy, je m'échappe, en bécane, et vais réveiller toute la famille agéenne. Je ne reste que 10 minutes. On me donne du champagne que l'on boit avec délices dans la côte de Champillon : il fait fort chaud. Le colonel commandant la brigade passe en auto. Les poilus qui en bavent des rondelles l'engueulent un peu au passage. Gros malaise. Je rattroupe tous les traînards et en forme un « bataillon sacré » qui marche à l'allure du plus lent... et il ne se presse pas !!!! Grand-halte la journée dans la forêt de Moutchenate. Notre nouveau commandant, Carcanade, arrive. C'est un type très simple et fort sympathique. Le soir, pluie ; nous descendons la côte de Moutchenate dans une nuit noire : on ne voit pas à 50 centimètres devant soi, en écarquillant les yeux. Pluie battante. Orage. Nous cantonnons ce soir à Villers-Allerand où je suis très bien reçu par la famille Vanier.

Samedi 24 juin. À 5 heures du matin, reconnaissance du nouveau secteur, à cheval. Un obus, un des très rares, le premier de la journée, éclate à 6 mètres de nous ; le lieutenant Roger est fichu en bas de son cheval, mais personne n'est touché. C'est un secteur pépère, de tout repos. Retour à Villers-Allerand. Départ à minuit.

Dimanche 25 juin. Je n'ai jamais vu un secteur aussi calme. C'est la gué-guerre, ici !!! Arrivée à 4 heures à Tessy, à 20 heures en ligne.

Lundi 26 juin. Ma proposition pour la médaille est dans le lac.

Du mardi 27 au jeudi 29 juin. Sommes aux tranchées au fort de la Pompelle. Il y a beaucoup de rats.

Vendredi 30 juin. Je vais à cheval à Reims, par Cormontreuil avec Roudouly. C'est navrant. Dans le Ft Ceres [sic], la maison où je suis né est littéralement en miettes. Chez Zotte et chez Grand-Mère ce n'est pas trop abîmé, encore...

Samedi 1er juillet. 24 ans ! Me voici dans ma vingt-cinquième année. Ce qu'on vieillit, à cette sacrée guerre !

Dimanche 2 juillet. Grande offensive franco-anglaise, dans le nord. Si ça pouvait déclencher la Victoire !!

Lundi 3 juillet. Ça marche bien, dans la Somme.

Mardi 4 juillet. Tranchée. Nous prenons un bain froid dans la Vesles, avec Duez.

Mercredi 5 et jeudi 6 juillet. Les permissions sont rétablies. Je pense partir bientôt. Le soir, on rompt la monotonie et le calme du secteur par une diversion à coups d'énormes torpilles aériennes (canon de 58).

Vendredi 7 juillet. Ces cochons-là, à l'état-major, ne me donnent qu'une citation « à la division ». Je suis outré. Voici : « Médecin d'une énergie et d'un courage qui font l'admiration de tous. Pendant la période du 16 au 27 mai 1916, a su garder, dans les circonstances les plus pénibles, un moral excellent et un dévouement à toute épreuve. Se dépensant sans compter et faisant preuve du mépris le plus absolu du danger, a porté secours aux blessés sous les tirs les plus violents d'artillerie. »

Samedi 8 juillet. Tranchées.

Dimanche 9 juillet. Départ pour le repos au château de Tessy – où nous avons déjà cantonné quelques heures le 25.

Du lundi 10 au dimanche 16 juillet. Tessy. Je vais trois fois à Reims. Le 16 au soir, je pars enfin en perm pour Lignières. J'ai huit jours, mais j'arrive à en carotter un peu dans le voyage : je vais en bécane avec Ricq à Épernay par la pluie et le vent. Train à 1 h 17.

Lundi 17 juillet. Arrivée à Paris à 6 heures. Le soir, je vais aux « Folies-Bergère » ma chère !! – avec Richard. Les Parisiens ne se font pas de bile, c'est scandaleux, pendant que nous nous faisons trouer la peau.

Mardi 18 juillet. Déjeuner chez Grand-Mère. Train à midi. Arrivée à 17 heures à Lignières.

Du mardi 18 au jeudi 27 juillet. Bonne perm.

Jeudi 27 juillet. Départ à 17 heures. Aumale-Paris.

Vendredi 28 juillet. Départ à 8 heures. Arrivée à Ay à 10 heures. J'y déjeune. Je vais voir tonton, en voiture, à Chouilly. Retour ce soir à 20 heures – à la Pompelle.

Samedi 29 juillet. Touille part en perm.

Dimanche 30 juillet. Je prends son PS au bord du canal.

Lundi 31 juillet. Relève.

Mardi 1er août. Repos à Tessy jusqu'au 7 au soir. Bains froids tous les jours.

Lundi 7 août. Relève. Jusqu'au 14, je reste au canal avec Toutouille. Le 13, nous assistons, en serrant les poings, à l'incendie de l'hôpital de Reims.

Du lundi 14 au mardi 22 août. Je prends le PS qui est le « fort de la Pompelle ». Il y a des rats et c'est plein de poux. Tassin est en perm. Les Boches mettent des harengs devant nous. Pour nous narguer ? On va les prendre. Calme.

Du mardi 22 au lundi 28 août. Repos au château de Tessy. Je vais à Reims presque chaque jour avec le sergent-major Breitnacher. C'est pépère. J'ai une dent de sagesse qui m'embête.

Lundi 28 août. Au soir, relève. Je prends le poste au lieu dit « Métro », derrière le fort de la Pompelle. « Villa dans Poux ». Je commence ma collaboration à un journal du Front, *Le Souvenir*, où mon ami Roger a des relations. Je lui illustre un article. Marraines. Rats énormes. On apprend qu'on va être relevés dans quelques jours.

Du lundi 28 août au mercredi 6 septembre. Tranchées. Bains tous les soirs ; courses de barques avec des pelles pour avirons : on s'amuse comme des gosses. On pousse de tels cris que les Boches doivent nous entendre. Quelques obus bien placés, dans le canal, feraient une jolie marmelade ! Rats.

Mercredi 6 septembre. Relève à minuit par le 228e d'infanterie. Arrivée à Villers-Allerand à 5 heures. Logé très bien chez M. Vanier.

Jeudi 7 septembre. Départ à minuit.

Vendredi 8 septembre. 25 kilomètres à pattes : Nanteuil-la-Fosse – Fleury-la-Rivière. Il y a des traînards : le capitaine Jamin fait l'imbécile, comme d'habitude. Nous le laissons glisser en douce, Touille et moi. Arrive à 9 heures à Villers-sous-Châtillon. Notre nouveau commandant Monot réunit son bataillon et dit que nous allons rester ici longtemps au repos. L'après-midi, je vais à Cumières en bécane : soit 50 kilomètres dans ma journée. Je vois toute la famille. Au retour, je cantonne chez les sœurs.

Samedi 9 septembre. Le matin, je vais à cheval à Châtillon voir la tante Théodule, Madeleine, Marie, etc. Le soir, je vais à cheval à Dormans, voir l'abbé Piot. En passant à Port-à-Buison, je vois le Dr Mollin.

Dimanche 10 septembre. Départ à 5 heures du matin. Il est joli le « long repos » du commandant !! Nous échouons à Aougny, un trou, en plein camp : baraques en planches.

Lundi 11 septembre. Je vais à cheval à Crugny. Surprise pour tous !

Mardi 12 septembre. Exercices de vagues d'assaut ; hem ! ça sent l'attaque prochaine à plein nez !! Je vais à La Motte : accueil merveilleux.

Mercredi 13 septembre. Visite à Rominy chez Mme Piot et Dr Cochemé.

Jeudi 14 septembre. Le matin, manœuvres. Le soir, je vais à Lhéry où on me fait aussi très bon accueil. Puis je retourne à Crugny. Aimée organise une partie pour dimanche, à La Motte, où Maurice va arriver en permission. J'apprends par une lettre, le soir, la mort de ma pauvre tante Jeanne.

Vendredi 15 septembre. Manœuvres. Pluie.

Samedi 16 septembre. Ibid.

Dimanche 17 septembre. Je m'arrange pour ne pas aller à la manœuvre : je passe la visite à Aougny et à

8 heures et demie, je me sauve, en douce à cheval. Je retrouve Aimée et Irène qui passent sur la route de Vésilly en voiture. Nous allons ensemble à La Motte. Maurice G. est là. Partie de chasse : je tue un perdreau. Journée pépère. Le commandant ne s'est pas aperçu de mon absence ; il me demande tout de même pourquoi je ne l'ai pas rejoint au déjeuner ; je lui dis que j'avais établi mon PS « au bord du petit bois rectangulaire » et je n'ai pas voulu le quitter. – Ça prend !

Lundi 18 septembre. À 4 heures du matin, départ. Nous restons dans un bois jusqu'à 13 heures, par une pluie battante. Retour.

Mardi 19 septembre. Je vais à cheval à Chaumuzy, où je vois Suzanne et Marcel Gandon, justement en perm.

Mercredi 20 septembre. Je vais à Lhéry et à Crugny faire mes adieux, car on parle d'un départ immédiat.

Jeudi 21 septembre. Manœuvres.

Vendredi 22 septembre. Id. Le matin je passe à Lhéry. Le soir je vais en voiture voir l'abbé Piot à Dormans, avec Lamaze qui part en perm.

Samedi 23 septembre. Balade à cheval à Hourges et à Crugny. Dernier soir dans les baraques avec les camarades : Touyeras, lieutenant Lafaye, aspirants

Fillon et Durant, lieutenant Roger, etc. On s'envoie des seaux d'eau ! Le départ est fixé à demain.

Dimanche 24 septembre. Départ à 7 heures du matin. Je vois la famille de Lhéry en passant. Savigny. Ferme de Montazin. On sue à grosses gouttes. Jonchery – puis Hourges. Je cantonne chez Georges Gandon. Les camarades qui ne sont pas comme moi de la « région du front » sont épatés que partout où j'aille j'aie de la famille. L'après-midi, Aimée Prévost et Pierre, en voiture, à la gare de Breuil. Le soir, Irène, Henri et moi reconduisons Aimée à Crugny.

Lundi 25 septembre. Départ à midi. Nous allons embarquer à Fismes. On marche sous un soleil brillant, une chaleur équatoriale. Le train part à 6 h 30. Dans le compartiment du commandant, il y a avec moi Toutouille, le lieutenant Grosjean et l'adjudant Colas. Le père Monot ronfle plus fort que la locomotive : on siffle, mais en vain !

Mardi 26 septembre. À 6 heures, on se réveille à Boves, puis Longueau. Nous prenons la route d'Amiens – où nous défilons. Je bondis à l'usine de Maurice mais Yvonne n'y est pas : elle doit arriver dans un quart d'heure à la gare Saint-Roch : Je vais l'y attendre. Ahurissement d'Yvonne ! Elle m'accompagne sur la route jusqu'à ce qu'on retrouve le régiment, une heure après. Il est à Saleux où on fait la grand-halte. On devrait y coucher, mais c'est plein de troupes. On nous envoie à Ferrière. Soit 20 kilomètre à pied avec de nombreux détours. Je suis logé chez la tante de Mme René Watremez qui est fort aimable. À 19 heures, sachant qu'on doit partir le lendemain pour aller se faire bousiller sur la Somme, je demande la perm à Roudouly de partir à Lignières. Il me fait donner ma parole que je serai de retour avant le jour. Je rate le tortillard. Je prends la bécane de Roudouly et y vais par la route. Je fais dans ma nuit : 34 plus 34 kilomètres, soit 68. Les lueurs de la bataille se voient d'ici. Je surprends Père et Mère à 22 heures et je reste jusqu'à 23 h 30. Je rentre fourbu mais content à 2 h 45. Oh ! les deux derniers kilomètres !!... J'ai cru que je tomberais avant d'arriver. Mlle Marie m'a préparé un bon lit sur un brancard, dans le grenier.

Mercredi 27 septembre. Duez vient me réveiller à 6 heures. Il est navré, mais c'est l'ordre. Je retrouve Touyeras qui a une bonne gueule de bois de la veille. Départ en autos-camions à 9 heures et demie. Arrivée à 17 heures entre Bray-sur-Somme et Maricourt. Pendant tout le trajet, nous avons chanté à pleins poumons, avec Roger et les autres officiers : notre camion est très remarqué dans les patelins ! On entend une canonnade intense. On aurait pris hier Combles. Nous allons probablement y aller. On nous colle dans la plaine, au coin d'un bois. Il pleut. Campement en plein air.

Jeudi 28 septembre. Nous devons nous porter à 11 heures au bois de Maricourt. Nous y restons jusqu'à 19 heures. Nous voyons se déclencher devant nous, à plusieurs kilomètres, un feu de barrage très dense... Et il va falloir traverser ça ! Brrr !!!! Nous marchons dans sa direction, en serrant les fesses. Heureusement, il cesse à notre arrivée. La nuit tombe. La relève est fort pénible, dans un terrain aussi bouleversé. Nous marchons, dans l'obscurité, à la file indienne : nous ramassons des bûches.

On fait 15 kilomètres en faisant cinq ou dix pas et en s'arrêtant. C'est esquintant. À un moment, on croit qu'on est perdus. On dépasse les batteries anglaises qui nous tirent dans les oreilles. On arrive dans un petit chemin creux plein de cadavres. Cela empeste ; c'est écœurant. Les ornières très profondes du chemin ont été comblées de cadavres par les Anglais, pour permettre aux voitures de passer...

Vendredi 29 septembre. À 2 heures du matin, nous sommes à la sape boche qui doit servir de PS. On est sans liaison aucune avec la première ligne, tant les feux sont violents depuis hier. Je reste dans la sape boche, où nous dormons en compagnie de deux Boches crevés, qui fouettent légèrement ! À côté est le PC du commandant. À l'aube, je vais établir un petit poste avec Duez et Combrizon à la lisière zéro de Morval, sur le chemin, en avant de la 23e compagnie. C'est une sorte de niche à chien où on ne peut circuler qu'à quatre pattes. On a à peine 50 centimètres de terre pour nous protéger. On fait les pansements devant la porte. Le Dr Carivine du 4e bataillon a une balle qui lui casse le fémur.

Samedi 30 septembre. La nuit, blessés. Je vais à 500 mètres des lignes, sur un terrain plat comme la main. Impossibilité absolue de faire de la lumière : on panse les plaies en tâtant pour juger de leur place, de leur étendue, avec les doigts pleins de boue – dans une nuit noire. Et on a eu parfois le culot d'attaquer les médecins de bataillons dont le premier pansement est trop souvent insuffisant ! Mais, bande de lâches qui êtes dans les hôpitaux et n'avez jamais vu le feu, venez donc voir ici, une nuit seulement, et après vous aurez le droit de causer !! De plus, nous n'avons pas d'eau : les tonneaux de ravitaillement ont versé. Nous avons soif. Heureusement, il nous reste un demi-litre chacun. L'aspirant Durant a le bras gauche à moitié arraché.

Dimanche 1er octobre. On se réveille avec une soif intense : il faut économiser les quelques gouttes qui nous restent. Blessés toute la journée. Le lieutenant Lopin, de la 21e, est amoché. C'est un bon copain ; il est criblé partout de petits éclats et de cailloux. À 16 h 40, nous attaquons ; on progresse légèrement. Un de nos avions est démoli. Tout le monde a soif. On trouve, dans les caves de Morval, un Boche qui se cache depuis plusieurs jours. On l'emmène chez le colon, en deuxième ligne. Il a une hernie du cerveau grosse comme une petite pomme – et de l'hémiplégie. Il titube et tombe parfois. On constate qu'il a son bidon plein d'eau. On le fait revenir à Morval pour qu'il nous montre le puits ou la source où il l'a trouvée. Il ne peut la retrouver ou fait semblant. Il repasse devant nous avec son hémiplégie, soutenu sous les bras par deux poilus. On est vraiment cruels, sans s'en apercevoir... Toute la nuit, je fais des pansements.

Lundi 2 octobre. À l'aube, nous recevons l'ordre de nous porter à 200 mètres de la lisière sud de Morval, route de Frégicourt. Nous traversons Morval sous un feu très violent. Le commandant a établi son poste là, dans une sape boche. Ils viennent d'être enterrés, juste avant notre arrivée, par un obus qui a bouché la porte : ils viennent juste de déblayer. Je me laisse tomber dans le trou. Il n'y a plus de place pour nous. On se serre tant bien que mal. C'est l'endroit de tout le secteur qui est le plus marmité, de l'aveu même du colonel. C'est un chemin creux qui est pris d'enfilade par les mitrailleurs boches qui crépitent dès qu'on se montre. Les deux entrées de la sape, bien repérées, sont retournées par des 150. Le sergent Lefebvre, de Reims, est grièvement blessé au genou : l'amputation sera urgente. Hier soir, l'aspirant Fillon est devenu fou. Je passe toute la journée avec mon ami le lieutenant Lafaye. On est fourbus. Les entrées de notre sape sont tournées vers les Boches. Feu d'artillerie incroyable. Le soir nous allons, Duez, Combrizon et moi, dans une sape voisine, aussi mal exposée. Nuit agitée. Coup de téléphone du père Monot au colonel disant que « la sape est intenable et que s'il y reste une heure de plus il sera bousillé ; et que, d'autre part, étant donné l'afflux des blessés, cela ferait un excellent poste de secours [1] ».

Mardi 3 octobre. Au réveil, Lafaye vient me voir. Nous causons, assis, côte à côte sur les marches de la sape. Nous repensons à tous les bons amis tués, à

1. En marge : « Quel culot ! »

Fenaux surtout, et il me dit que, si ça continue, tous les meilleurs y resteront. Je le quitte pour aller déjeuner chez le commandant. Nous nous serrons fortement la main en pensant : « Est-ce que nous aussi sommes sur la liste de ceux qui doivent y rester ? » Puis, à 10 heures et demie, on commence à déjeuner. On a enfin de l'eau ! Quelle joie. Tout à coup Tellier, l'ancien ordonnance de Trutru Faivre, ordonnance de Lafaye arrive comme un fou disant que Lafaye vient d'avoir la jambe enlevée par un obus. Un feu de barrage intense se déclenche à ce moment. Je me précipite et – au prix de mille peines, arrive, à 300 mètres de là, en rampant, à quatre pattes, au milieu d'un feu serré, de trou en trou, jusqu'à Lafaye. Ils ont été bousillés à sept ou huit, par le même obus. Lui seul est reconnaissable. Pour arriver à lui, je dois passer sur le tas des autres dont la chair palpite encore, dans une mare de sang. Mon pauvre ami ne bouge plus : il est à plat ventre. Je lui retire son casque ; il n'a rien à la tête ; ses longs cheveux noirs pendant dans la boue. Aux jambes, il est touché mais elles ne sont pas arrachées. Je ne m'attarde pas à chercher ses blessures exactes : il a quelques rares pulsations encore, je crois. Je lui fais de l'huile camphrée, mais en vain. Il meurt au bout de trois minutes. Les Boches ont dû me voir, envoient des obus en rafales. Le lieutenant Filinger, un Alsacien, (Fi-Fi) est là, à côté, décapité, méconnaissable, le ventre ouvert. Son adjudant est tué aussi et cinq ou six poilus ; c'est un charnier épouvantable. Je passe par-dessus tout ça et arrive indemne au PC Monot. Celui-ci me félicite chaudement ; il ne croyait plus me revoir, je crois. Soirée agitée. Au 5e, le lieutenant Meunier est tué ainsi que le lieutenant Galuchon. Les lieutenants Legardeur et Couturier sont blessés. Le commandant Bracq et le capitaine Noir, guéri de ses blessures du 15 mars, chargent en tête et sont tués tous les deux. Le lieutenant Grosjean est blessé. Moi, petite écorniflure au crâne.

Mercredi 4 octobre. À 2 heures du matin, relève. Traversée du village assez pénible : Combrizon tombe au moins vingt fois. Pauvre Lafaye ! C'était devenu, après Fenaux et Faivre, mon meilleur camarade officier. J'en suis tout abruti. Je vais au PS central. Il paraît que le commandant Monot veut me proposer pour la médaille militaire. Roudouly aussi. Ça me fait plaisir, mais pour ce à quoi ça sert, je suis fixé sur le résultat et n'ai aucun espoir. Nous progressons de 1 kilomètre aujourd'hui. Pourvu qu'on ne le perde pas !! – Artillerie formidable. Pour mon seul régiment nous avons l'artillerie de deux divisions : la nuit, quand on voit les flammes des canons, c'est inouï la quantité : on dirait une rampe de gaz au 14 juillet ! – Nous prenons huit pièces de canon (du 88 autrichien). Nuit au PS central où je roupille tranquille[1].

Jeudi 5 octobre. Au PS central, avec Le Cacheux qui est repassé aide-major depuis une huitaine (ancien aide-major du début de la guerre, passé au conseil de guerre et cassé pour désertion à l'intérieur, revenu au

1. Je monte dans un « tank » anglais dont tous les occupants viennent d'être tués. C'est la première attaque où les tanks combattent.

29-4 comme poilu). Je fais quelques pansements. Le soir, relève ; nous partons au « Ravin de l'Angle », à 3 kilomètres. Mais, partis à 21 heures, nous n'arrivons qu'à 2 heures du matin. Il y a de la boue gluante et d'énormes trous de marmites. On se perd dans la nuit. Je manque de laisser dans la boue une de mes chaussures qui – quoique toute neuve – est ouverte en deux.

Vendredi 6 octobre. Journée au Ravin ; mais on apprend qu'on remonte aux tranchées le soir même. Et moi qui n'ai pas d'autre croquenot ! J'attache celui-là avec des courroies, ce qui me blesse, naturellement. Revolver *Maüser* boche. Nous partons à 22 heures. Je reprends mon premier petit poste sur la route Guinchy-Morval – où on peut se tenir à peine accroupis (Duez, Schérer et moi).

Samedi 7 octobre. Jour de l'attaque. Préparation d'artillerie intense, à ce point que je ne crois pas en avoir encore entendu d'aussi pépère. Les Boches répondent à peine. À droite et à gauche, on progresse un peu, devant Sailly-Saillisel, mais nous, impossible. Les mitrailleurs boches ne sont pas amochés. Pertes. Le soir, je trouve sur le bord du chemin une vieille chaussure mouillée, justement du pied droit. Quelle veine ! – Le ravitaillement marche mal. Il ne nous reste qu'un peu de boule [de pain] et du singe. Par miracle, et je ne sais comment, un paquet qu'on envoie de chez nous me parvient : pourtant, aucune lettre n'arrive. C'est du pâté en croûte fabriqué par Mère. Nous piquons tous les trois un accès de joie à la vue de cette aubaine inespérée. Nous faisons trois parts égales : ça nous fera quatre repas. Jamais je n'aurais imaginé avant la guerre qu'une chaussure dépareillée et un pâté puissent causer une si grande joie !!

Dimanche 8 octobre. On va réattaquer. Préparation d'artillerie et... bec de gaz [échec]. Impossible d'arriver aux tranchées sans se faire faucher. C'est un triste anniversaire : l'an dernier, on a eu le même coup... Suis vanné [1].

Lundi 9 octobre. On sera relevés ce soir, paraît-il. Ah ! vivement ! Trois avions boches viennent au-dessus de nous et nous mitraillent presque à bout portant. La pluie continue. Ah ! zut !! Nous ne sommes pas relevés encore ce soir. On est rudement fatigués. Si – à 2 heures du matin, ordre de partir...

Mardi 10 octobre. Relève de nuit ; on passe entre deux rafales de 105 fusants sans être touchés. Chemin très pénible, boueux. Il y a des morts empilés dans les ornières par les Anglais pour refaire le chemin et laisser passer les voitures de ravitaillement. C'est une vision horrible : on enfonce dans la boue jusqu'aux genoux, entre les morts ; la lune éclaire ça : on a l'air de se battre avec eux tant on fait d'efforts pour s'en dégager... Fatigue. Traversée de Guillemont qui est le village le plus amoché que j'aie jamais vu : plus le moindre pan

1. Un signalisateur, seul sur un pan de mur, fait des signaux obliques... Il n'est pas descendu.

de mur, plus une trace de rue, rien : il n'y a plus que de vastes entonnoirs. Arrivée à l'aube près de Bray-sur-Somme. Repos. À 16 heures, on embarque en autobus : il nous fallait ça pour nous remettre !! 120 kilomètres dans la nuit, impossible de dormir...

Mercredi 11 octobre. Débarquons à 3 heures à Wambez, près de Marseille-le-Petit (Oise) au nord de Beauvais ; on se gèle sur la route jusqu'à 6 heures. Enfin, on entre dans le patelin. Nous sommes chez le garde champêtre, Touille et moi (sur un brancard). Nuit pépère : on en écrase.

Jeudi 12 octobre. Je demande le matin une perm pour Lignières. Elle est signée à 14 heures. Je pars en bécane, par Grandvillers : 35 kilomètres. À 17 heures, j'arrive chez nous. Joie générale. Il paraît que demain, Maurice, Vonne et Monnette doivent justement venir.

Vendredi 13 octobre. Bon plumard : le mien ! Réveil, 8 heures. Les fous arrivent à 10 heures. Je me déguise en « vieille cousine » pour les épater, ce qui ne rate pas. Excellente journée. Je repars à 19 heures, en bécane, prendre le train à Abancourt. Celui-ci a une heure et demie de retard. Débarque à 23 heures à Marseille-le-Petit. À minuit un quart, arrivée à Wambez.

Samedi 14 octobre. Repos. Monot m'a proposé pour l'Armée [une citation à l'ordre de l'armée]. Celui-ci est malade et va être évacué.

Dimanche 15 octobre. J'envoie des dessins au *Souvenir* et à la galerie *Devaubez.*

Lundi 16 octobre. Wambez. Pluie. Vent.

Mardi 17 et mercredi 18 octobre. Kif-kif.

Jeudi 19 octobre. Je n'ai pas encore pu dégoter de plumard. Il fait bien froid sur mon brancard.

Vendredi 20 octobre. Allons, Lamaze et moi, à Beauvais par le train. Retard de 2 heures. Bonne journée. *Hôtel de l'Écu.*

Samedi 21 octobre. Zut ! – On va retourner se faire casser la figure là-bas !! Les renforts sont arrivés. Mais ça devient un peu fréquent.

Dimanche 22 octobre. Visite à Vreaucourt. C'est demain qu'on part en autobus. Il gèle à pierre fendre : c'est pas de veine, pour aller faire le Jacques [aller faire l'imbécile] dans les trous de marmites !

Lundi 23 octobre. L'embarquement est pour 7 heures. Réveil à 4 heures... naturellement ! Attente sur la route jusqu'à 9 heures !!! Froid. Voyage toute la journée. On passe à Amiens. Ce qu'on est secoués dans ces autobus ! Mal de tête fou, le soir. Ça ne nous empêche pas de chanter à tue-tête dans tous les villages. Arrivée à 20 heures à Méricourt. Cantonnement dans le camp 6. Baraques infectes.

Mardi 24 octobre. Pas joli, le camp ! Plein de boue.

Mercredi 25 octobre. Quelques 130 autrichiens, malgré la distance.

Jeudi 26 octobre. On change de baraque, sans sortir du camp. On a à peine une poignée de paille, c'est maigre...

Vendredi 27 octobre. Pluie. Boue.

Samedi 28 octobre. On part demain pour un autre camp, à 6 kilomètres d'ici.

Dimanche 29 octobre. Départ à 8 heures pour le camp 55, près de Cerisy. Je n'ai jamais vu de déplacement aussi idiot puisque demain, 30, nous devons refaire le même parcours à rebrousse-poil et repasser là où nous sommes aujourd'hui. Enfin !! Étape sous la pluie. Boue. Camp dans les bois entre Morcourt et Cerisy. Baraquements moches.

Lundi 30 octobre. Départ à midi pour le camp 19, à 25 kilomètres d'ici – à 6 kilomètres de Suzanne. Nous n'avons pas fait 5 kilomètres que nous sommes surpris par une pluie torrentielle, un véritable cyclone. Au bout de cinq minutes, malgré imperméables et toiles de tentes, on est trempés, bons à tordre. Je suis mouillé comme si j'étais passé sous la douche. Arrivée à 18 heures dans des baraques non achevées, pleines d'eau. Nuit glaciale dans cette eau. L'ouragan enlève le toit. Je vide mes chaussures et tords mes chaussettes.

Mardi 31 octobre. Départ à 17 heures pour les tranchées. Nous allons en avant de Cléry, au pied du mont Saint-Quentin. Route très pénible. Impossible de prendre les boyaux, qui sont remplis d'eau. On fait la relève par le bled. Les Boches bombardent. Un obus tombe en plein sur notre file et nous blesse sept poilus, en emprisonnant deux sous un gros arbre qu'il abat. Quel bain de pieds, encore ! On tombe dans des gros trous d'obus, pleins d'eau, on glisse, il fait noir, ce n'est pas drôle. Je me sens très fatigué et à certains moments je me demande si je ne vais pas « caler » ; ce serait la première fois... Enfin, arrivée au « Ravin des Berlingots », ainsi nommé, parce qu'il en tombe quelques-uns. On se couche à 2 heures du matin, sur la terre.

Mercredi 1er novembre. Je suis tout courbaturé, mal fichu. Céphalée intense. Le soir : 38° 5. Roudouly me propose d'aller me reposer, mais je préfère attendre que ça aille mieux.

Jeudi 2 novembre. Malade. Le soir, j'ai 39° 5. Ce coup-là, Roudouly m'évacue et comme je ne peux pas me traîner, on me met sur un brancard. Quatre brancardiers me portent jusqu'à la Somme ; on attend une péniche qui vient amener du ravitaillement. Balles, obus nombreux dans l'eau, autour du bateau. Duez m'accompagne. Heureusement car, là où nous débarquons à 1 kilomètre de là, il n'y a pas de brancardiers comme prévu. J'envoie Duez à leur recherche et reste tout seul au bord de l'eau, sur mon brancard. Voilà les

Boches qui se mettent à taper tout autour de moi, et des gros fusants et percutants[1]. Beaucoup encore tombent dans l'eau. Chahut ! Deux poilus du génie, qui passent, ont pitié de moi et m'emmènent dans un petit abri bien maigre, fait de branchages[2]. Enfin, c'est mieux que rien. Duez revient enfin avec un infirmier des 120 longs [canon lourd français de 120 mm]. Tous deux me portent jusqu'à l'écluse, avec beaucoup de mal. Ils me foutent même la figure par terre ! Enfin, on rencontre des brancardiers du 4e bataillon qui ont une voiturette porte-brancard. On me colle là-dedans et on roule. Ce qu'on est secoué !! Bientôt, on arrive à un relais de GBD, à Feuillères (Saint-Lacombley-Lacadet). Une auto vient nous prendre et nous conduit à l'ambulance de Capy. Là, triage. Je suis envoyé à Bray-sur-Somme. Longue attente. Puis une auto me met à l'HOE [Hôpital d'orientation et d'évacuation] de Bray à 2 heures du matin. Enfin je me couche : des draps... un lit !!!

Vendredi 3 novembre. Je suis dans un dortoir avec un tas de malades et de blessés : ce matin, je suis rouge comme une écrevisse ; on croit que je vais avoir la scarlatine. Pourtant, je n'ai encore rien à la gorge. Le train sanitaire attendu à 7 heures arrive à 17 heures. Départ à 18 heures, entassés, assis, dans un compartiment. Quelle organisation !! C'est pitoyable. Nous arrivons à Amiens le samedi 4 novembre, à 10 heures du

1. Obus explosant lors de leur arrivée au sol. (NDE)
2. En plein dans un trou d'obus plein d'eau !!

matin. Soit 16 heures pour aller de Bray à Amiens (30 kilomètres). Je m'arrange pour descendre ici, car le train va au Havre. À l'hôpital 103, caserne 72, on me colle dans une chambrée avec une douzaine de sous-officiers. On est traités bien mal dans cette boîte : attente interminable dans le bureau des entrées – de tous les pauvres diables blessés et grelottants : ils attendent des heures avant qu'on leur fasse leur premier pansement. Les jeunes embusqués qu'il y a là-dedans les traitent comme des bestiaux et se moquent d'eux. C'est honteux, je suis outré. Cette caserne est moche comme tout. Je suis au lait. Ce soir : 38° 5.

Dimanche 5 novembre. Ça va mieux. J'ai mis hier une lettre à la poste, mais je ne vois rien venir.

Lundi 6 novembre. Je suis toujours au lait. Pas de cabinets dans le bâtiment ; on est obligé de traverser une grande cour froide... ou alors de s'exécuter au milieu de la chambrée. C'est agréable avec les visites des infirmières ! Enfin !! Yvonne vient me voir et m'apporte un tas de choses. Puis, c'est René Thomas.

Mardi 7 novembre. Je commence à boulotter. Plus de θ. Visite de Vonne. Ça va mieux.

Mercredi 8 novembre. De mieux en mieux. Vonnette vient chaque jour.

Jeudi 9 novembre. Le Dr Leduc, qui me soigne, me met « sortant » pour lundi.

Vendredi 10 novembre. Mes maux de tête passent. Plus de θ.

Samedi 11 novembre. Je fiche le camp lundi. Je suis proposé pour une convalo de 15 jours. Il faut passer devant une commission.

Dimanche 12 novembre. Vonne vient passer l'après-midi.

Lundi 13 novembre. À 10 heures, je passe devant plusieurs médecins, à l'Hôtel de Ville. Oh ! Joie inattendue : on me donne, sur ma mauvaise mine, un mois. Je danserais bien la gigue devant les vieux birbes qui m'examinent ! Départ avec Vonne à 17 h 30. On est à Lignières pour dîner.

Mardi 14 novembre. Enfin ! Mon plumard ! À bouffer !! La vie de famille, enfin !!!

Du mercredi 15 au jeudi 23 novembre. Lignières. Quelques promenades sur le cheval du médecin divisionnaire qui loge chez nous. Vais à Poix – à Aumale.

Jeudi 23 novembre. Je reçois ma dernière citation : c'est encore une grosse désillusion, mais je m'y attendais un peu. Ça ne m'empêche pas de piquer une colère bleue. Je suis cité seulement à l'ordre du corps d'armée (étoile de vermeil) (premier corps).

« Médecin auxiliaire Laby – 6e bataillon 294 RI – Médecin d'un dévouement inlassable, d'un courage exceptionnel. A fait, à maintes reprises, l'admiration des officiers et des soldats de son bataillon, par le sang-froid qu'il montrait, en pansant les blessés sous de violents bombardements, n'hésitant pas à se porter lui-même à leur secours. S'est porté spontanément au secours d'un commandant de compagnie qui venait d'être blessé grièvement en première ligne et lui a donné ses soins sous un feu très violent. Blessé légèrement à la tête par éclat d'obus, a poursuivi sa mission avec le même zèle, la même bonne humeur, et le même dévouement. »

Général Guillaumat
Commandant le 1er corps.

Dimanche 26 novembre. Nous pensons aller faire un petit tour à Paris, Yvonne et moi, un de ces jours.

Mercredi 29 novembre. Vonnette part à Amiens et me retrouvera à Paname [Paris].

Samedi 2 décembre. Départ pour Paname. Le train, à Aumale, a deux heures de retard. À 1 heure du matin, je ne peux voir les numéros des maisons, les réverbères étant éteints à cause des Gothas [1] ; je réveille tous les pipelets de la rue Bonaparte et finis par trouver le 71 – chez Grand-Mère !

Dimanche 3 décembre. Déjeuner au *Petit Riche*, avec l'oncle Jules.

1. Avion biplace, allemand, de bombardement. (NDE)

Lundi 4 décembre. Je vais montrer mon album à [mot illisible]. Vais au *Souvenir*. Dîner avec Vonne au restaurant. Allons voir jouer *La Dame de chez Maxim*, à la Scala.

Mardi 5 décembre. Le matin, vais voir J. Ivernel à Boulogne. Dîner au *Restaurant d'Angleterre*.

Mercredi 6 décembre. Je vais chez Perot qui est en convalo. – Chez Richard et chez Girand. Cinéma.

Jeudi 7 décembre. Jullien n'est pas là. Le soir, je dîne chez *Prunier* avec Georges, Richard et Mme Fricotelle. Dîner *maous poil poil*. Allons aux Variétés voir « Moune ». Popol m'écrit qu'il ne peut venir à Paris.

Vendredi 8 décembre. Déjeuner avec Georges et Richard chez *Drouant*. Après-midi, terminus Saint-Lazard [sic]. Cinéma. *Hôtel Français*.

Samedi 9 décembre. Je quitte Paris à midi trente. Je rencontre le lieutenant Breitnacher. Le régiment est au repos dans l'Oise, près de Granvillers. Arrivée le soir à Lignières.

Dimanche 10 décembre. Ma perm se tire.

Lundi 11 décembre. Lignières. Pluie.

Mardi 12 décembre. Demain, dernier jour de convalo.

Mercredi 13 décembre. Fini ! Déjà !

Jeudi 14 décembre. À 17 heures, je pars en voiture à Aumale. Mon bataillon est à Loueuse. Je descends à Feuquières avec une heure de retard – à 21 h 30. Personne n'est au-devant de moi à la gare, mes lettres n'étant pas arrivées et Duez étant en perm. Je fais seul, dans la nuit et par la pluie, mes 7 kilomètres jusqu'à Loueuse par un chemin inconnu. Je couche sur un brancard.

Vendredi 15 décembre. Touille est rentré de convalo il y a quatre jours. Lamaze est encore à l'hôpital : nous étions tombés malades tous les trois presque en même temps. Il paraît que j'avais droit encore à 24 heures. Quelle guigne !

Samedi 16 décembre. Loueuse. On joue à l'harmonium. Repos. Je vais dire bonjour au 5e à Omécourt.

Du dimanche 17 au mardi 19 décembre. Repos. Je vais avec Roudouly à Omécourt au château. Bombe toute la nuit avec Blond, Le Saché et Picard. Je couche là-bas.

Mercredi 20 décembre. Départ à 7 h 30. Duez rentre de perm. Temps très froid, pépère. Marche de 12 kilomètres. Nous cantonnons à Crillon. Plumard, dans notre popote.

Jeudi 21 décembre. Départ 7 heures. Pluie. Sale étape de 22 kilomètres jusqu'à Fontaine-Saint-Lucien.

Je couche sur une paillasse avec Touyeras. Sommes fatigués.

Vendredi 22 décembre. Départ 6 heures du matin. Arrivée à Saint-Rémy-en-l'Eau, dans l'après-midi. Logé chez des gens très gentils, j'ai une chambre.

Samedi 23 décembre. On me parle de la possibilité d'avoir une perm de sept jours, ma convalo ne comptant peut-être pas dans le tour. Attendons.

Dimanche 24 décembre. Cette année, on ne fait pas de réveillon. Le chef de popote Colas n'a pas su se débrouiller et on n'a rien à bouffer.

Lundi 25 décembre. Noël. Messe à Saint-Rémy. Épidémie de rougeole. Notre nouveau commandant, Thibault, est assez sympa. Je tiens ma perm de sept jours pour demain. Je vais voir Roudouly à cheval à Fournival – et Lamaze au Mesnil. Quelle chance, de partir !

Mardi 26 décembre. À 6 heures du matin, je m'amène le bec enfariné, mais je ne pars que demain.

Mercredi 27 décembre. Le régiment quitte Saint-Rémy-en-l'Eau pour aller à Liancourt-sous-Clermont. Je pars en perm. Je passe par Paris. Ce n'est peut-être pas tout à fait le chemin, mais bah ! – Arrivée à midi. *Hôtel Français.*

Jeudi 28 décembre. Je pars à midi et demi. J'ai casé deux dessins à *La Baïonnette* et vu la famille. Arrivée à Lignières à 5 heures. Épatement général. Bonne soirée.

Vendredi 29 décembre. À midi, je reçois l'ordre de rejoindre le régiment, ayant été envoyé en perm par erreur. Je reprends le train à Aumale à 19 heures. Quelle barbe ! – J'arrive à Paname à 2 heures du matin. Correspondance à 6 heures.

Samedi 30 décembre. Je rejoins le régiment à 9 heures à Ormoy-Villers. Je couche sur un brancard.

Dimanche 31 décembre. Départ d'Ormoy. Nous passons à Betz où je suis passé le 11 septembre 1914. Je reconnais toutes les maisons où je suis passé – et le moulin où nous avons pris des sacs pour nous abriter de la pluie. Nous faisons 30 kilomètres et arrivons à Crouy. J'ai une très jolie chambre chez la modiste. Bon accueil.

1917

Lundi 1er janvier. Crouy. Concert sur place. J'exécute ma première commande pour *La Baïonnette*.

Mardi 2 janvier. Départ de Crouy. Nous faisons 28 kilomètres et cantonnons à Latilly. Chambre.

Mercredi 3 janvier. Départ à 6 h 30. Au dernier moment, on a avancé l'heure du départ : on se presse et on part à 5 heures. Longue étape de 30 kilomètres. Nous cantonnons à Connigis. On est fatigués, mais il y a très peu de traînards. J'ai eu une chambre : lit de plumes. *Poil Poil !*

Jeudi 4 janvier. Départ à 7 h 30. Allons à Troissy où nous sommes venus il y a six mois. Joie générale. Je suis reçu par M. Moreau, chez lequel j'ai déjà logé. Pluie.

Vendredi 5 janvier. Je vais à Dormans, à cheval, chez l'abbé Piot. Très bonne journée.

Samedi 6 janvier. L'après-midi, je vais à Châtillon. Le cousin Langlois est très malade. Je vois toute la famille.

Dimanche 7 janvier. Messe à Troissy. Touille et Roudoudou doivent rentrer demain de perm de 24 heures ; je vais tâcher d'en décrocher une ; ce serait chouette !

Lundi 8 janvier. Le Roudoudou est bien luné ; il m'envoie à Paname pour 24 heures, sans perm. Je partirai demain à 8 heures.

Mardi 9 janvier. Arrivée à midi. Aucune difficulté à la gare. Vais embrasser la famille. *Hôtel Français*.

Mercredi 10 janvier. Déjeuner au *Duval*, gare du Nord. Après-midi : Olympia. Je repartirai demain matin.

Jeudi 11 janvier. Mon train est à 8 heures. Je passe très facilement. Arrivée à Troissy à midi. Le soir, je vais à Châtillon : cousin Langlois est mort. Je vois cousin Pierre et Zélia.

Vendredi 12 janvier. Je vais déjeuner avec l'abbé Piot. Neige.

Samedi 13 janvier. Troissy. Neige. Quel bath hiver, pour nous, à côté des deux précédents ! On n'a pas jusqu'ici fait beaucoup de tranchées. Le soir, alerte à 21 heures, en pleine nuit : contre-appel. Le lieutenant Bloud se dévoue et va par le premier train rechercher tous les camarades qui sont à Paname sans perm.

Dimanche 14 janvier. Je vais voir les copains à Cerseuil. Nous faisons un concert. Le soir, balade : les phares des signaleurs éclairent de nombreux couples, dans la nuit ! Départ demain.

Lundi 15 janvier. Départ à 6 heures. Nous allons à Confremaux et à la ferme de Hoches – qui appartient aux Héchard. J'y suis fort bien reçu : popote. J'ai un plumard à Confremaux chez une bonne vieille : Mme Dagonet.

Mardi 16 janvier. Je prends le thé et je dîne chez les Héchard. Le fils Héchard – ancien camarade du 25e artillerie – vient justement, étant cantonné aux environs. Neige.

Mercredi 17 janvier. Neige. Froid. Thé. Partons demain. Je colorie un dessin pour *La Baïonnette* (sur les « As[1] »).

Jeudi 18 janvier. Départ à 7 heures du matin. Neige. Froid glacial. Les routes sont gelées. Quelle bise.

1. Terme désignant les pilotes de chasse les plus connus, véritables vedettes de la presse illustrée. (NDE)

Le capitaine Jamin (l'« homme au gros tasse », comme dit Touille) me fait retirer mon passe-montagne, l'imbécile. Nous faisons une étape d'une longueur exceptionnelle : 38 kilomètres. Nous défilons dans Château-Thierry, « patrie de l'adjudant Colas et de Jean de la Fontaine ». Arrivés à 18 heures à Chézy-en-Orxois, très fatigués.

Vendredi 19 janvier. Je cantonne chez M. Pérot où j'ai un pieu.

Du samedi 20 au mercredi 31 janvier. Le froid continue, réellement extraordinaire. Neige. Je tousse. On va voler du bois dans la forêt pour pouvoir faire du feu... Roudouly rentrant de perm prend la place de Touyeras. J'offre la mienne à Touille et transporte mes pénates chez Mme Fresse, l'institutrice, qui m'offre aimablement un tout petit coin avec lit-cage. Temps glacial. Neige.

Jeudi 1er février. Je loge avec le lieutenant Ricq, porte-drapeau. Départ imminent.

Vendredi 2 février. Partons à 7 heures à 3 kilomètres d'ici, à Damare : on veut jouer *La Madelon* en entrant dans le pays, mais les instruments sont gelés.

Du vendredi 2 au mardi 13 février. Nous restons à Damare. Nous allons passer deux nuits à Passy, à 3 kilomètres, pour laisser le cantonnement à de l'artillerie de passage. Le froid intense continue : – 19°. Bronchite. Le bataillon va à Neuilly-Saint-Front par un froid de canard, assister à une parade d'exécution, avec dégradation militaire. Je partirai bientôt en perm.

Mardi 13 février. Lamaze part en perm. Je le remplace pour 24 heures à Montémafroy et Saint-Quentin. À sa rentrée, je partirai. Hier, j'ai fait mon premier accouchement à Passy. Quelle suée ! Heureusement, le lardon y met du sien et je m'en tire... Je monte en ce moment la jument de Touyeras « Cythis II » dite « la Gibine ». Elle est vicieuse comme tout et personne n'en veut. Elle s'emballe aujourd'hui, ayant eu peur d'un papier : je peux la mettre en plaine et je déchausse les étriers, prêt à sauter. Enfin, je peux l'arrêter.

Mercredi 14 février. Manœuvres de division, près de Neuilly-Saint-Front. Je marche avec le 5e bataillon.

Jeudi 15 février. J'ai ma perm.

Vendredi 16 février. Je prends le train à 7 h 45 à Gandelu – par Château-Thierry. Arrivée à Paris à 17 heures. Je vais à *La Baïonnette* voir Mortane (55e), à *Fantasio* où on me commande un dessin. Le soir, vais à *La Rotonde*.

Samedi 17 février. Je vais à *L'Illustration*. Hôtel *Terminus Nord*.

Dimanche 18 février. Départ à 7 heures. Arrêt de huit heures à Beauvais. Je m'embête. Arrivée à 23 heures à Lignières. Je fais le trajet d'Aumale à pied en 1 h 25.

Du lundi 19 au mercredi 21 février. À Lignières. Pluie. Je dessine pour *Le Rire* et *Fantasio.*

Jeudi 22 février. M. Ch'curé[1] vient déjeuner.

Vendredi 23 février. Demain départ, déjà !

Samedi 24 février. Train à Aumale à 8 h 30. Arrêt 5 heures à Beauvais. Arrivée à Paname à 17 heures. Vais chez Juven porter des dessins. Je vais voir Mortane qui me donne une lettre pour *La Vie parisienne.* À *La Baïonnette*, un dessin de commandé – par Violette. Je dîne et couche chez Grand-Mère.

Dimanche 25 février. Rotonde. Au Bois en taxi. *Central Hôtel.*

Lundi 26 février. Chez Juven, un seul dessin est pris, sur six, pour *Le Rire* (20 F). Quels salauds ! – Je vais chez *Vermot* où on me fait une bonne commande. Je ne trouve personne à *La Vie parisienne.* Départ à midi. Je vais à Château-Thierry. Là, on croit que mon régiment a changé de place. La guigne ! – Je prends le dur [le train] pour Neuilly-Saint-Front – où on me renseignera peut-être. Très gros retard. À Neuilly, on

1. Argot ch'timi. Lucien Laby imite la façon de parler des habitants du Nord.

me renvoie à Mont-Notre-Dame. Je couche à Fère-en-Tardenois dans une rame de wagons vides, souhaitant qu'elle ne se sauve pas pendant la nuit. Quelle poisse de ne pouvoir les rejoindre !

Mardi 27 février. Je trouve enfin un train de troupes pour Mont-Notre-Dame. Mon régiment est, paraît-il, à Braine. Je réquisitionne une voiture [à cheval], puis une auto.

Jeudi 1er mars. Suis logé passablement, à la maison de retraite. Roudouly a quitté le 29-4 pendant ma perm. Il est remplacé par le Dr Augé. Quelle guigne noire !

Vendredi 2 mars. Je vais à cheval à Lesges, où je surprends toute la famille. Bonne balade.

Samedi 3 mars. Braine. Neige.

Dimanche 4 mars. Je retourne à Lesges. J'irai y déjeuner la semaine prochaine si nous ne sommes pas partis.

Lundi 5 mars. J'envoie des dessins à l'*Almanach Vermot*.

Mercredi 7 mars. Départ à 7 heures du matin pour Fismes. Mais je reviendrai peut-être quand Touyeras rentrera de perm – car la 23e compagnie reste ici. Infirmerie infecte : je suis obligé de passer la visite dans la rue… Je n'ai pas de chambre et prends celle de Touille en attendant qu'il rentre (c'est à Finette).

Jeudi 8 mars. Fismes. Froid. Touyeras rentre l'après-midi. Je repars en voiture pour Braine avec Duez. Neige.

Vendredi 9 mars. J'hérite de la chambre de Toutouille, qui est tout à fait pépère.

Samedi 10 mars. Ma page entière (sur les inventeurs) et en couleurs est acceptée à *La Baïonnette.*

Dimanche 11 mars. Je vais voir ma cousine Caroline Brunet, qui est étonnée et fort contente.

Lundi 12 mars. Quelques obus sur la ville. Blessés pendant le concert sur la place.

Mardi 13 mars. Cousin Émile passe en voiture et vient me dire bonjour. Soirée musicale à la salle des fêtes.

Mercredi 14 mars. Lucie Gandon et son mari passent me dire bonjour. Il y a juste un an, on l'avait sec !! Ce défilé devant Gouraud, le soir ! – J'apprends que Lamaze est relevé et part au parc d'artillerie de la 127e DI. C'est le reste. Je suis navré. Je vais me faire arranger deux dents cariées. Soirée avec Lamaze.

Jeudi 15 mars. Quel anniversaire !! – Ce fut le coup le plus terrible du régiment… Le soir, Lamaze s'en va. Cafard intense. Le médecin-chef nouveau n'est pas à la page ; il sort d'un hôpital et a la mentalité des médecins de l'arrière. Il a l'air plutôt vache. Le soir, les Boches nous sonnent salement : obus et bombes. Cinq tués – dix blessés.

Vendredi 16 mars. On finit de cimenter mes dents. Bombardement : deux tués – trois blessés. Le médecin-chef a l'air d'une rosse. S'il ne se calme pas, puisque les médecins auxiliaires ayant un an d'infanterie ont le droit d'être relevés (et que j'en ai deux), je laisse tout glisser. Demain, on relève les tranchées devant Soupir.

Samedi 17 mars. Départ de Braine à 18 heures. Relève à droite de Soupir. La 23e – avec laquelle je suis – est détachée au Moulin de Ribaudon, au bord de l'Aisne.

Dimanche 18 mars. Le secteur est plus agité qu'on ne pensait. Des 105 arrivent toute la journée sur les passerelles.

Lundi 19 mars. On apprend que les Boches battent en retraite d'Arras à Soissons. On prend Péronne, Bapaume, Ham, etc. Victoire ! On les a, les vaches !!

Mardi 20 mars. La retraite allemande s'accentue. Vont-ils se décrocher d'ici aussi ? – Marmitage. Il neige. Nous faisons la pêche à la grenade avec le lieutenant Maldent, de la 23e, grimpés sur des rails jetés au-dessus de la rivière. On manque de tomber à l'eau et on rit comme des gosses. On est bredouilles.

Mercredi 21 mars. Printemps. Neige. Froid. 105 à haute dose.

Jeudi 22 mars. Suis toujours à la popote du capitaine Crubillé avec les lieutenants Maldent, Andreoli (de la SD [sic]) et l'adjudant Buirette. Je m'y trouve très bien et le médecin-chef ne vient pas m'emm..., ça tape trop fort. Au fait, il ne sera peut-être pas plus mal qu'un autre, mais il faudrait deux ou trois gros « coups durs » pour le mettre à la page. Quand je pense qu'il nous a dit que « sur n'importe quel champ de bataille » il exigeait qu'on se lave les mains « entre chaque pansement » !!! – et qu'il interdisait « de flamber les aiguilles entre chaque piqûre car ça les abîmait mais qu'il fallait les faire bouillir pendant 5 minutes » !!!! Ah ! le pôvre !!!! On en recausera, Augustin !!

Vendredi 23 mars. Les Boches allument des feux dans leurs lignes, la nuit. Serait-ce un signe précurseur de leur retraite devant nous ??

Samedi 24 mars. À 17 heures et jusqu'à 20 heures, marmitage effroyable et crapouillotage [1]. De grosses torpilles s'aplatissent sur la première ligne. Vers 21 heures, grands incendies sur toute la ligne boche : on n'a jamais

1. Le crapouillotage consiste à se trouver sous le feu des mortiers de tranchée, appelés chez les Français « crapouillots ». (NDE)

vu ça. Que signifie ??? À la jumelle on distingue nettement les flammes et les volutes de fumée. Par moments, des ombres passent devant. C'est très impressionnant.

Dimanche 25 mars. À 2 heures du matin, violente attaque boche à notre gauche. Deux officiers sont tués et quinze poilus. Ils nous font des prisonniers [1]. Quel métier !!

Lundi 26 mars. Je reçois l'ordre de quitter ce soir le Moulin de Ribaudon pour aller à Courtonne, petit patelin très sonné, où est la CM 6 [compagnie de mitrailleuses 6], seule compagnie non relevée ce soir. Nous traversons le pont de Courtonne – très dangereux – avec Duez. Je retrouve là-bas le capitaine Richez, les lieutenants Le Tourneux et Andrault. Les Boches balancent de grosses marmites : trois tués, cinq blessés. Hier, leur cuistot a eu le ventre ouvert et est arrivé dans l'abri, debout, seul, tenant ses intestins dans ses mains. Nous logeons au « château d'eau », sorte de souterrain surmonté d'une tour et servant à l'irrigation.

Mardi 27 mars. Gros marmitage. On parle d'une grande attaque très prochaine, probablement dans quatre ou cinq jours. On va encore en être. On finira par se faire tuer à ce petit métier-là... Le 20e corps commence à arriver. Notre « château d'eau » correspond,

1. Ces prisonniers, une vingtaine, ont été retrouvés égorgés, derrière la première ligne boche, le 16 avril.

paraît-il, par un gros tuyau d'irrigation, à un bassin qui est chez les Boches. Nous partons là-dedans en expédition, Le Tourneux et moi : nous descendons par une échelle à pic et arrivons dans un énorme tuyau où il faut se tenir courbé en deux. De plus, il faut écarter les jambes car il y a un peu d'eau. Nous marchons plusieurs centaines de mètres, mais l'eau monte peu à peu – et je doute fort que nous soyons allés beaucoup plus loin...

Nous sommes arrêtés brusquement par une détonation formidable qui éclate au bout du tuyau et se répercute à n'en plus finir... Nous faisons demi-tour en vitesse... Et en arrivant, nous trouvons Andrault qui se paie notre figure : c'est cet idiot-là qui a tiré à blanc dans le tuyau, pour nous faire une blague..., une sale blague !!

Mercredi 28 mars. Sommes très sonnés. Relevés le soir par le 20e corps. Je rencontre Liégeois, de la Boîte [École]. Nous cantonnons à Bourg et Commun où je trouve Toutouille et le 6e bataillon.

Jeudi 29 mars. Nous sommes à douze, dans une cave grande comme un mouchoir de poche ; on bâtit des bat-flanc superposés. La nuit, seize blessés à la 22e.

Vendredi 30 mars. Les Boches nous canardent n° 1 [particulièrement fort] dans notre patelin : il n'y a pas un seul abri à l'épreuve du 150. Les trois ponts surtout, encaissent. Il y a des blessés chaque jour.

Samedi 31 mars. Une auto traverse, en quatrième vitesse, un feu très nourri de 210, sur les ponts. Très impressionnant.

Dimanche 1er avril. Messe dans l'église. Obus tout autour et fusants au-dessus. Personne n'est touché.

Lundi 2 avril. Canonnade ordinaire. Lamaze, qui est aux environs, espère pouvoir venir, mais ne le peut. Les canons et les obus s'entassent pour l'offensive prochaine. Je tâcherai d'aller voir Lamaze. Pâques.

Mardi 3 avril. Les Boches font sauter une de nos réserves d'obus : un 77 arrive sur un tas amorcé qui explose et fait péter toute la collection : quarante-cinq mille obus de tous calibres éclatent d'un seul coup, à l'entrée du village, à 800 mètres de nous. Explosion formidable, telle que je n'ai encore jamais entendue : on parle de huit cents poilus ensevelis sous la colline !!

Nous sommes à notre popote, dans une boutique de la grand'rue, en train de causer, Touyeras, le lieutenant Pernod, l'adjudant Rebous et moi. Brusquement et sans aucun bruit, un éclair aveuglant nous éblouit..., nous nous regardons... Puis, au bout de trois à quatre secondes seulement, le bruit de la détonation, le déplacement d'air et des éclats gros comme le bras nous arrivent : éboulement d'une partie du toit, enfoncement des portes, des fenêtres, toutes les vitres volent en éclats ; nous sommes jetés à terre... On croit que c'est un 210, tombé devant la porte. Les débris de toutes sortes continuent à tomber... On cherche où est arrivé l'obus, sans le trouver, et pour cause. Les premiers blessés commencent à arriver, en sang, et racontent ce qui est arrivé. Que de cadavres aussi ! Cratère immense, route coupée, la colline est retournée, le bois n'existe plus ! Des autobus éloignés de 40 mètres se sont télescopés tant a été violent le déplacement d'air !! Les secours s'organisent autour du dépôt de munitions explosées ; les compagnies y vont avec des pelles et des pioches pour déterrer les blessés ensevelis ; à ce moment, les Boches, qui n'attendaient que ça, s'acharnent et, à coup de 105 et de 150 fusants, tuent quiconque veut aller au secours des malheureux...

Mercredi 4 avril. L'attaque est de plus en plus proche : il est temps de numéroter ses abattis.

Jeudi 5 avril. À la tombée de la nuit, un Aviatick [avion allemand] arrive à toute vitesse sur un ballon-saucisse, presque au-dessus de nous. Avant qu'elle [la saucisse] n'ait le temps de descendre, il en fait le tour en la mitraillant, à balles explosives : elle s'enflamme et descend brusquement. On paierait cher pour avoir un pareil spectacle ! Les deux observateurs sautent tour à tour de la nacelle, descendent en bolides... puis leurs parachutes s'ouvrent... ; la saucisse alors les rattrape et on voit les pauvres bougres flanquer des coups de pied pour tâcher de descendre plus vite, car s'ils sont pris dans la colonne de flammes, ils sont perdus. L'un d'eux passe si près du feu qu'on tremble pour lui. Il ne s'enflamme pas, heureusement. Mais le vent les pousse chez les Boches. Ils jettent alors leurs papiers, leurs photos, etc. Ils réussissent à atterrir près des lignes [1].

1. Quelques jours plus tard, on a vu le même coup mais l'Aviatick a fait demi-tour et a tué à la mitrailleuse les deux observateurs sans défense...

Vendredi 6 avril. Marmitage normal.

Samedi 7 avril. Un obus éventre une maison occupée par la CM 6 – quatre poilus sont ensevelis sous les décombres. J'y cours. On pioche et on arrive à en retirer trois vivants. Au quatrième, qu'on ne peut avoir qu'au bout d'un quart d'heure, le caporal Violette, je fais de la respiration artificielle et des tractions de langue pendant 20 minutes. Peine perdue : il est bien mort. Ordre de départ pour cette nuit à 2 heures.

Dimanche 8 avril. Jour de Pâques. À 3 heures, départ ; traversée dangereuse des ponts, sans accident. Arrivée à Dhuizel à l'aube (5 kilomètres). Journée là – et départ à 20 heures pour Chacrise, au sud de la route Braine-Soissons, soit 25 kilomètres – ou plutôt 30 – avec des détours, car on n'est pas fichus de trouver le chemin. C'est lamentable ! Et on souhaitait la guerre de mouvement !!! Que sera-ce alors ? C'est à croire qu'il y a une bande d'idiots à notre tête, qui ne savent même pas lire la carte... Étape éreintante. On s'en rappellera de Pâques 1917 !!

Lundi 9 avril. Arrivée à Chacrise à 3 heures du matin, avec armes et bagages. Nous sommes fourbus. Comme cantonnement, on nous fout une cave !! Alors que tous les embusqués de l'endroit (PTT [Postes, Télégraphes et Téléphones] ; Intendance ; É-M [État-Major] ; Service de santé), qui sont ici depuis des mois, ont toutes les chambres. C'est honteux de traiter ainsi les gens qui se battent, qui, seuls, devraient avoir droit à quelques égards : mon bataillon n'a même pas de paille... on est si fatigués qu'on se laisse tomber sur la terre humide de notre cave, et qu'on dort...

Mardi 10 avril. Le colonel nous réunit pour nous faire le *speach* [sic] d'usage avant chaque casse-gueule : « Dernière bataille... Victoire assurée... Préparation d'artillerie telle que les Boches seront tous tués, etc. » Je veux bien le croire et irai encore de bon cœur faire tout mon devoir. Mais, plus d'excentricités, hein ! N.I. ni [sic] c'est fini, ce petit jeu. Si je suis amoché, ce ne sera certes pas de ma faute.

Mercredi 11 avril. Le médecin-chef Augé nous réunit après une manœuvre, à Nanteuil, pour nous donner ses instructions sur la bataille prochaine : nous chargerons devant Soupir. Les ordres qu'il nous donne sont idiots : un sourd causant de musique ne serait pas plus grotesque : ce monsieur, qui n'a jamais vu le feu, veut nous apprendre notre métier. Quel culot !! – Tu verras, vieux, si on lave ses mains entre chaque pansement, au fond des trous de marmites ! Ça me fout hors de moi de voir ça !

Jeudi 12 avril. Le coup dur approche. On parle de dimanche prochain. Les Anglais font onze mille prisonniers devant Lens. L'après-midi, je vais à cheval à Lesges où je vois tout le monde (les deux lardons sont en permission). Il paraît qu'hier, en passant à Dhuizel, je suis allé dans la ferme de Lucie Gandon, sans m'en douter !

Vendredi 13 avril. Ordre de départ pour la nuit prochaine : nous devrons nous charger comme des mulets, le ravitaillement devant manquer pendant les premiers jours de notre marche en avant – qui aura vraisemblablement lieu devant Soupir. J'emporte du biscuit de guerre, des conserves et deux litres de flotte (impossible de trouver du pinard). Contre-ordre : on ne part plus demain soir.

Samedi 14 avril. Nous comptons ne partir que demain, à 1 heure du matin, pour Cerseuil, près de Lesges.

Dimanche 15 avril. Départ à 1 h 30. Routes mauvaises et encombrées : pour faire 14 kilomètres, nous mettons cinq heures ! C'est très fatigant. À 11 h 30, je pars à cheval à Lesges, où je déjeune : accueil pépère. J'emmène deux bouteilles de pinard et quinze œufs dans la musette. Catastrophe : ces derniers sont transformés en une affreuse omelette ! En arrivant, il ne m'en reste que trois. Hubert m'accompagne à cheval jusqu'à Cerseuil. La préparation d'artillerie semble être intense. Départ à 23 heures. Marche par une nuit noire comme de l'encre, par une pluie battante, par une boue gluante : on marcherait les yeux bandés qu'on ramasserait pas plus de bûches...

Lundi 16 avril. Marche très dure. Nous perdons le bataillon à Lirné à cause d'un poilu malade qu'on laisse au bord de la route avec un brancardier. Dans

Courcelles, nous faisons *800 mètres en deux heures*. On ne peut se figurer combien c'est exténuant. Nous prenons une piste glissante et pleine d'eau. La préparation fait rage : l'attaque doit se déclencher ce matin. Nous arrivons enfin à 6 h 30 (14 kilomètres en 7 heures et demie !!!) dans les bois près de Dhuizel, où nous restons toute la journée, trempés comme des soupes. Pendant la relève, les grenades d'un poilu éclatent. C'est un jeune de la classe 17. Elles le tuent et blessent trois camarades. Dans la matinée, le soleil se montre. Nous roupillons. On nous donne une cabane Adrian[1] pour le soir. Les prisonniers commencent à défiler. On n'a pu prendre, paraît-il, qu'une seule ligne de tranchées, les Boches réagissant avec une grande énergie.

Mardi 17 avril. À 3 heures du matin, alerte. Puis on se recouche. Pluie. Gouttières en quantité [fuites d'eau à l'intérieur]. Je suis tout mouillé. Journée dans notre cabane. Les prisonniers continuent à affluer. La canonnade fait rage : au moment où j'écris ces lignes, on s'entend à peine. Pourtant, nous sommes loin. À 15 heures, alerte ; on sort... et on rentre... Nous

1. Il s'agit ici des « baraques » Adrian, du nom du sous-lieutenant Adrian, adjoint au directeur d'intendance au ministère de la Guerre et chargé spécialement de l'habillement et du campement. Afin de pallier le manque de toile, Adrian proposa l'adoption d'une baraque légère en bois, peu coûteuse, facile à transporter, à construire et à démonter. Apparue dès le début de l'année 1915, elle peut servir de lieu de campement pour les soldats ou les blessés. Longue de 30 mètres, elle permet d'abriter cent hommes. Mais on pouvait donner à la baraque une longueur et une capacité modulables en fonction du terrain et des circonstances. (NDE)

attendons les événements. Je commence à comprendre la signification des incendies dans les lignes boches, le 24 mars : ces salauds-là ont voulu nous faire croire qu'ils partaient. De fait, on s'attendait à trouver peu de chose devant nous, et maintenant, on tombe sur un beau bec... [une forte résistance]. D'une minute à l'autre, on s'attend à partir à l'attaque. Énervement.

Mercredi 18 avril. Les choses ne doivent pas marcher tout droit ; la pluie continue. Nous recevons l'ordre de nous replier à l'arrière. À 13 h 15, nous devons partir pour Braine. Encore une offensive loupée, probablement ? Quelle malchance !! Nous marchons vers Braine sous une pluie battante. Nombreux prisonniers sur la route (dont deux médecins de bataillons). On espère passer une bonne nuit, mais... dès notre arrivée nous recevons l'ordre de repartir à minuit pour l'endroit d'où nous venons ! Les Boches commenceraient à se replier ; il faut aller accélérer le mouvement. Je dors jusqu'à 1 heure du matin, heure du départ.

Jeudi 19 avril. Nous reprenons la même route, mais piquons bientôt à gauche vers Saint-Mard – où nous passons vers 5 heures. Nous franchissons l'Aisne sur la passerelle n° 32, à 6 heures. Puis nous progressons par bonds jusqu'aux anciennes premières lignes, depuis Soupir jusqu'à Chavonne. Ce dernier village, pris avant-hier, reperdu, puis repris hier soir, est absolument dévasté. Entonnoirs de 380, formidables. Nous voyons quelques tués boches et quelques poilus du 355e (un petit jeune, au bord d'un trou de marmite). Des blessés boches sortent encore des caves. La route est minée. Un poilu de chez nous – qui est d'ici – cherche en vain sa maison : il n'en reconnaît même pas l'emplacement. Un peu après la sortie de Chavonne, le bouchon du mon bidon se sauve et laisse partir un bon quart du pinard qu'il contient. Cet incident banal prend, à mes yeux, l'allure d'une catastrophe... Partant avec chacun deux litres, nous ne serons peut-être pas ravitaillés avant cinq ou six jours. Et on dit que les puits sont sans doute empoisonnés. Le doigt sur mon bidon, je réfléchis à cette triste perspective quand passe le colon. Bon ! Me voilà obligé de saluer en marchant... encore un demi-quart de perdu !!! Nous longeons les lignes des Boches jusque près de Vailly – presque pas abîmé. Nous croisons de malheureux nègres qui ont les pieds gelés, gonflés à éclater, tuméfiés, et qui se traînent sur les genoux en gémissant.

Nous escaladons le plateau jusqu'à Rouge-Maison. Nous visitons (avec précaution à cause des mines qu'ils ont dû placer) toutes les sapes boches qu'ils ont abandonnées cette nuit précipitamment, surpris par notre avance. Là, il y a des trophées en quantité (casques, équipements complets, grandes tenues d'officiers, etc.). Dommage qu'on ne puisse pas se charger... Je prends seulement quelques livres allemands. Quelques gros obus percutants arrivent : deux blessés dont une fracture de cuisse, à la CM 6. À 15 heures, départ. Allons sur la crête occidentale du ravin de Rouge-Maison. Le temps se remet un peu au beau, mais le soir, il pleut. J'ai une petite grotte comme PS.

Vendredi 20 avril[1]. Les deux autres bataillons sont engagés, et la 23ᵉ, de chez nous. Les Boches ont l'air de se replier, mais laissent des mitrailleurs avec quelques types qui fauchent tout ce qui veut avancer trop vite. Le ravin, au fond, est canardé. Trois blessés le matin, que je vais panser sur place (un est fichu : deux éclats dans le poumon). Il est temps que le temps se lève un peu ! Les Boches ont laissé beaucoup de boustifaille ; on en profite. Heureusement, ils n'ont pas eu le temps de rien empoisonner tant leur fuite a été précipitée. Le 355ᵉ prend les deux villages de Aizy et Jouy, puis se retire. Des avions boches viennent voler à 200 mètres à peine au-dessus de nous. Un journal nous parvient qui dit : « Nous sommes au contact immédiat de l'ennemi. » Quel culot ! On ne sait pas où il est : il n'y a que des rencontres de patrouilles. À 20 heures, ordre de relève : nous nous rapprochons encore des lignes ; allons à la « Sablière » relever le 5ᵉ bataillon. Touyeras est toujours détaché au médecin-chef.

Samedi 21 avril. Sommes à la Sablière, sur la route de Vailly à Pargny-Filain. Le temps est toujours couvert.

Dimanche 22 avril. Il fait beau. Les Boches bombardent. Nous avons déjà une quinzaine de blessés. Ici il y a un petit chalet genre « anglais » construit par les Boches. C'est un site très gentil. Le 4ᵉ bataillon du 294ᵉ reprend Aizy et Jouy.

1. Lettre de Lucien Laby à sa mère, datant du 20 avril. Voir en annexe.

Lundi 23 avril. Sur toute la route de Vailly à Pargny-Filain, que je parcours quatre fois par jour pour aller briffer [sic] au PC du commandant, je manque de me faire amocher, aujourd'hui, sonné par une pluie de 150. Le lieutenant Verry est blessé et Riquier un peu amoché. Le soir, je reçois l'ordre de me porter demain au bois de Marcon, devant Aizy-Jouy.

Mardi 24 avril. En reconnaissance à 7 heures. Je finis par trouver un ancien abri boche, à un emplacement de batterie, près du calvaire ; mais si un 77 tombe là-dessus, on est fichus. L'après-midi, je vais en première ligne, devant la ferme des Bovettes qui est aux Boches – et où nous allons probablement attaquer. Il n'y a pas un abri, rien. On sera en plein bled ! Ah ! la guerre en rase campagne, ce n'est pas drôle ! Les Boches, eux, sont repliés sur leur fameuse ligne *Hindenbourg*[1] très bien organisée ; ils ont des réseaux de fils barbelés très larges ; chaque fil a l'épaisseur de trois doigts. Ce sera dur. Le soir, nous voyons un Aviatick descendu en flammes au-dessus de nous : il tombe en bolide, essaie de se redresser, à 300 mètres du sol, vole quelques secondes environné de feu et s'aplatit définitivement par terre. En temps de paix, quelle impression pénible c'eût été d'assister à pareil spectacle ! Aujourd'hui, il faut entendre les cris de joie qui accompagnent la chute et la grillade de ces cochons-là !!

1. Ligne de défense allemande, construite à partir de septembre 1916 sur les parties septentrionale et centrale du front ouest, et enlevée par les Alliés à l'automne 1918. (NDE)

Mercredi 25 avril. Cette nuit, nous sommes très sonnés, tout autour de mon PS. C'est décidé avec le patron, en cas d'attaque, je me tiendrai dans le ravin 170.6 devant les Bovettes, près de la petite source : on aura au moins de l'eau. Faute d'abri, on sera peut-être un peu défilés... Journée calme.

Jeudi 26 avril. De mes chaussettes, il n'y a plus que la tige ; aussi je dévalise un sac boche et y trouve une bonne chaussette, verte ! Dans un autre, j'en trouve une grise, assez piètrement reprisée par la « Mama » boche. Je les chausse avec délices !! Le soir, les Boches nous sonnent encore avec énergie à coups de 150 et de 88 autrichiens...

Vendredi 27 avril. Nous quittons ce soir notre petit abri-métro du bois Marcon pour aller à Aizy-Jouy, villages conquis par le 4e bataillon. Relève à 22 heures. Le commandant nous vide de notre PS de Jouy, une cave somptueuse, pour y mettre son PC qui n'était pas « assez sûr » à côté. À nous de nous débrouiller. Je rogne ferme et sors sans dire un mot [1]. Nous allons à Aizy, au carrefour, dans une des très rares caves que les Boches n'ont pas fait sauter avant de se replier. Seulement elle est minée, on voit les traces de fouilles dans le mur. C'est une drôle de sensation que de coucher dans une cave qui peut sauter d'une minute à l'autre. Pourvu qu'il n'y ait pas de mouvement d'horlogerie !!

1. Je claquerais la porte, s'il y en avait une !!

Samedi 28 avril. C'est aujourd'hui le millième jour de la guerre ! Ah là là !! On commence à en avoir plein le dos... Gros marmitage, surtout à la tombée de la nuit. Blessés.

Dimanche 29 avril. On nous fait installer le secteur. Notre offensive serait-elle donc encore loupée, une fois de plus ?... On se stabilise. Alors ? J'aimerais mieux attaquer – pour en finir tout de suite avec cette mauvaise plaisanterie qui, à force, finit par démoraliser...

Lundi 30 avril. Le lieutenant Le Tourneux de la CM 6 est blessé. Un poilu a les deux maxillaires mis en bouillie par une torpille. On doit aller demain un peu à l'arrière. Beau temps.

Mardi 1er mai. Nous partons ce soir nous « reposer » (!!) dans les anciens boyaux allemands, de Vailly... Passez-moi le repos !!! Deux poilus ont les jambes enlevées par un *Minenwerfer* [obus de mortier allemand] : l'un d'eux (Février, parent du médecin inspecteur) prend son couteau et achève lui-même de se couper la jambe qui ne tient plus que par des chairs meurtries. Quel courage ! Le soir, pendant la relève, nous sommes pris dans un feu de barrage d'une densité peu ordinaire. On se planque comme on peut : sûrement les Boches ont eu vent de notre relève : neuf blessés et un tué.

Mercredi 2 mai. Vers 2 heures du matin, on arrive à Vailly. Mais, ce n'est plus là qu'on cantonne – c'est à Chassemy – où on arrive à 3 heures. Tout le monde couche sur la paille. Heureux encore ceux qui en ont ! On dit que nous ne venons ici que pour 24 heures, pour laisser à la préparation d'artillerie le temps de se faire – et que nous allons attaquer dès que les brèches seront faites dans les réseaux barbelés boches. Lamaze vient me voir le soir.

Jeudi 3 mai. Il paraît que c'est aujourd'hui le terrible « Jeudi -1 » – c'est-à-dire la veille du Jour J. C'est demain matin que nous marchons à la fourchette [marchons à la baïonnette] – et par conséquent, la nuit prochaine que nous montons là-haut. On a beau faire le malin et avoir un certain entraînement, ça vous donne tout de même le petit frisson... Quelle boucherie encore on va voir !! C'est bien fait pour moi et je n'ai pas le droit de me plaindre : je suis l'un des nombreux imbéciles qui ont poussé le chauvinisme jusqu'à souhaiter la guerre. Eh bien, je suis servi ! Je dois boire le calice jusqu'à la lie, sans me plaindre... Le médecin-chef donne des ordres idiots. Par exemple : notre objectif étant les Bovettes et le Panthéon, devant le fort de la Malmaison, il nous fout à la cote 170-6, en première vague – et lui aux Carrières : nous ne centraliserons pas un quart des blessés ; c'est à Aizy qu'il devrait se mettre, ça saute aux yeux. Puis, je me fais eng... parce que les brancardiers n'ont pas fait assez vite le trou qui nous servira de PS. – Comme si c'était facile à faire !! Je suis absolument dégoûté de cet imbécile qui arrive de l'arrière après y avoir passé deux ans et demi et qui veut tout bouleverser. Il est trop bête ! À 18 heures, on reçoit un contre-ordre. On ne part plus.

Vendredi 4 mai. Peut-être est-ce pour demain ? On ne sait rien. Ça y est : l'ordre arrive ; on part ce soir à 20 h 30 et on attaque demain à 5 heures... C'est tout de même une rude sale impression, que celle-là ! Demain à cette heure, il y aura la moitié des copains le ventre ouvert ou qui sécheront au soleil sur les barbelés. Espérons que je ne serai pas du nombre... mais que de bons camarades on va encore perdre ! – J'envoie 200 F chez nous ; ce n'est pas la peine d'avoir trop d'argent sur soi pour un coup pareil... Nous ne montons, paraît-il, que pour 24 heures et, dès que nous aurons « enfoncé le front boche du Chemin des Dames » (!?), on nous relève. J'en accepte l'augure...

Départ de Chassemy à 21 heures. Passons à Vailly, Aizy-Jouy, et arrivons au ravin de 170-6, devant les Bovettes, à minuit. Relève heureusement assez calme. Dès minuit, on commence à piocher pour avoir un semblant d'abri demain à l'aube : Duez et moi, nous avons amené une pelle et une pioche ; nous quittons nos vareuses et travaillons à un petit trou pour nous deux. J'y attrape chaud... et des ampoules. Notre poste est microscopique et peu solide... mais on compte que le ravin ne sera pas pris d'enfilade. Le commandant Roussel, du 5e, et le capitaine Barbe restent avec nous en attendant l'heure « H » du fameux jour « J » où nous prendrons le célèbre « Chemin des Dames ».

Samedi 5 mai. On s'attend à attaquer à 4 heures un quart, au petit jour. Mais l'ordre arrive que H = 9 [que l'heure H est 9 heures]. Quelle attente ! Le lieutenant Verrier va seul, en plein jour, à plat ventre, jusqu'aux réseaux b. [réseaux de barbelés], voir s'ils sont coupés. Il en revient par miracle : il y a bien une brèche devant le 5ᵉ, mais rien encore devant le 6ᵉ. De l'exactitude de son rapport peut dépendre la vie du régiment. Mais c'est un type brave et consciencieux : on sait qu'il y a été voir. La préparation d'artillerie, de crapouillots et de torpilles fait rage pour tâcher de nous faire notre brèche. Énervement. Par intervalles, la mitrailleuse boche tire, ce qui nous fait voir qu'ils ne sont pas tués. Ce ricanement de la mitrailleuse fait froid dans le dos... À 9 heures moins 5, on se serre la main. Le commandant Roussel et le capitaine Barbe nous quittent. 9 heures arrivent enfin et on sort... L'artillerie boche ne réagit qu'au bout de 20 minutes et le premier blessé qui revient des lignes boches nous dit qu'on a passé tous les objectifs. Le commandant Roussel reçoit un éclat d'obus dans le ventre et tombe ; avant de mourir, sans une plainte, il serre la main au capitaine Barbe avec lequel il était mal. Il meurt avec une bravoure exemplaire. De 10 heures à midi, nous subissons un feu de 105 et 210 d'une intensité inouïe, qui fouille tout le fond du ravin. Quelques blessés arrivent, dont deux blessés boches amenés par quinze de leurs « *Kamerades* [sic] ». À 10 heures et quart, le feu redouble d'intensité. Je vis un quart d'heure comme je ne me souviens pas en avoir vécu d'aussi terrible, jamais. Vivrais-je cent ans que je me souviendrais de cet épisode avec effroi : je viens de panser trois blessés et explique aux Boches qu'il faut les transporter à l'arrière. Une marmite arrive juste devant la « porte » du PS, au milieu de nous. Chutes à droite et à gauche. Je demande à Touyeras s'il est blessé. Non... mais le blessé qu'il soigne vient d'avoir le poumon perforé. Quatre ou cinq Boches râlent par terre [1]. Fumée épaisse. En moins de temps qu'il n'en faut pour le dire, un deuxième obus éclate. Un brancardier, Bertinet, tombe, à côté de moi, la jambe fracassée. Un autre poilu, à 5 mètres, est coupé en deux. Le ventre seul et les jambes restent. Impossible de savoir qui c'est : les intestins sont éparpillés, c'est horrible. Un Boche a les deux jambes en bouillie, à un tel point qu'elles forment un véritable nœud simple, les jambes en . Je me précipite vers Bertinet qui hurle : sa fémorale gicle à flots. Je crie pour avoir une cravate, qu'on me passe vite et je lui mets un garrot. L'hémorragie s'arrête. En voilà un qui a de la veine. Avec Duez, je commence le pansement. Un troisième gros obus, tout à côté, jette les bonshommes par terre et nous précipite sur notre blessé qui nous crie que nous allons nous faire tuer. Il y a une véritable bouillie de Boches. Un grand Allemand, qui ressemble à Maurice et que j'avais remarqué à cause de cela, se tord à mes pieds, dans une mare de sang : il a un gros éclat, comme le poing, dans le poumon : il met 6 heures pour mourir. Ça a beau être un Boche, c'est poignant – surtout à cause de la ressemblance. Nous déménageons à 150 mètres nord-est de là, car c'est devenu intenable, sur la pente du mont Sans-Pins, en avant d'où nous étions. On est moins marmités. Je vais partir en première ligne, en reconnaissance avec le cycliste Perrin. C'est une expédition

1. Je serre la main à Saint-Simon – autrefois au 294ᵉ – maintenant au 355ᵉ. Il contre-attaque à ce moment et se fait tuer 2 minutes après...

très mouvementée. Nous sommes obligés de bondir de trou en trou d'obus, repérés à la sortie de chacun et salués par les mitrailleuses. Nous traversons les réseaux allemands dans ces conditions, puis arrivons à la première ligne boche de ce matin, absolument retournée. Je parcours toute notre première ligne actuelle, passe dans les compagnies et chez le commandant. Je vois des Boches en liberté, à moins de cent mètres : il font comme nous ; ils sautent de trou en trou – et on leur tire dessus. Au retour, juste en passant dans les fils barbelés, un feu de barrage se déclenche – et nous nous flanquons, Perrin et moi, dans un trou de 210. Ça dure 20 minutes et on peut enfin sortir. Mais on a eu chaud ! Nous rentrons au PS sains et saufs. Ici, nous ne souffrons pas, heureusement, de la soif, ayant une source à notre porte. Le capitaine Crubillé, venu tout à l'heure avec le bout du doigt enlevé, vient d'être re-blessé au PS central : un éclat dans le cerveau – et un dans le foie. Mauvaise nuit. Orage. Nous sommes accroupis à dix, là où on pourrait tenir à quatre, les genoux au menton. C'est un supplice. Des quantités de Boches errent dans nos lignes et ne cherchent qu'à se rendre, faisant *Kamerad* et se jetant à genoux dès qu'on les interpelle. On les envoie seuls à l'arrière, en leur expliquant le chemin !! Le lieutenant Lelais a le bras cassé. Le lieutenant Aubé a une jambe en bouillie. Le lieutenant Coulomb est tué. Un obus tombe en plein sur le PS que nous avons abandonné tout à l'heure, et devenu un poste de coureurs [agents de liaison] : trois poilus y sont tués.

Dimanche 6 mai. Toute la matinée, le feu roulant des 150 continue sur le ravin. À minuit, il y a eu une contre-attaque allemande : ils nous ont fait quelques prisonniers, et repris l'élément de tranchée de gauche, à l'est du fort de la Malmaison – où je suis allé hier. La pluie et la boue empêchent les mitrailleurs, les fusils, et les grenades de fonctionner et on se défend au corps-à-corps. Les Boches nous prennent un canon de 37 et une mitrailleuse. On leur reprend aussitôt. Dès que le jour se lève, on voit, par endroits, des Français et des Boches dormir côte à côte, éreintés, au fond des boyaux pleins d'eau ; ils se font prisonniers, suivant qu'ils sont plus ou moins nombreux. L'après-midi, je retourne en première ligne. En y allant, je suis pris par les gaz asphyxiants et suis obligé de m'étendre, tant je tousse : je crois que je vais cracher le sang. Au bout de 10 minutes, grâce à mon masque « M 2 », tout se passe. Mais, à partir de ce moment et tout l'après-midi, il faut remettre son masque tous les quarts d'heure : on reconnaît bien les éclatements mats des obus spéciaux.

Là, je me dois de faire amende honorable en ce qui concerne notre médecin-chef, Augé : il fait preuve de cran en venant en première ligne malgré la teneur très ferrugineuse de l'atmosphère et a l'air très crâne pour un type qui reçoit le baptême du feu. Il remonte dans mon estime.

J'établis un poste avancé sur la route de Pargny-Filain à 200 mètres des Boches, dans la cave de la dernière maison nord, des Bovettes. Duez et Le Bec viennent m'y retrouver. Le soir, nous contre-attaquons à gauche (la 22e compagnie) et reprenons la tranchée prise la nuit dernière par les Boches. Quelques blessés seulement, la nuit.

Lundi 7 mai. Aux Bovettes. Le temps est redevenu beau et l'artillerie et l'infanterie se calment. Des avions boches, à 200 mètres de haut, nous lancent des bombes et nous mitraillent. Nous espérons être relevés bientôt, peut-être demain, car on est éreintés, on n'en peut plus. Brusquement, à 23 heures, une contre-attaque furieuse se déclenche sur tout notre front. Feu de barrage roulant. Les Boches attaquent à la grenade et – au bout d'une heure de combat violent – ils nous prennent notre première ligne, à la 23ᵉ compagnie. Les blessés affluent dans mon poste – qui est inondé par l'orage : nous nous enfonçons jusqu'aux chevilles dans un mélange affreux d'eau, de sang et de boue. Et c'est là-dedans qu'on panse les blessés ! Il m'en passe cinquante-deux dans les mains, pendant la nuit. Je suis rempli de sang et de boue, exténué : mon PS fonctionne seul pour les trois bataillons : les autres n'ont pas réussi à s'installer.

Un poste de téléphonistes, avec le capitaine Brandel, s'établit dans ma cave, et il y a des moments poignants : les fils sont coupés par l'artillerie boche qui fait rage, et, on a beau réclamer le feu de barrage sur tel ou tel point, on ne peut l'obtenir : on met trois heures pour en avoir un (« Allo ! BK3 [1] ! Vite, barrage en avant des Bovettes ! Urgent ! Priorité, BK3 ! » BK3 ne veut rien savoir). C'est sinistre. Les nouvelles que nous

1. Nom de code d'une position d'artillerie. (NDE)

apportent les blessés ne sont pas rassurantes : les Boches ne sont plus qu'à 100 mètres... puis à 80... enfin à 50 mètres de mon poste. S'ils arrivent jusqu'ici, ils vont nous bousiller à coups de grenades...

Mardi 8 mai. À 4 heures, nous contre-attaquons à notre tour et reprenons la tranchée perdue, plus des prisonniers et une mitrailleuse. Le lieutenant Causse est blessé par grenade, ainsi que l'adjudant Buirette. Le lieutenant Maldent l'est légèrement, mais reste (tout cela à la 23e). Jusqu'à midi, on continue à turbiner. Puis, tout ralentit et on se repose chacun de son côté. Quand les brancardiers, qui sont fourbus et que tous les officiers engueulent parce qu'ils ne vont pas assez vite à leur gré, ont fini d'enlever tous les blessés de sur le terrain, on enterre les morts. Reconnaissance du 172e (a/ major [aide-major] Walther) qui nous relève ce soir. Nous partons à 22 heures, par temps calme. Subitement, un combat à la grenade se déclenche... puis un feu de barrage. On est mal pris (sur la route de Pargny-Filain à Vailly). Je retrouve Touyeras [1].

1. Un poilu de Reims reçoit un gros éclat qui coupe la sous-clavière gauche. Je fends sa manche pour arriver à la plaie qui gicle et m'inonde les mains et les avant-bras d'un sang rouge vermillon, tout chaud... Quelle pénible impression : je sens le pauvre bougre se vider. Il me dit : « Dépêchez-vous, Laby, ou je vais mourir. » J'entoure deux biscuits de guerre de compresses et je bourre sa plaie de toutes mes forces. L'hémorragie cesse. J'en fais évacuer d'autres après l'avoir fait étendre au pied du mur, car je crois qu'il va mourir. Au bout de deux heures, je passe là et il me dit – ô surprise – qu'il voudrait bien que ce soit bientôt son tour... Je l'évacue, tout étonné qu'il soit encore de ce monde. Il est mort le 10 mai.

Mercredi 9 mai. À 2 heures du matin, nous arrivons à la champignonnière de Chassemy. On tombe de fatigue. À 3 heures, nous repartons pour Serches – où nous arrivons le soir. Entrée triomphale du régiment : les poilus, couverts de boue, défilent, musique en tête, avec des fleurs au bout de leurs fusils. Sommes logés sur la paille.

Jeudi 10 mai. Nous partons probablement demain au grand repos, du côté de Meaux. On ne l'a pas volé. Un contre-ordre arrive : nous repartons à 5 kilomètres du côté du front, à Vasseny. Je rends visite à la famille Houssel. Touyeras remplace Augé qui est parti en perm. Je suis seul au bataillon.

Vendredi 11 mai. À 5 h 45, le colon nous passe en revue, puis on part. On arrive à Vasseny où il n'y a pas de plumard, bien entendu. Le soir, arrive la feuille de renseignements pour une proposition pour moi, à la médaille militaire. C'est la troisième. Je suis bien placé pour savoir ce que ça vaut et n'y compte nullement : la parcimonie des généraux pour donner des récompenses n'égale que leur libéralité à sacrifier des milliers de vies humaines. Pendant la bataille, on est un as, après, on n'est plus bon qu'à donner aux chiens.

Samedi 12 mai. Vasseny. On parle déjà de retourner se battre dès que les renforts seront arrivés. Comme repos, c'est chic !!!

Dimanche 13 mai. Ça n'a pas duré longtemps, l'illusion, cette fois-ci !! Le commandant reçoit un billet pour lui dire que ma médaille est refusée et qu'elle se transforme en citation à l'Armée. D'ailleurs, ça peut encore baisser. Quelle bande de salauds que ces gens qui, n'ayant jamais entendu siffler une balle, jugent que vous ne méritez pas telle ou telle récompense pour laquelle vous proposent ceux qui vous ont vu à l'œuvre !!! C'est écœurant ! Ils font tout pour vous dégoûter. Et pour les poilus et pour les officiers, c'est le même procédé, à tous les échelons... Dieu sait pourtant si j'en avais de l'enthousiasme !!

Lundi 14 mai. Chaleur énorme. Départ prochain.

Mardi 15 mai. Nous partons demain matin.

Mercredi 16 mai. À 4 heures du matin, départ de Vasseny pour Billy-sur-Aisne, près Soissons. Pluie. Mouillés. Cantonnés dans une cave. Je trouve une petite chambre, mais je m'en ferai probablement vider.

Jeudi 17 mai. Vais à Soissons en voiture. Toutes les maisons ont plus ou moins écopé. Mais c'est moins abîmé que Reims, cependant.

Vendredi 18 mai. Billy. On parle déjà de nous envoyer aux tranchées. Quel drôle de repos alors qu'on nous avait promis 45 jours à l'arrière !!

Samedi 19 mai. Nous partons lundi aux Bovettes. Le 49e bataillon de chasseurs manifeste très bruyamment devant le colonel Garçon : ils sont un peu pleins et rouspètent parce qu'on les fait remonter en ligne.

Dimanche 20 mai. On va la nuit prochaine à Chassemy, première étape.

Lundi 21 mai. Départ à 1 h 30 du matin. Chaleur accablante. Arrivée à Chassemy à 5 heures. Journée de repos. Départ 18 heures. Nous sommes vus par les saucisses. Arrêtons une heure à Vailly en attendant la nuit. À Aizy, je vois Pujol et Humblot, des chasseurs, en passant. À la ferme Hameret, on prend le nouveau boyau qui a 800 mètres de long, à peine, l'eau nous montant insensiblement jusqu'à mi-jambe : on fait dix pas et on s'arrête 5 minutes. C'est éreintant. Nous sommes trempés, malgré les imperméables. Nicolas rouspète. On essaie de grimper hors du boyau pour faire la relève par le bled (tant pis pour les mitrailleuses !) Impossible ! Les parois argileuses glissent tant qu'on retombe pesamment dans l'eau : on enfonce ses doigts dans la terre, on se fait la courte échelle ; rien à faire. Enfin, à un endroit, le boyau n'arrive plus qu'aux épaules, il faut sortir : c'est une escalade dont on ne peut se faire une idée tant elle nous donne de mal ; on crispe ses doigts dans la glaise et on retombe ; au bout de 5 minutes, l'un de nous, plus adroit, arrive à se hisser, avec notre aide. Il nous tend une canne et on arrive enfin, avec quel mal, à sortir de notre trou. Dans quel état !! De la boue jusqu'au cimier, y compris le visage. Puis, c'est le bled. Perrin croit connaître le terrain, mais on se perd : nous faisons des chutes dans de vastes trous d'obus remplis d'eau. Ce n'est pas commode pour en sortir. Difficultés inouïes : on ne compte plus les chutes à plat ventre et on progresse à quatre pattes dans une nuit noire comme de l'encre, s'aplatissant aux fusées éclairantes qui nous feraient mitrailler. Enfin, nous arrivons à 2 heures du matin, ce qui fait huit longues heures pour venir ici. En arrivant, on se laisse tomber... et on dort [1].

Mardi 22 mai. Le PS est changé. Le 172e, qui nous avait relevés dans ma cave des Bovettes et que nous relevons aujourd'hui, a été obligé de l'abandonner, la maison s'étant effondrée sur eux, le lendemain de notre départ. Nous sommes à un endroit dit « Les ouvrages blancs » – c'est l'entrée de carrières souterraines très profondes, que les Boches avaient fait sauter et qu'on a déblayées. Je vais déjeuner chez le commandant : je passe par le bled, car dans le boyau il y a de l'eau plus haut que les genoux. En allant, ça va. En revenant, des 150 isolés arrivent, mais loin, à 300 mètres. Aussi je

1. Ménard nous raconte un cauchemar extraordinaire qu'il a eu cette nuit : Vers 3 heures du matin, il rêva être enterré vivant : il cogna de ses poings sa couchette en treillage, la couchette au-dessus de lui, le mur de la cagna et, dans son hallucination, vit sa tête décapitée, qui avait roulé entre ses jambes. Cette vision terrible fut interrompue par le sergent Legrand qui le secoua par l'épaule pour le réveiller : « C'est ton tour de prendre la garde au petit poste », lui dit- il. Mais le voyant en sueur, hagard par la vision toute récente encore de son cauchemar, il lui dit : « T'as pas l'air bien ; veux-tu que je prenne la garde à ta place ? Tu prendras mon tour ensuite, et moi je me reposerai. » Ménard accepta sa proposition et l'en remercia... Cinq minutes après, un poilu arrivait affolé, le sergent Legrand venait d'être décapité.

ne me presse pas, quand tout à coup une envie providentielle de descendre au plus profond d'un trou de marmite me prend, pour y satisfaire un petit besoin : à peine ma tête a-t-elle dépassé le niveau du sol, qu'à 10 mètres arrive un énorme pépère de 150 ou 210 : les éclats rasent mon casque en hurlant. Je l'ai échappé belle, une fois de plus. Sans ce hasard, j'étais *ad patres*. Dans notre carrière, nous sommes bien, à 15 mètres sous terre ; mais il n'y a qu'une malheureuse entrée : pourvu qu'elle ne soit pas bouchée...

Mercredi 23 mai. J'ai des poux – (c'est la première fois, je crois, depuis octobre 15) – et des gros. En une demi-heure, j'en attrape sept, à la main, et un petit. Ah ! si ça gratte !! Il doit y en avoir toute une tribu. Vivement le repos, que je me débarrasse de ces hôtes tapageurs et ridicules. L'après-midi, avec Le Cacheux (je fais poste commun avec le 4e), nous entreprenons une expédition dans les carrières. Il y a de la place là-dedans ! Ce sont de véritables couloirs de mines avec des « Decauville [1] » et des embranchements à s'y perdre. Nous marchons deux heures, munis de bougies, et parcourons des kilomètres. Nous nous demandons si nous n'allons pas sortir dans les lignes boches – mais nous ne trouvons aucune ouverture : au fond, ça vaut peut-être mieux, car il aurait fallu se sauver en vitesse. Le plafond est parfois si bas qu'il faut se plier en deux. Pourvu que les éclatements

1. Voie ferrée étroite, portant le nom de son inventeur, qui joua un rôle logistique important sur le front ouest pour ravitailler les positions avancées. (NDE)

de là-haut ne fassent pas ébouler un roc derrière nous ! Nous retrouvons notre chemin assez facilement, et poussons un soupir de satisfaction au retour, quoique contents de notre promenade (que nous comptons continuer demain). Quelle sensation étrange, cette vie à 15 ou 20 mètres sous terre, sans ventilateur !... Pourvu qu'ils ne bouchent pas l'entrée !!!

Jeudi 24 mai. Un an juste que mon pauvre Fenaux a été bousillé. Triste anniversaire. Calme relatif.

Vendredi 25 mai. À 4 heures du matin, nous sommes réveillés par un feu roulant d'artillerie, d'une violence inaccoutumée ; je fais la sourde oreille et tâche de me rendormir. Tout de même, qu'est-ce qu'ils nous balancent, les frères !! À 4 h 15, un cri de « Voilà les Boches ! la ligne est enfoncée !! » Mû par un prodigieux ressort, je bondis ; tous en font autant. Le fourrier de la 21e, Redeau, arrive essoufflé, bouleversé, et me crie : « Si vous voulez vous sauver, pas une minute à perdre : les Boches sont à 50 mètres !! » Mais les blessés commencent à affluer, je n'ai pas le droit de quitter mon poste et de les laisser à l'ennemi. Redeau sort et se fait déchiqueter par un obus. Une section de la 23e et une de la 17e se réfugient dans notre grotte. Un de mes brancardiers rencontre un Boche à 5 mètres, près du « Chemin des Dames » ; il est mis en joue, mais réussit à s'échapper – il vient me prévenir. Nous nous attendons à voir les Boches entrer d'une minute à l'autre... et ça donne le petit frisson. Une compagnie entière, la 21e, serait prisonnière – et deux du 4e bataillon – sans compter toutes les sections des autres compagnies. Le capitaine Jamin, l'adjudant Colas et mon infirmier, Le Bec, seraient prisonniers. Les blessés arrivent en quantité. Les brancardiers Mioche et Poirier arrivent : les autres blessés sont prisonniers. Enfin, les Boches ne viennent pas : il n'y a pourtant aucun obstacle entre eux et nous. Les quelques éléments de la 23ᵉ et de la 17ᵉ sortent et arrivent à les repousser jusqu'au PC du commandant, à 200 mètres d'ici – où j'allais déjeuner chaque jour – vingt-cinq prisonniers arrivent. Ils nous annoncent que les Russes demandent la paix. On leur fait porter nos blessés et les leurs à l'arrière. Enfin, cela ralentit un peu. Que de pertes – et surtout, que de disparus – chez nous ! Il y a peut-être cinq cents hommes prisonniers, d'après ce que je puis évaluer actuellement. Le lieutenant Verrier a une blessure grave à la main : on a du mal à arrêter l'hémorragie ; le lieutenant Maldent, avec qui j'ai passé une partie de l'hiver à Braine et à Ribaudon, un excellent camarade, m'est apporté dans une toile de tente, affreusement replié en deux avec une balle dans le ventre : il est jaune, les traits tirés ; fait peine à voir. Il me demande si la plaie est pénétrante ; je le rassure de mon mieux. Mais quand il me demande à boire, je suis obligé de lui refuser. Alors, il se rend bien compte qu'il a une perforation. Il me supplie de lui donner de l'eau pour se rincer la bouche... je lui fais jurer de ne pas en avaler. Comme c'est terrible !! Il tient sa parole. S'en tirera-t-il ? J'en doute. Il me dit : « Oui, mon vieux Laby, si je m'étais sauvé, comme beaucoup que j'ai vus à mes côtés, je ne serais pas là. Mais je me suis battu jusqu'au dernier moment ; j'ai vu le Boche qui me visait, à 10 mètres ; il a été plus vif que moi ; je suis resté dans leurs lignes depuis ce matin : ils ont ramassé les autres et m'ont abandonné parce que je vais mourir[1]. » C'est absolument poignant.

À l'heure actuelle – il est 15 heures – le bombardement ennemi reprend. Vont-ils réattaquer ? C'est par miracle que nous n'avons pas été pris ce matin... Cela durera-t-il ? Un petit bond en avant et nous sommes faits aux pattes... Quelle mauvaise impression que celle-là !!...

15 h 30 – On voit les Boches se masser dans le Ravin. Ils vont attaquer... Brrr !!

15 h 35 – Ils avancent, en progressant à la grenade. On va être faits comme des rats...

16 heures – Ils ont pris les Bovettes. Mais, nom d'un chien ! Qu'ils viennent donc tout de suite, s'ils doivent nous prendre... Mais cet énervement ! Ah !

Je détache les feuilles de ce carnet, prêt à les déchirer...

Les blessés affluent. Il paraît que la 21ᵉ compagnie est tout entière prisonnière (avec les lieutenants Roger, Louis, Pernod), la moitié de la 22ᵉ, une section de la 23ᵉ, le capitaine Lemeilleur et un peloton de la CM 6 avec le capitaine Richez et les mitrailleuses. On a été surpris et tournés [contournés]. Au 4ᵉ bataillon, il ne resterait en tout qu'une quarantaine d'hommes. Tous nos brancardiers sont prisonniers.

Si seulement on était relevés !

1. Je lui fais de l'H. [huile] camphrée, de la morphine. Il est foutu, pour moi.

Samedi 26 mai. On nous envoie des équipes d'Annamites avec des brancards, ce qui aide notre évacuation. Ce sont de curieux petits types jaunes, contrastant avec les grands diables sénégalais, des deux compagnies qu'on vient de nous envoyer en renfort : beaucoup sont déjà amochés, la majorité par balles car ils refusent de se courber dans les boyaux et même montent par le bled. Toute la journée, pansements. À 16 heures, les Sénégalais contre-attaquent et reprennent nos anciennes positions, mais avec quelles pertes !! Presque tous restent sur le carreau, fauchés par les mitrailleuses. Aussi, quand les Boches, à 16 h 30, contre-attaquent à leur tour, ils reprennent tout... et les voici encore aux abords immédiats de notre PS. Nous préparons la « musette du parfait prisonnier » avec ce qui nous reste de chocolat, de pain, de conserves, et nous mettons une toile de tente en sautoir [autour du cou] : on arbore le brassard bien visiblement, car ce qu'on craint le plus, c'est le premier contact : si on tombe sur un énervé qui nous envoie une grenade... Il faut se méfier. Et nous voilà prêts à partir pour Baden-Baden. Je cache le peu d'argent que j'ai sur moi [1]. Les blessés arrivent toujours et on ne peut expédier tout à l'arrière, tant le barrage est violent. À minuit, je tâche de dormir un peu, mais c'est une véritable invasion de totos [une invasion de poux] ; c'est encore un supplice difficile à imaginer et, malgré ma fatigue, je ne peux pas fermer l'œil.

1. Dans la doublure de mon casque et dans mes chaussettes.

Dimanche 27 mai. Nous attendons qu'on nous relève, avec une grande impatience, car nous sommes fourbus. Il y a encore des Sénégalais sur le terrain [1]. On les panse (quel drôle d'effet que ces plaies avec de la peau noire autour : on se rend mal compte). On en évacue le maximum, comme on peut. Quelques-uns meurent ici.

Enfin, voilà l'ordre de relève !! Nous allons à la ferme Hameret, au PC du colon, à 21 heures.

Lundi 28 mai. Je déjeune et dîne chez le colon. Journée à Hameret. Départ le soir. Arrivée à Chassemy à minuit. Pas de lit.

Mardi 29 mai. Repos à Chassemy. Engueulade avec Le Cacheux, un salaud (il fait de la propagande pour la révolte, qui sévit dans des régiments voisins).

Mercredi 30 mai. Ordre de départ. J'apprends la mort de mon pauvre Maldent.

Jeudi 31 mai. Départ à 1 heure. Grand-halte dans les bois de Thilly à 8 heures. Arrivée à la ferme de Montrebœuf à 15 h 30 (près de Vierzy – où est le colon). Pas de lit.

1. On retrouve la trousse de Le Bec dans ma cave des Bovettes : donc les Boches lui ont fait établir un PS à leur compte, avant de l'emmener en captivité.

Vendredi 1er juin. Le matin, je vais à Moulin le Comte – où est la 22.

Samedi 2 juin. Je vais à Tigny, au 5e bataillon, remplacer Tassin qui va en perm et Plichon, évacué.

Du dimanche 3 au dimanche 10 juin. Tigny. Je tue mes derniers poux. Fortes chaleurs. Repos. Balades à cheval avec le lieutenant Le François [1] dit « Louchi-Louchy ». Nous allons prendre des bains dans l'Ourcq, à Oulchy.

Lundi 11 juin. On me pique contre la typhoïde. Je suis très malade. Fièvre pendant deux jours.

Mardi 12 juin. Je reste couché.

Mercredi 13 juin. Ma perm approche. Je vais à Vauxcastille, où est le 6e bataillon, pour la faire déposer chez le colon : à l'entrée du village, il y a des mitrailleuses en batterie pour en interdire l'accès à des troupes qui – paraît-il – se seraient révoltées.

Jeudi 14 juin. Je ne partirai qu'au retour de Tassin.

Vendredi 15 juin. Il rentre. Je prends le train à Vierzy à 15 heures. Arrivée à Paname à 18 heures. Grand-Mère.

1. Tué depuis.

Samedi 16 juin. La Baïonnette me commande un dessin. Après-midi au bois. Train à 23 heures.

Dimanche 17 juin. Arrivée à Amiens à 4 heures. Maurice est là. Gueuleton. Journée pépère.

Lundi 18 juin. Nous partons, Maurice, Vonne, Monnette et moi pour Lignières. Perm timbrée du 18. Donc, neuf jours à partir de demain : je carotte un peu. Photos.

Mardi 19 juin. Maurice et Vonne partent le soir.

Du mercredi 20 au dimanche 24 juin. Lignières. Temps pépère. Perm *maous*. Je dessine, dans mon atelier, pour *La Baïonnette*, *Le Sourire*, *Le Rire*.

Lundi 25 juin. Je pars à 5 heures à Amiens, par Hornoy. Maurice et René sont en perm.

Mardi 26 juin. Nous allons à Lignières. Bois. Photos. Départ le soir. Je fais timbrer ma perm du 28. Vonne est un peu malade.

Mercredi 27 juin. Départ pour Paris à 5 heures. Arrivée à 10 heures. Vais aux Joumaux-Saint-Denis.

Jeudi 28 juin. Maurice arrive, retour de perm, et me paie un gueuleton soi-soi. Il part à 13 heures. *Rotonde. Vermot.* Tous mes copains sont absents : Perot, Julien, Richard. Soir. Pluie. *Rotonde.*

Vendredi 29 juin. Terminus Nord. Vais au *Sourire.* Vois Albert Watteau. Le soir, je prends le train de 20 heures pour Épinal.

Samedi 30 juin. Arrivée à Nancy à 8 heures, à Épinal à 11. Je retrouve dans le train Duez et un vieux copain de Reims, Marcel Josenhaus, lieutenant au 46e d'artillerie, blessé trois fois. Son frère, Frédé, a été tué en 1914. Arrivée à 7 heures à Ellevillers. Il n'y a plus de train pour Luxeuil-les-Bains, station desservant Breuchotte où on nous dit que se trouve le 29-4. On se décide à y aller à pied, Duez et moi : 18 kilomètres. Nous arrivons à 21 h 30 à Radon-Breuchotte.

Dimanche 1er juillet. 25 ans aujourd'hui. Le temps passe ! On m'attendait avec impatience pour passer aujourd'hui l'examen de sous-aide-major à Vesoul ! – Avec mes neuf jours, j'en ai fait quinze, mais mes cachets sont en règle et on ne me dit rien. Je vais à cheval à Luxeuil voir le divisionnaire (je me fais mouiller par une ondée). Je passerai l'exam. le 6, à Belfort. Ma citation paraît ; enfin, j'ai tout de même la palme :

Citation à l'O. [ordre] de la 4e Armée – 8 Juin 1917.

« Laby Lucien – Médecin auxiliaire d'un dévouement constant et d'une bravoure à toute épreuve. Le 5 mai 17, le poste de recueil[1] de bataillon étant violemment bombardé, a secondé avec un sang-froid

1. Le poste de recueil des blessés du bataillon, établi en prévision des combats. (NDE)

remarquable le médecin de bataillon pour le sauvetage des occupants. S'est par suite dépensé sans compter pour assurer le secours aux blessés, reconnaissant jusqu'en première ligne, sans souci du danger, des endroits favorables à leur groupement et dirigeant son personnel, sous des feux d'artillerie et de mitrailleuses, avec un courage digne des plus grands éloges. »

Ici on est dans un pays splendide : montagnes, forêts, rivières. Chambre pépère, accueil épatant !

Lundi 2 juillet. À la popote, le commandant a un nouvel adjudant de bataillon remplaçant Colas (Lefebvre). Piano.

Mardi 3 juillet. Bain froid. Plongeons dans le Breuchin.

Mercredi 4 juillet. Breuchotte. Pluie.

Jeudi 5 juillet. Départ à midi pour Belfort. Arrêt à Lure. Arrivée à 16 heures. Rencontre un médecin auxiliaire : Kaiser avec qui je vais à l'HOE où on doit passer l'exam.

Vendredi 6 juillet. À 7 heures, exam. Questions écrites : 1) Gangrène gazeuse ; 2) Tétanos ; 3) Diphtérie ; 4) Évacuation d'un PS de première ligne. Il n'y a guère que pour la dernière question que je suis à la page – et pour cause. Quant aux autres, hem ! hem ! À l'oral, quatre birbes :

1) Path. int. [pathologie interne] : signes de la typhoïde ; dysenterie ; chancrelle.

2) Path. ex. [pathologie externe] : hémothorax, ligatures artérielles.

3) Règlements : captation d'une source ; doses de désinfectants.

4) Anatomie : nerf phrénique ; scalènes ; nerfs récurrents.

Partout ça va un peu, sauf en anatomie où je sèche... Tout cela, c'est si loin !... « J'en ai beaucoup entendu causer... mais il y a la guerre depuis... »

C'est forcé, depuis trois ans que je n'ai pas revu ce truc-là ! Je suis reçu quand même. À midi, on bouffe chez Charby avec Kaiser, Cavagnol, et Saint-Fucien. À 13 heures, je suis déjà installé dans mon train pour m'en aller ; ils viennent me chercher en bande... et je reste. Soir, vadrouille, Charly, vieux quartiers, Lion de Belfort, *Hôtel Excelsior*. La nuit, alerte mémorable des zeppelins. Rigolade !

Samedi 7 juillet. Départ à 13 heures. Je dîne à Luxeuil à la 19e avec Le François et rejoins le bataillon à 20 heures à Breuchotte.

Dimanche 8 juillet. Touille étant parti en perm, un nouveau médecin auxiliaire, Cleuet, nous remplaçait. Bain.

Lundi 9 juillet. Bain.

Mardi 10 juillet. Départ à 14 heures. Adieux touchants de la population : on a rarement été si bien reçus qu'ici ! Embarquement à Luxeuil-les-Bains à 18 heures.

On débarque à minuit à Laveline. Nous faisons 25 kilomètres à pied, jusqu'à Mandray (Vosges) où on cantonne. Vannés. Je vois Lamaze dont le parc [d'artillerie] est cantonné à Anould.

Mercredi 11 juillet. Vosges. Pays superbe. Chambre.

Jeudi 12 juillet. Nous devons prendre les tranchées en face.

Vendredi 13 juillet. Le soir, petite retraite aux flambeaux avec notre musique.

Samedi 14 juillet. Revue le matin. J'y coupe. Concert.

Dimanche 15 juillet. À Mandray. Je dessine.

Lundi 16 et mardi 17 juillet. Id.

Mercredi 18 juillet. Touille rentre de perm.

Jeudi 19 juillet. Nous allons à Saint-Dié en voiture avec Breitnacher et le nouveau pharmacien auxiliaire Mail. Bistrots. Vague cuite, etc. J'apprends que je suis nommé médecin sous-aide-major en date du 1er juillet. Ça me fait une belle jambe ! S'il n'y avait pas eu la guerre, il y a longtemps que je serais aide-major !

Vendredi 20 juillet. Balade à cheval superbe dans la montagne et dans la forêt de Fraize.

Samedi 21 juillet. Départ de l'adjudant Lefebvre, malade, remplacé par le chef, Bertrand.

Ma nomination porte le n° 4.754/d de la Décision du médecin inspecteur de la 7e Armée – puis : n° 3193/2 – puis encore 303/c !!!!

Dimanche 22 juillet. Messe à Mandray. Toutouille est un peu noir.

Du lundi 23 au jeudi 26 juillet. Repos à Mandray. Reconnaissance du secteur.

Vendredi 27 juillet. Je vais à Saint-Dié avec Blond, Breitnacher, Mail, etc. Le soir, relève : départ à 22 heures. Il y a des côtes énormes à grimper. Il n'y a pas un coup de canon. À l'aube, on est bien fatigués. Je dors au bord de la route. Nous prenons le secteur de Lesseu, Combrimont. Le PS est à la ferme Roudeau.

Samedi 28 juillet. PS des plus confortables. Très bien à tous points de vue. Nous sommes arrivés ce matin à 5 heures. C'est un secteur modèle, d'un calme étonnant. Je n'ai jamais vu ça : il y a ici des fermes habitées avec des femmes (les quatre fesses – les six fesses) et les cultivateurs viennent faire leur moisson dans les lignes.

Dimanche 29 juillet. Le seul ennui est d'aller bouffer au PC du commandant Thibault, qui est à un bon kilomètre. Il faut grimper à pic.

Lundi 30 juillet. Le médecin-chef vient. Il redevient idiot et m'engueule parce que je n'ai plus le double de ma nomination – dont il a besoin pour ses sales paperasses.

Mardi 31 juillet. Deux tués par balles dans la tête.

Mercredi 1er août. Blessés *idem.*

Jeudi 2 août. Trois ans qu'on fait ce cochon de métier !!

Du vendredi 3 au mercredi 15 août. Nous restons en secteur. C'est toujours calme. Une douzaine de blessés et trois morts. L'adjudant Raymond, du groupe franc, faisant une patrouille, est tué d'une balle dans la tête. Il reste deux jours entre les lignes. Pluie incessante. Les tranchées et réseaux n'étant pas continus, les patrouilles boches peuvent passer (ici, il n'y a que des petits centres de résistance ; pas de première ligne – c'est la gué-guerre.) Malgré tout, on ne doit se promener qu'à deux au moins – et le revolver à portée de la main. Plusieurs types sont enlevés ainsi la nuit. Nous avons des fusils dans notre PS en cas de coups de main [1]. En attendant, je tire sur les corbeaux. On entend les Boches chanter à Luce. Nous, ici, c'est chaque soir un concert effréné avec les castagnettes, tambours et

1. Petites attaques des lignes adverses, menées généralement de nuit par de petits groupes de combattants, parfois spécialisés dans ce type de tâche. (NDE)

mandolines : Perrin a fabriqué une guitare avec un bidon d'essence.

Jeudi 16 août. À 5 heures, arrive la relève (2e bataillon du 171e). Nous partons ce soir pour le repos à Saint-Léonard. Départ à 21 heures. Attendons la CM 6 deux heures sur la route – un peu de pluie. Longue étape de 22 kilomètres. Et moi qui, de mes chaussettes, n'ai plus que des tiges ! J'ai mal aux pattes de derrière. Arrivée à 4 heures et demie du matin.

Vendredi 17 août. Je loge chez M. le curé, dans une villa qui lui est prêtée près de Saint-Léonard – son presbytère a été brûlé par les Boches. Revue du bataillon. Le colon me remet ma palme. Jusqu'au lundi 27 août, nous restons à Saint-Léonard. Le dimanche 26, il y a une représentation à Anould : *L'Ami Fritz*, par une troupe de passage. Nous y allons, Touille et moi.

Mardi 28 août. Je reçois l'ordre de me rendre à La Croix-aux-Mines pour remplacer, au 5e, Lamaze qui est en perm. Je bouffe à l'EM à Mandray et arrive l'après-midi. Je suis encore chez le curé. C'est moins joli qu'à Saint-Léonard mais enfin j'ai un bon lit (chez l'abbé Wintrey, neveu du député protestataire au Reichstag). Pluie. Je sais que je suis proposé depuis quelques jours – et pour la quatrième fois – pour la médaille. Il paraît qu'il y a quelques chances pour que ça marche puisque, sur neuf proposés, quatre subsistent et que j'ai le numéro un du classement. Mais je ne m'illusionne pas trop.

Mercredi 29 août. Je retourne à cheval avec Devarinnes à Saint-Léonard où il y a un concert au bataillon.

Jeudi 30 août. De La Croix-aux-Mines nous partons à 8 heures avec le capitaine Devarinnes. Nous boulottons au Rudlin à la popote d'artilleurs de la 127e où était Lamaze avant son retour au régiment. On nous prête de nouveaux chevaux et nous laissons les nôtres. Nous grimpons à la Schlucht et au Hohneck. C'est une promenade merveilleuse. Au loin, nous voyons la Forêt noire, le Rhin, Colmar, Fribourg, Munster... Pour la première fois depuis la guerre, je passe enfin la frontière ! Nous rentrons par les lacs de Retournemer – Longemer. C'est superbe. On s'envoie 70 kilomètres dans les fesses.

Vendredi 31 août. La Croix. Pluie.

Samedi 1er septembre. Lamaze rentre de perm juste au moment où je vais monter en ligne avec son bataillon. Il reprend sa place et je reste ici – où le 6e arrive cantonner (en réserve de division).

Mardi 4 septembre. Je quitte la cure et habite à l'école, où je suis fort bien reçu. (Mme Ferry, très aimable.)

Mercredi 5 septembre. Lecture de la Bible avec Touyeras.

Jeudi 6 septembre. Nous lisons les Testaments avec Touille.

Vendredi 7 septembre. Restons à La Croix. Id.

Samedi 8 septembre. Id.

Dimanche 9 septembre. Le patron, M. Ferry, arrive en perm. Un bus arrive dans un champ, devant la maison.

Lundi 10 septembre. Balade avec Touille, à la Grosse Roche, à pied. Ce matin, j'y étais allé à cheval. Vue splendide.

Mardi 11 septembre. J'apprends que mon vieux copain Lamaze a été blessé hier. J'ai bien entendu le bombardement mais je ne me doutais pas de cela : il est à l'hôpital de Saint-Dié avec un éclat d'obus dans la cuisse.

Mercredi 12 septembre. Indigestion. Mal fichu.

Jeudi 13 septembre. Id.

Vendredi 14 septembre. Je vais à cheval sur Cythis II à Fraize, dans l'espoir d'y trouver Lamaze – qu'on a dû y transporter. Il n'y est pas. Alors je vais à Saint-Dié d'où il vient de partir en auto pour Fraize. Quelle guigne ! – Je rentre à La Croix avec 38 kilomètres dans les fesses : Lamaze est passé en auto ici et espérait me voir !!!

Samedi 15 septembre. Je vais à Fraize et arrive juste au moment de l'opération de mon vieux camarade. J'y assiste et cela me fait une grosse impression de le voir charcuter. On me colle une blouse blanche : ce qu'il y a longtemps que je n'ai pas eu ça sur le dos ! – Ça me fait tout drôle ; et puis avec mes grosses godasses à clous sur ces linoléums cirés, je ne suis pas à mon aise. On lui fait un débridement et un curetage. Il reste 20 minutes sous le chloréthyle. Je vois ses parents.

Dimanche 16 septembre. J'y retourne le matin. À midi nous avons des invités (officiers d'EM antipathiques). Après-midi, « Revue » par un théâtre aux armées, à Laveline, à 4 kilomètres. Ce n'est pas mal.

Lundi 17 septembre. Allons en reconnaissance. On va remonter là-haut. Ce que j'en ai plein le dos ! Cafard immense. Il y a des moments où on souhaiterait presque « en prendre une pleine poire ». Je suis dégoûté de tout...

Allons bon ! Ça c'est le reste. À 19 heures m'arrive l'ordre de monter immédiatement en ligne, à la Chapelle-Sainte-Claire, au 5e, car le Dr Morel vient d'être blessé (main droite brûlée). Je pars à 20 heures par une nuit noire, à couper au couteau, sans lune. C'est Dupont (dit Badergeot), l'ordonnance de Touille, qui me conduit, dans la voiture médicale. Je ne connais pas le chemin. J'ai étudié la carte de mon mieux, mais dans cette obscurité ! On manque de se casser la figure vingt fois. Avec ça, Badergeot est saoul comme un Polonais et veut nous faire trotter et galoper malgré tout. La voiture tombe dans les fossés, manque de verser dans la rivière... On se trompe de chemins qu'on ne voit même pas. Il y a un dieu pour les hommes saouls. Puis un bombardement se déclenche sur notre route. Ce sont des 105 fusants qui, heureusement, éclatent un peu devant nous. Nous demandons notre chemin à des artilleurs qui nous conseillent de « faire vite » car c'est l'endroit dangereux. Mon ivrogne ne se le fait pas dire deux fois. Enfin on arrive... Ouf !

Mardi 18 septembre. Aujourd'hui, nous recevons de bien mauvaises nouvelles de notre pauvre Lamaze. La gangrène gazeuse se met à sa cuisse...

Mercredi 19 septembre. Le commandant Barbe va le voir à Fraize. Nous l'attendons avec impatience ; il rentre le soir, désolé. Le chirurgien (Dr Cadenat) considère mon ami comme perdu... il ne passera pas la nuit. On ne peut même pas tenter de désarticuler la hanche, la plaie étant trop haut. Je suis navré. Je pleure comme un veau le soir, tout seul dans les bois. J'en suis déniché par une rafale de 150.

Jeudi 20 septembre. Le commandant Barbe fait dire une messe par Briand, pour Lamaze – dans la chapelle

Sainte-Berthe. Nous y assistons tous. Coup de téléphone : Lamaze n'est pas mort. Mais il a 40°.

Vendredi 21 septembre. L'infection semble s'enrayer. On reprend un peu d'espoir. Veine ! Le général qui lui a collé la médaille militaire hier, le croyant foutu, va être volé !!

Samedi 22 septembre. Un peu de mieux dans son état – mais toujours entre la vie et la mort.

Dimanche 23 septembre. Messe à la chapelle. Sommes relevés ce soir. Bonnes nouvelles : on le croit sauvé. Le commandant y va – on espère. À 23 heures, nous arrivons à Neuvillers, à 2 kilomètres des lignes.

Lundi 24 septembre. Départ le soir, de Neuvillers. Nous allons à la Truche. Arrivée à Minuit. Pas de lit.

Mardi 25 septembre. Cantonnement aussi moche que possible. Je vais à Fraize en auto. Lamaze va mieux. Il y a 90 % de chances pour qu'il s'en tire.

Mercredi 26 septembre. J'y retourne à cheval avec le commandant Barbe. Au retour, nous passons par le Chipal (La Marquise !).

Jeudi 27 septembre. Arrivée du Dr Vejas, de l'ambulance, qui me remplace au 5e bataillon. Je rejoins le 6e en ligne à la Cude, dans le secteur du Violu nord. C'est à 800 mètres d'altitude. Dupont me conduit. Ce qu'il fait chaud pour grimper là-haut !! J'en bave. Je couche le soir au PS de Touyeras.

Vendredi 28 septembre. Je monte à mon petit poste avancé, à 1 kilomètre de là, à la Rotonde. Je descendrai tous les jours déjeuner chez le commandant Thiébault et le capitaine adjoint de Laffont, qui remplace le Jamin pendant son voyage à Baden-Baden – et est autrement chic que lui. Le soir, on m'apportera ma gamelle ici.

Samedi 29 septembre. C'est un sacré voyage ! Le soir, je vais avec le capitaine de Laffont au 5e bataillon voir le commandant Barbe et nous revenons par les lignes du Violu nord à la Rotonde.

Dimanche 30 septembre. Ce coin où je suis, ainsi que Regneault qui est un peu à gauche de la Rotonde, est tenu par la 22e compagnie. Il est sacrifié en cas d'attaque : c'est un saillant, et derrière nous il y a le ravin de la Cude. Il n'y aurait donc rien à espérer. Ce ravin de la Grande Cude est battu constamment par les mitrailleuses et le serait par l'artillerie, en cas de coup dur : nous serions donc infailliblement jetés dedans ou « faits aux pattes » en 5 minutes. La résistance se ferait derrière nous, sur l'autre lèvre du ravin de la Grande Cude. On serait foutus d'avance... Douce perspective !

Lundi 1er octobre. L'après-midi, je visite tous les petits postes de la Rotonde et de Regneault. Certains sont à 10 mètres de l'ennemi. En regardant par-dessus les sacs de terre, nous sommes salués, le lieutenant Place et moi, par une bande de mitrailleuse du château des Fêtes. Ma perm approche : dans 10 jours.

Mardi 2 octobre. Une circulaire parvient jusqu'à nous, relevant tous les médecins ayant plus d'un an d'infanterie et les faisant passer dans l'artillerie, le génie, etc. Touille et moi demandons à être maintenus car on risque de tomber plus mal – non pas au point de vue des risques –, mais comme camaraderie, etc. Puis on ne sait pas où on va. Ah ! si c'était pour aller tout à fait à l'arrière, je ne dis pas. Mais pour tant faire que d'être bouffé par les totos et par les rats, j'aime autant que ce soit dans la biffe – aux fauteuils d'orchestre. Pour moi, ce sera tout l'un ou tout l'autre : l'infanterie ou l'arrière. Nous resignons donc du bail. – Un poilu reçoit une balle dans la tête.

Mercredi 3 octobre. Pluie incessante. Plein d'eau dans les boyaux.

Jeudi 4 octobre. Toujours pas de nouvelles de ma médaille.

Vendredi 5 octobre. Allons bon ! Demain à 7 heures va commencer un bombardement destiné à détruire les *Minenwerfer*, à retourner les tranchées boches, et à y faire un coup de main, juste devant mon PS – devant Regnault et la Rotonde... Il y avait longtemps !

Samedi 6 octobre. Ça y est, voilà la danse qui commence. C'est tout de même bête : nous ne pouvons pas prendre un secteur calme sans l'agiter avant huit jours ! Nos crapouillots de 58 sont installés, les uns près de mon PS – à 100 mètres à gauche – les autres, sur l'autre lèvre du ravin de la Grande Cude, derrière nous. Les Boches ripostent – naturellement. Qu'est-ce qu'on déguste ! – Ils nous envoient d'énormes *Minen* en forme de seaux à charbon, hauts de 1 mètre. On les voit arriver en l'air en tourbillonnant, en se dandinant. Heureusement, on a le temps de se planquer quand on les voit ou quand on les entend. C'est encore tout un art de reconnaître leurs départs : ça ne fait pas grand bruit ; les blessés s'y laissent prendre. À 11 heures, je vais déjeuner. Mais, juste en sortant de mon poste, un éclat gros comme le poing me passe devant le nez, à 50 centimètres, peut-être. L'après-midi, un petit *Minen* [sic] tombe en plein sur le toit de ma cagna – qui heureusement résiste.

Dimanche 7 octobre. Le martelage des tranchecailles continue. Encore une torpille à 50 centimètres de notre toit – mais pas juste dessus. Chaque fois qu'il en tombe une tout près, nos carreaux, qui sont faits de 10 litres [bouteilles] en verre blanc, côte à côte, font une musique formidable.

N'empêche que ma perm approche ! Ce soir, on ne se déshabille pas (car ici, j'avais le culot de me fiche en chemise, chaque nuit, dans mon sac à viande. Mais aujourd'hui, ce ne serait pas prudent). C'est demain à l'aube qu'on fait le coup de main. Encore quelques braves poilus qui vont y rester. Tout le monde est énervé. Tempête. Torpilles.

Lundi 8 octobre. À 4 heures du matin, tout le monde est debout. À 4 h 45, les trente poilus sortent. Mais le guetteur boche – qui s'y attend – envoie une fusée rouge [demande d'un tir de barrage du côté allemand] et immédiatement (ah ! ils sont lestes, les cochons !) leur barrage se déclenche, sur la première ligne, sur nous – et au fond du ravin. Ils [les Français] sont obligés de re-sauter dans la tranchée. Le coup est loupé. Mais qu'est-ce qu'on déguste, après, comme torpillage !! Vivement la perm !!

Mardi 9 octobre. À midi, je reçois un télégramme du médecin-chef « Augustin » qui me convoque à 13 h 30 à son PS central, au Mézé. C'est pour me dire que le médecin inspecteur me demande pour aller dans une ambulance chirurgicale automobile[1]. Dois-je accepter ou refuser ? – Grande perplexité. Je demande avis à Touyeras qui me dit qu'il sera navré de me perdre

1. Les ambulances chirurgicales automobiles (ou auto-chirs) comptaient quatre chirurgiens de carrière placés sous la responsabilité du plus haut gradé, quatre médecins auxiliaires ou aides-chirurgiens, dix étudiants en médecine et une équipe d'infirmières bénévoles. La création des ambulances chirurgicales automobiles était intervenue après la bataille de la Marne sous l'impulsion du docteur Marcille qui mit en avant la nécessité de répondre aux besoins de la chirurgie d'urgence sur le champ de bataille. Leur composition définitive fut arrêtée en 1915, sous la forme de trois camions techniques permettant le fonctionnement d'une baraque opératoire (générateur de vapeur, appareils de stérilisation, appareils de radiologie, matériel de pharmacie, instruments, pansements, groupe électrogène), de deux camions pour le transport de cent lits démontables, d'une voiture pour le personnel officier, de quatre voitures destinées à transporter les infirmiers et à évacuer les blessés. (NDE)

comme ami, mais qu'il me conseille vivement d'accepter la place de haut luxe qui m'est offerte.

C'est l'embusquage de première classe, évidemment, mais j'ai la conscience tranquille et, puisque j'ai fait mon Devoir, c'est bien un peu mon tour de me reposer. Chacun son tour.

Après avoir bien hésité et tourné et retourné le problème dans tous les sens, je téléphone le soir que j'accepte. Mais je ne puis arriver à savoir si c'est temporaire ou définitif. La première hypothèse me serait plus agréable : c'est que j'y suis attaché, à mon bon vieux régiment !!

Au point de vue médical, je vais donc pouvoir retravailler. Ça ne fera pas de mal car – si j'ai conscience de connaître à fond mon métier de médecin auxiliaire de bataillon, autrement dit, de brancardier de première classe (métier qui consiste à savoir ramper sous les balles et à coller des pansements sales dans l'obscurité avec des doigts pleins de boue) – j'ai conscience également d'avoir oublié le peu de médecine que j'avais péniblement emmagasiné autrefois...

Malheureusement, à un autre point de vue, si ma pauvre médaille (que j'ai pourtant conscience de n'avoir pas volée) vient à louper encore cette fois-ci (la quatrième !), je puis en faire à jamais mon deuil. Ah ! Si elle allait arriver ! Quelle joie !!

Mercredi 10 octobre. Mal dormi : ça me fait un drôle d'effet de partir d'ici. Ce qui me coûte le plus est de quitter mon vieil ami Touyeras. Oui, mais aussi, c'est la vie assurée ! – Je suis gracié !! À ceux qui n'ont pas encore vu le Boche de près, de prendre ma place. Et ma perm ? Ça tarde salement ! Je reçois un mot de mon vieux Lamaze – qui va mieux, mais on craint l'impotence pour sa jambe. Nos tranchées sont retournées, autant que celles des Boches. Quel mal ont les poilus, à refaire tout ça !!

Jeudi 11 octobre. Je compte toujours partir en perm d'un jour à l'autre, mais ça ne vient pas vite. Froid.

Vendredi 12 octobre. Grand froid. Il neige. Le Violu en est couvert.

Du samedi 13 au jeudi 18 octobre. Attente après ma perm, après la liste des médailles, après ma mutation dans une auto chirurgicale. C'est énervant. Un ancien, depuis le début au régiment (c'est devenu rare !), est tué dans le boyau par une grenade à fusil qui lui ouvre le ventre. Il est enterré deux heures après.

Jeudi 18 octobre. Ma perm de dix jours est signée. Je quitte mon PS le soir et vais coucher à l'arrière, à la Cude, chez Touyeras. Au dernier moment, un coup de téléphone du PC me dit que les perm sont supprimées : alors je fais des grognements inarticulés dans le téléphone, pour faire croire qu'il est en dérangement ! Et je déguerpis en vitesse !!!!

Vendredi 19 octobre. À 11 heures, je pars à cheval sur Cythis II pour Saint-Dié – avec Badergeot (Dupont) sur « Condurant » de la voiture médicale. À Saint-Dié, je prends l'autobus civil pour Baccarat – où je prends le train. On passe à Nancy qui a été bombardé très fort les trois nuits précédentes. Alerte de zeppelins – quatre sont abattus. Arrivée à Paname le samedi 20 octobre à 7 heures. *Baïonnette – Rire – Pêle-Mêle* – etc.

Dimanche 21 octobre. Train à 7 h 45. À midi, à Aumale, l'auto des Gosselins m'emmène à Lignières.

Lundi 22 octobre. Je chasse avec Yvonne – qui fait le chien – et... je manque de tuer un beau lièvre.

Mardi 23 et mercredi 24 octobre. Lignières. Je dessine.

Jeudi 25 octobre. M. Foulon et M. le curé viennent déjeuner. Avec Père, ils racontent les grandes manœuvres, qu'ils ont faites autrefois !! – C'est palpitant.

Vendredi 26 et samedi 27 octobre. Je vais à Sainte-Segrée faire timbrer ma perm du 1er novembre – ce qui me permettra de passer quelques jours à Paname, en douce.

Dimanche 28 octobre. Messe. Le soir, Mme Foulon, Mlles Boëtte, Dupas, viennent prendre le thé.

Lundi 29 octobre. Dernier jour à Lignières. Chasse. Bredouille.

Mardi 30 octobre. Au moment de partir, j'apprends ma mutation à l'auto chirurgicale 15. Départ pour Paris à midi. Vais au *Rire*, au *Sourire* (60 F), au *Pêle-Mêle*, et couche chez Grand-Mère.

Mercredi 31 octobre. Le soir, je vais à l'Apollo.

Jeudi 1er novembre. Je devrais partir, mais j'ai fait timbrer ma perm de Sainte-Segrée. Je reste donc. Après-midi Sradnig [sic] à Luna Parck [sic]. Le soir, je vais avec Toto et Caise au *Roi d'Ys*, à l'Opéra comique.

Vendredi 2 novembre. Je passe chez Perot pour le voir. Le concierge m'apprend sa mort : le pauvre Georges aurait été tué mais il ne peut me donner aucun détail. *Wepler – Terminus Saint-Lazare*.

Samedi 3 novembre. Je vais à la gare à 9 heures, mais il n'y a un train qu'à midi. Le soir, nous couchons, avec le lieutenant Durant, dans un petit hôtel de Blainville, près de Nancy...

Dimanche 4 novembre. Arrivée à Corcieux à midi. Nous allons en fourgon à La Truche. (Nous déjeunons à Fraize.) Je prends le cheval de Touille et arrive le soir aux tranchées, à la Cude.

Lundi 5 novembre. Dernière journée au régiment. J'apprends que ma médaille est refusée. Pourtant, Augé et le colonel ne veulent pas me laisser partir sans m'avoir proposé une cinquième et dernière fois. J'y suis fort sensible, mais je sais ce que ça vaut ! – Le commandant Thiébault est en perm. Adieux touchants. Quels bons camarades je laisse ! Surtout ce brave vieil ami Touyeras.

Mardi 6 novembre. Notre vieux cuistot Cotterets me prépare à boulotter pour la route. Départ en voiture à 6 heures du matin. Je prends les autos-camions des permissionnaires, à la Croix-aux-Mines. Je vois Lamaze en passant à Fraize. Train à Corcieux à 17 heures. Je couche à Épinal. Train à 3 heures. Aillevillers – Langres – Belfort. Je trouve une auto de ma nouvelle formation qui me conduit à Morvillars, à 15 kilomètres de là.

Me voilà donc *embusqué*. C'est un peu mon tour, j'ai fait mon boulot. Le médecin-chef s'appelle Bracquehaye, de Tunis, un bon vieux. Les autres : Drs Maréchal, Rauhin, James, Auvigne, Mengé, Lucas Championnière, Vallery-Radot, Lebègue, s/a major [sous-aide-major] Bertrand, Gardinier et moi. Deux pharmaciens : Picolet et Julien – un officier d'administration : Poitevin.

Sommes logés en ville. L'ambulance est au séminaire et au château des Viellards.

Mercredi 7 novembre. Il y a une attaque en face ; je n'ai pas l'habitude d'être si loin !! – Arrivée de blessés, en autos. Je donne trois chloroformes et fais des pansements – propres, ceux-là, avec des pinces aseptiques, ma chère !!

Jeudi 8 et vendredi 9 novembre. Amputations. Chloros.

Vendredi 9 novembre. J'aide Raulin à une énucléation – on laisse un moignon.

Samedi 10 novembre. Opération. Plâtres. Sondages.

Dimanche 11 novembre. Id. – On a les fonctions d'internes en temps de paix – c'est épatant.

Lundi 12 novembre. On ne se repose pas : gros turbin.

Mardi 13 novembre. Chloros. Pansements. Arrivée du Dr Dubourdieu, chirurgien de Bordeaux.

À chaque repas, on vient nous chercher en auto et on nous ramène après – quel luxe ! J'en suis tué.

Mercredi 14 novembre. N'ai pas de nouvelles de chez nous depuis ma perm. C'est long. L'infirmière de ma salle, Mlle Eugénie Noël, est très sympathique.

Ça ne va pas fort en Italie. On s'attend à y partir. Dommage car nous allons avoir une nouvelle installation en planches, merveilleuse.

Jeudi 15 novembre. J'aide Lucas Championnière (fistule anale).

Vendredi 16 novembre. Pansements. Appareil de Delbet[1].

1. Appareil métallique de contention et d'extension pour le traitement des fractures des membres, dont le modèle fut présenté par Pierre Delbet à la fin de l'année 1914, devant la Société de chirurgie. (NDE)

Samedi 17 novembre. Je fais, avec Dubourdieu, une amputation de bras droit, au ras de la tête humérale.

Dimanche 18 novembre. Allons à pied à Fecht, Lebègue et moi.

Lundi 19 novembre. Demain nous partons dans les baraques en planches à l'HOE.

Mardi 20 novembre. Le soir, on pend la crémaillère. Gueuleton formidable. À minuit arrivent deux blessés multi-grenadés. Je vais au séminaire avec Auvigne – et opère avec lui (débridements).

Mercredi 21 novembre. Gueule de bois. À 20 heures, blessés. J'aide Auvigne à une amputation du bras gauche.

Jeudi 22 novembre. Le soir, une laparotomie et une fracture de la base du crâne (meurt après l'opération). Chloros. Demain on va à l'HOE.

Vendredi 23 novembre. Je suis dans une salle avec Auvigne et Champonnière. Je reçois une lettre de Richard qui me confirme la mort de mon ami Georges Perot, frappé à Prunay, au front et au ventre, mort en quelques minutes. Que c'est triste !

Samedi 24 et dimanche 25 novembre. Messe à

7 heures. Mlle Noël est malade, je vais la voir. Le soir, faisons une nécro (blessé de la selle turcique).

Lundi 26 novembre. Je vais à Belfort et je vois Jullien à l'auto chirurgicale 27 de Duval. Passons l'après-midi. Retour par le train à 19 heures.

Mardi 27 novembre. J'aide Auvigne à une trépanation du pariétal : défoncement de la table interne par EO.

Mercredi 28 novembre. J'aide Auvigne à deux opérations sous écran (Bonnette rayons X). EO dans les jambes.

Jeudi 29 novembre. Vais en auto à Montbéliard avec Championnière.

Vendredi 30 novembre. Pansements. Débridements.

Samedi 1er décembre. Id. Je fais une grande frise avec les caricatures des camarades, pour orner la popote.

Dimanche 2 décembre. Allons à Belfort, Lebègue et moi. Déjeuner à *L'Américain*. Cinéma. Thé.

Du lundi 3 au vendredi 7 décembre. Tous les matins dans le service : débridements, pansements, sutures secondaires, etc. Les après-midi, je dessine dans ma chambre. Froid de canard. Neige.

Samedi 8 décembre. Nous allons en auto à Montbéliard avec M. Maréchal, Meugé et Gardinier. En revenant, on nous invite à prendre le thé au château de Morvillars : en arrivant là-dedans, j'en reste comme deux ronds de flan ; il y a des tapis, des fleurs, de la musique, des femmes. C'est inouï, quand on sort de la biffe, de voir la vie qu'on mène là-dedans, à côté de celle qu'on vit là-haut ! Ça m'écœure de voir le luxe et la gaîté de ces gens, pendant que les autres se font casser la g...
Bande d'embusqués ! – Je me promets de ne plus y mettre les pieds.

Dimanche 9 décembre. Je suis de garde. Je dessine.

Lundi 10 décembre. J'opère seul, pour la première fois ici : blessés du bras gauche. Réunion secondaire.

Du mardi 11 au vendredi 14 décembre. Quelques arrivages de blessés. J'opère avec Auvigne, trois débridements.

Samedi 15 décembre. Je change de chambre. Je vais dans la villa de Poitevin : on n'est pas mal, mais il fait froid.

Dimanche 16 décembre. Allons avec Lebègue dans la torpédo de son cousin. Retour en train à 19 heures.

Lundi 17 décembre. Auto chirurgicale. Débridements.

Mardi 18 décembre. Balade en torpédo au Ballon d'Alsace. 70 km par heure. C'est superbe. Grand froid.

Du mercredi 19 au samedi 22 décembre. Je dessine pour décorer humoristiquement ma salle de pansements. J'opère chaque jour avec Auvigne (recherches de projectiles sous écran [1]). Les après-midi, il y a des cours de Lemière, Duval, Cadenat.

Dimanche 23 décembre. Lebègue et moi allons en auto à Belfort – retour : 19 heures.

Lundi 24 décembre. Le matin, en opérant avec Auvigne, j'attrape un jet de pleurésie purulente dans les deux yeux. Soigné immédiatement, puis le soir par l'ophtalmologiste Raulin (argyrol, adrénaline, cocaïne). Ce que ce serait bête d'avoir fait la guerre et de venir perdre les deux yeux ici !

Le soir, réveillon. Bon gueuleton. Chants. On se couche à 23 heures.

Mardi 25 décembre. Noël. La neige tombe. Je fais

1. La recherche et la localisation des projectiles s'effectuant sous rayons X, l'écran constituait l'outil intermédiaire indispensable pour révéler la présence des corps étrangers. La recherche des projectiles sur écran radioscopique ou radiographique autorisait une localisation précise qui précédait l'acte opératoire. (NDE)

une réunion secondaire et un débridement. J'apprends la mort de mon ami Louis Bazin.

Mercredi 26 décembre. La neige augmente. Nous commençons à faire du ski avec Ferrier et Auvigne. Nous nous lançons sans savoir, le long de pentes à pic. Nombreuses bûches, bleus partout. C'est épatant. Ludge [sic].

Jeudi 27 décembre. Le matin, opérations. De 13 à 17 heures, nous skions et ludjons [sic]. Ce qu'on rigole ! – On fait une course, que je gagne.

Vendredi 28 décembre. De 13 à 17 heures : ski. À la fin, on fait du saut d'obstacles. Nous voulons sauter une route qui passe en travers, au bas de la colline ; je m'élance et – à 50 à l'heure – je saute... mais je retombe à plat ventre et sans connaissance, de l'autre côté : 10 secondes et je me ravigote. J'ai cassé un ski en deux, mais n'ai aucun mal.

Samedi 29 décembre. Le matin, je vais à Belfort acheter une paire de skis : 17 F, plus 13 F de courroies. Le soir, on retourne en faire, avec Auvigne et Ferrier. Ludge et toboggan.

Dimanche 30 décembre. Toute la journée, partie de ski.

Lundi 31 décembre. Idem. Le froid atteint – 25° C. Les pauvres bougres des tranchées ne doivent pas avoir chaud...

1918

Mardi 1er janvier. Gueuleton. Le soir, les Drs Bouchan et Laquierre viennent dîner. Ski.

Mercredi 2 janvier. Ski. J'ai un gros mal de gorge et des ganglions. Le soir, j'ai + 39°. Dehors il y a – 25°.

Jeudi 3 janvier. Je garde la chambre, malade.

Vendredi 4 janvier. Idem. Le soir, on me transporte en auto à l'ambulance du château des Viellards.

Samedi 5 janvier. Depuis trois jours, j'ai 38,5°. Gros ganglions au cou. Pansements humides.

Dimanche 6 janvier. Je suis dans une très jolie chambre avec le lieutenant Marius Ligez, très chic type (de Marseille, pourtant !). Notre infirmière, Mlle Colles, est charmante.

Lundi 7 janvier. Ma fête ! – Je suis au lait, pas très fort encore.

Mardi 8 et mercredi 9 janvier. Ça va un peu mieux.

Jeudi 10 janvier. Je commence à boulotter un peu.

Vendredi 11 janvier. Je suis à table avec des officiers en traitement, très chics : lieutenants Autrot, Lapouge, Ligez, Lenfant, et l'infirmier Darignez.

Samedi 12 janvier. Popote très gaie : nous faisons des élections pour la présidence de la table tous les jeudis et tous les dimanches. Je dessine de grandes affiches. Élections très agitées car le président doit arroser son succès. C'est à qui ne le sera pas ! – On s'amuse bien.

Dimanche 13 janvier. Quand j'ai quitté mon vieux 29-4, j'ai été proposé pour la cinquième fois pour la médaille. C'est sans doute une fois de plus raté, elle serait revenue. Je consulte *L'Officiel*... Quels salauds au GQG [grand quartier général] !!

Lundi 14 janvier. Je commence à sortir dans le parc. Je me trouve mal en sortant du bain.

Mardi 15 et mercredi 16 janvier. Je vais déménager ma chambre dans le pays : je suis mis à la porte par un officier. Je manque de tomber encore une fois dans les pommes.

Jeudi 17 janvier. Je vais en auto avec Marius à Montbéliard.

Vendredi 18 janvier. La « vie de château » continue.

Samedi 19 janvier. Je vais tout à fait bien. Je partirai mardi pour vingt jours (dix de convalo et dix de perm).

Dimanche 20 janvier. Je vais en auto à Belfort avec Lebègue.

Lundi 21 janvier. Départ demain. Nous allons faire nos adieux à Mme Veillard qui est alitée : nous pouffons de rire car le lieutenant Lenfant, en allant lui serrer la main, bute contre le pied du lit et s'allonge à plat ventre... sur le plumard ! – Tableau !!!

Mardi 22 janvier. À 17 heures, nous prenons le train avec Mlle Girardin, Ligez et deux autres officiers évacués. Deux heures d'arrêt à Belfort. À 20 h 30, départ pour Paname. Nous dînons au champagne. Je simule, par la portière, un violent mal de cœur, pour faire partir une vieille dame qui nous gêne. Après, on fait un chahut formidable.

Mercredi 23 janvier. Arrivée à Paris à 9 heures. Le directeur artiste de *La Baïonnette* est changé. *Vermot.* Le soir, je vais voir Lamaze en traitement à Buffon. Soirée à *La Cigale.*

Jeudi 24 janvier. Au *Sourire*, un dessin (75 F). Je vois Popol. Tante Marthe et l'oncle Jules.

Vendredi 25 janvier. Départ à 7 h 45. Arrivée à 13 heures à Lignières.

Samedi 26 janvier. Je dessine.

Dimanche 27 janvier. Vais à Amiens. Cinéma avec Vonne et Monnette.

Lundi 28 janvier. Retour à 21 heures.

Mardi 29 et mercredi 30 janvier. Je dessine.

Jeudi 31 janvier. Le matin, je suis en train de dessiner dans mon atelier, quand arrivent deux lettres. La première m'annonce la mort de mon pauvre ami Pierre Roger, tué à Vauquois le 7 novembre 17, comme sergent au 31e. La deuxième, de Françoise, m'annonce que j'ai enfin la médaille militaire. Si je suis heureux !! – Et pourtant je suis bien attristé par la mort de mon pauvre ami Roger...

Je bondis à Aumale en bécane, pour voir *L'Officiel* du 26 – et j'achète une médaille. Au retour, Père me décore. Voici ma citation :

Extrait du *Journal officiel* du 26 janvier 1918.

« Sont inscrits au tableau spécial de la médaille militaire, à compter du 29 décembre 1917, les militaires de l'armée active dont les noms suivent :

Laby (Lucien-Émile-Vincent) nº mle 585, sous-aide-major au 6e bataillon du 294e régiment d'infanterie.

Au front depuis le début de la campagne, a pris part à toutes les actions menées par le régiment. Modèle de courage et de dévouement, fait l'admiration de tous par son zèle, son sang-froid et son calme imperturbable sous le feu. Deux blessures. Quatre citations. »

Vendredi 1er février. Je n'en suis pas encore revenu de ma joie !

Samedi 2 février. M. le curé vient déjeuner. Nous partons, Vonnette et moi, à 20 heures pour Amiens, voir jouer *Werther.*

Dimanche 3 février. Allons au théâtre avec Mme Marcel chez qui nous boulottons. La pièce est très jolie.

Lundi 4 février. Courses. Café *Riche.* Train à 17 heures.

Mardi 5 février. Je dessine pour Fabiaud (*Sourire*) et *Vermot.*

Mercredi 6 et jeudi 7 février. Id. – Après-midi, Mme Foulon, Mlles Boëtte et Dupas.

Vendredi 8 et samedi 9 février. Dessins.

Dimanche 10 février. Partons à midi, Vonne et moi, pour voir jouer *Manon*.

Lundi 11 février. Départ à 6 heures pour Lignières.

Mardi 12 février. À midi trente, départ pour Paris. Mère, Vonne et Monnette me conduisent à Aumale.

Mercredi 13 février. Je vends huit dessins à *La Baïonnette*, neuf au *Sourire* (150 F). Après-midi, je vois Lamaze. Cinéma. Noctambule.

Jeudi 14 février. Je vends cinq dessins au *Sourire* (120 F). Je vais dessiner à l'atelier de la Grande Chaumière avec M. Chevy. Le soir, vais au Moulin-de-la-Chanson avec Popol.

Vendredi 15 février. Départ à 8 heures. Arrivée à Morvillars à 20 heures.

Dimanche 17 février. Vais à Belfort.

Lundi 18 février. Je suis convoqué pour le 22 au 294e à Mollans auprès de Lure, pour remise de médaille.

Jeudi 21 février. Je pars le soir et couche à Belfort.

Vendredi 22 février. J'arrive à 7 heures et demie. Toute la matinée, arrosage. Je retrouve Touyeras, Duez, etc. Invité à déjeuner chez le colonel. La prise d'armes a lieu aussitôt. Ce que c'est émotionnant ! Le colonel Berthons me décore, seul devant le front des troupes. Tout mon ancien bataillon défile devant moi. Je reconnais bien des poilus qui me regardent en souriant et en clignant de l'œil au passage. C'est une cérémonie épatante, dans sa simplicité.

Retour le soir.

Dimanche 24 février. Je suis de garde[1].

Lundi 25 février. Je vais déjeuner à Belfort – à l'hôtel *Modern.*

Jeudi 28 février. Suis momentanément chef de popote. Je vais en auto à Héricourt – aux provisions.

Samedi 2 mars. Vais à Belfort par le petit train de Brebotte.

Jeudi 7 mars. Vais à Montbéliard en bécane, par la pluie.

Dimanche 10 mars. Nous nous baladons à Belfort, avec Lebègue, à la Motte.

Mercredi 13 mars. Déjeuner à Belfort chez Charly.

Jeudi 14 mars. Suis de garde. Nombreux blessés. Opérations.

1. Lettre de Lucien Laby à ses parents et à Yvonne, datant du 24 février 1918. Voir en annexe. (NDE)

Vendredi 15 mars. Recevons l'ordre d'aller, en équipe, à un cours de fractures à Châlons, le 21, Gouverneur, Auvigne et moi. Chic !

Dimanche 17 mars. De garde.

Lundi 18 mars. Vais en auto à Montbéliard.

Mercredi 20 mars. Départ pour Paris à 8 h 30 : Gouverneur et Auvigne. Déjeuner à Belfort chez Charly. Départ à 13 heures. Paris à 20 heures. Hôtel *Terminus Est* avec Auvigne.

Jeudi 21 mars. Je vais voir Grand-Mère. Départ midi trente – wagon-restaurant.

Vendredi 22 mars. Sommes, à Châlons, dans le Service de fractures de Heitz-Boyer. Bombardement le soir, par avions, chose inconnue ici depuis plus d'un an ! Il a fallu que j'arrive pour que ça reprenne ?

Samedi 23 mars. Le bombardement recommence – très violent. Nombreuses victimes et dégâts.

Dimanche 24 mars. Idem. Je vais à Dormans voir l'abbé Piot.

Lundi 25 mars. Je vais à Valmy voir Zotte. J'y dîne et couche à son ambulance 2/22 [1].

Mardi 26 mars. L'oncle et la tante Jules se sauvent devant les bombes qui redoublent.

Mercredi 27 mars. Je vais à Cumières et j'y couche. Je vois tout le monde. Accueil merveilleux. J'emmène du champagne.

Jeudi 28 mars. Je pars à 10 heures. J'arrive à Châlons juste pour le départ de Gouverneur et d'Auvigne. Nous déjeunons au champagne, à la gare. Le train « de midi » arrive à 17 heures. On est à Paris à minuit. Sur toute la ligne, nombreux trains d'évacués qui se sauvent devant l'ennemi qui avance. Hôtel *Moderne*, place de la République.

Vendredi 29 mars (vendredi saint [2]). Bombardement de Paris par la « Grosse Bertha [3] ». Je déjeune avec Auvigne – dit Patard – boulevard Saint-Michel. Soirée au *Casino de Paris* (revue). Thé à *Tipperay*. Portos Philipp' chez *Cintra*.

1. Au numéro de l'ambulance elle-même se trouvait accolé le numéro du corps d'armée auquel elle appartenait. (NDE)

2. Le vendredi, nous passons en métro sous l'église Saint-Gervais, juste au moment du bombardement qui y fait tant de victimes : un prêtre, plein de terre et de sang, s'engouffre comme un fou dans notre wagon : nous n'apprenons qu'après cet odieux assassinat collectif...

3. Surnom donné d'abord à des canons Krupp de 420 mm, utilisés en Belgique en 1914, puis à des canons de 210 et 240 mm qui tirèrent, à 120 km de distance, sur la capitale entre mars et août 1918, tuant 256 personnes. (NDE)

Samedi 30 mars. Déjeuner chez *Maxim.* Soir, dîner devant la gare de Lyon. Départ 20 heures – monde fou.

Dimanche 31 mars. Pâques. Arrivée à Morvillars à midi trente.

Lundi 1er avril. On reprend son service.

Mardi 2 avril. On fait du bateau – premier bain froid.

Jeudi 4 avril. Vais à Montbéliard.

Samedi 6 avril. Bains froids.

Dimanche 7 avril. Idem. – Pâques.

Lundi 8 avril. Idem.

Mardi 9 avril. Bateau. Passage de la Cascade de 1 m 50 de haut en bateau d'abord, puis à la nage. Naufrages !

Mercredi 10 avril. Bains froids. Hallopeau, notre nouveau médecin-chef, joue avec nous. Passage des poteaux que l'on met en travers, au-dessus de la rivière : il faut les enjamber en vitesse pendant que la barque, entraînée par le courant, passe dessous. Souvent on tombe à la flotte.

Jeudi 11 avril. Idem.

Vendredi 12 avril. Idem. – Bains.

Samedi 13 avril. Idem.

Dimanche 14 avril. Je vais à Delle (frontière suisse) à pied avec Gardinier. On voit des soldats suisses. Bains.

Lundi 15 avril. Il neige.

Mardi 16 avril. Départ de nos infirmières Mlles Corblet, Morques, Jeanmaire.

Mercredi 17 et jeudi 18 avril. Vais à Belfort voir Jullien.

Samedi 20 avril. Nous installons à la popote, un théâtre d'ombres, avec Meugé et Richard.

Du dimanche 21 au mardi 30 avril. Je dessine des silhouettes sur carton que toute la popote se met à découper avec ardeur, pour notre théâtre d'ombres. Nous avons, comme pièces : « Le Roi de Bavière », « La Patrouille », « La Pierreuse consciencieuse », « Le Défilé des membres de l'ACA 15 » [Ambulance chirurgicale automobile 15], « La Madelon », etc. Nous faisons des séances presque chaque jour. Meugé tient le piano et chante, pendant que défilent mes bonshommes. On s'amuse beaucoup.

Invitation à dîner au château du député qui est le

plus bel imbécile que j'aie jamais connu. Tous les soirs, on prend des bains et on fait du skiff [sic].

Mercredi 1er mai. Il y a une grosse attaque sur la Somme. On dit que les Anglais lâchent pied... Je ne suis pas rassuré du tout pour Lignières. J'apprends que l'usine de Maurice, à Amiens, est brûlée...

Jeudi 2 mai. Arrivée des Américains noirs à Granvillars.

Du vendredi 3 au mercredi 8 mai. Opérons chaque jour. Je vais à Belfort avec Gardinier.

Jeudi 9 mai. Balade en auto à Montreux. J'apprends à conduire. Je suis très content, ça va tout seul !...

Vendredi 10 mai. L'attaque sur la Somme se calme. Mais ça va peut-être reprendre. Pourvu que Père et Mère ne soient pas obligés de se sauver, comme en 1914. Ce que ce serait triste !!

Vendredi 17 mai. La faculté de Lyon m'accorde mes 9e, 10e et 11e Instructions [1].

Dimanche 19 mai. Pentecôte. Nous avons organisé une équipe de water-polo dans le canal. Mon équipe gagne (6 points à 0 – que je fais, d'ailleurs).

1. Il s'agit des inscriptions aux examens de médecine. (voir aussi note p. 92, NDE)

Mardi 21 mai. Examens microscopiques à la bactériologie (à l'ambulance). Nous apprenons que les sous a/majors [sous-aides-majors] vont être relevés. Gardinier et moi allons sûrement retourner dans la biffe (six mois à l'auto chirurgicale). Quant à Bertrand, qui est du même âge et du même grade, embusqué ici depuis deux ans – mais fils d'un médecin inspecteur de la Marine – il va sûrement se cramponner ici. C'est honteux et écœurant.

Mercredi 22 mai. Ma perm approche... Si elles ne sont pas supprimées d'ici là... J'espère que ça coïncidera avec celle de Maurice.

Du jeudi 23 au lundi 27 mai. Water-polo. Entraînement. Skiff. Bateau en papier à voiles.

Mardi 28 mai. J'apprends que Maurice est en perm aussi ; je partirai demain.

Mercredi 29 mai. Départ à 8 h 30 de Morvillars. Les perm sont supprimées d'aujourd'hui : je l'apprends à la gare. Aussi j'emploie des ruses d'Apache pour ne pas me faire poisser. À 13 h 30, je pars de Belfort pour Paris. Arrivée à 3 heures du matin – au lieu de 21 heures. Trains d'évacués.

Jeudi 30 mai. Départ à 7 h 45 pour Fouilloy. Arrivée à Lignières à 14 heures. Maurice est là jusqu'à demain. À peine arrivé, je me couche, grippé, avec 39°. Tous ces malaises successifs doivent provenir des durs hivers de tranchées, à mon avis. À 19 heures, M. Foulon apporte une dépêche qui me rappelle d'urgence pour partir en équipe avec Gouverneur et Auvigne, à Saint-Dizier. Je me fais porter raide.

Vendredi 31 mai. Visite médicale. Toubib très chic. Maurice part.

Samedi 1er juin. Visite des guignols qui viennent constater que je suis alité.

Dimanche 2 juin. Ça va un peu mieux.

Lundi 3 juin. Je commence à me lever.

Mardi 4 juin. Avance allemande jusqu'à Château-Thierry. La famille évacue.

Jeudi 6 juin. Je me retape.

Samedi 8 juin. On craint l'avance des Boches, jusqu'ici. Ce ne serait pas drôle : on creuse des trous, cachettes.

Dimanche 9 juin. À midi, je pars pour Paris. Grand-Mère est partie à cause des bombardements par les gros canons. Je vois Mme Chevy, Coise et Toto.

Lundi 10 juin. Je touche 200 balles à *Vermot*, 50 à *La Baïonnette*. J'ai quelques commandes. Le soir, je vais voir Popol au sous-secrétariat du SS [Service de santé]. Rencontre Richard. Le soir, je vais avec Lamaze – qui ne boite presque plus – à l'« Abri », théâtre de guerre, souterrain, très chic.

Mardi 11 juin. Départ à 8 heures. J'arrive à 19 heures à Morvillars. Ma mutation est arrivée. Je vais, avec Gardinier et Bertrand, à Belfort. Je dois rejoindre le 20 à l'hôpital militaire.

Mercredi 12 juin. Bain froid. Polo. Skiff.

Jeudi 13 juin. Allons en bécane en Alsace, Gardinier, Richard et moi (55 kilomètres), à Altenach, Saint-Ulrich, Dannemarie. C'est très chic mais vannant. Bain au retour.

Vendredi 14 juin. Nous organisons, avec le patron, des joutes lyonnaises. Nous avons des petits bateaux en papier-toile – des radeaux et des lances. C'est tordant.

Samedi 15 juin. Idem.

Dimanche 16 juin. Idem.

Lundi 17 juin. Je demande à M. Raulin de m'enlever mes amygdales avant mon départ : il m'opérera demain.

Mardi 18 juin. À 9 h 30, opération au château. On me met dans mon ancienne chambre (chambre des fleurs), soigné par Mlle Largillé. Anesthésie générale au chroréthyle. C'est très agréable, mais quel sale réveil[1] ! Toute la journée, je souffre salement. Morphine. Le Dr Raulin m'a enlevé des amygdales énormes, enchatonnées, cryptiques, plus des végétations dans l'arrière-nez, derrière le voile (glande de Letchka). – Gros traumatisme.

Mercredi 19 juin. Ça va un peu mieux : pas trop brillant. Quel mal à avaler ! Je dessine « compère Guillery » pour le théâtre d'ombres, en lui faisant le profil de Gégène Picolet. Je suis éreinté. Lavages.

Jeudi 20 juin. Ça va moins bien qu'hier, aussi je ne puis rejoindre mon nouveau poste. Hallopeau va prévenir que je n'arriverai que dans trois ou quatre jours. Dans ma chambre, je suis avec un sociétaire de la Comédie-Française : Juvenet.

Du jeudi 20 au dimanche 30 juin. Je vais de mieux en mieux. Séjour épatant au château : « chasse au lapin » avec les infirmières, promenades, revue d'ombres [ombres chinoises], parties dans le parc (Mlles Largillé, Livet, Mme Besançon, Mlle Houillès).

Lundi 1er juillet. Je rejoins mon nouveau poste à l'hôpital militaire de Belfort. Je suis dans l'équipe Ollivier-Bonnotte, comme anesthésiste.

1. À mon réveil, je pousse un « M... !! » retentissant devant tout l'aréopage des infirmières ! Tableau !!

Mardi 2 juillet. Je retrouve Mlle Salmon, l'infirmière de Lamaze.

Jeudi 4 juillet. « *Independance Day* », fête américaine. À 22 heures, je tombe brusquement malade : θ : 40°. Forte céphalée et point de côté.

Vendredi 5 juillet. On croit à une pneumonie. Le Dr Cunier me fait enlever sur un brancard à l'hôpital Sainte-Marie.

Samedi 6 juillet. Je suis très bien soigné – par le Dr May – 40,2°. Puis 39,5° à 40° pendant cinq jours. On croit que c'est le « Dang », « grippe espagnole ».

Du dimanche 7 au mardi 23 juillet. Toujours la fièvre. Je suis soigné par Mlle Loison, très gentille. Visites nombreuses, chaque jour. Le médecin-chef et tous mes camarades viennent. Visites de Mlle Terrier, Mme Raquin.

Mardi 23 juillet. Je commence à sortir car un premier essai, le 16, a été infructueux. Je travaille, avec Gardinier, l'examen pour a/major [aide-major] qui est le 26.

Mercredi 24 juillet. Je re-pique 38,8°. Quelle sale grippe ! – Il faut que je me recouche.

Jeudi 25 juillet. Je me lève pour passer la commission de convalo. C'est le colonel Largillé qui préside et sa fille l'a prévenu que je passerais devant lui. Aussi, au lieu de trente jours, lui et les Drs Smidt et Cunier (qui m'ont soigné) me donnent quarante-cinq jours. Veine ! – Il faut dire que je suis salement décollé...

Vendredi 26 juillet. Examen. Une auto me mène à l'HOE pour 9 heures. Voici les questions écrites :

1) Diagn[ostic] et complic[ation] des fract[ures] compl[iquées] du tiers moy[en] du fémur.

2) DD [diagnostics différents] entre : scarlatine – rougeole – variole – varicelle.

3) Traitement d'urg[ence] des hémorr[agies].

4) Installation d'un PS en première ligne.

À l'oral :

Hallopeau me demande : les plaies du crâne.

Lemière me demande : gale – pneumonie.

Copette me demande : art[ère] tibiale ant[érieure]. Rapports de la rate – Rapport des amygdales.

Bonnette me demande : inhumations sur le champ de bataille.

Je suis reçu. Mais quel mal de tête !! Déjeuner chez Janin.

Samedi 27 juillet. Je pars demain. Voici une bonne nouvelle : je passe comme assistant de chirurgie dans l'équipe du Dr Flac, qui sera à l'hôpital militaire de Belfort. Poste rêvé. C'est épatant.

Dimanche 28 juillet. Départ à 20 h 30. Je bouffe du Pantopon pour dormir. Arrivée à Paris à 8 heures le 29. À *La Baïonnette*, je place un dessin. Vais voir

Popol. Déjeuner (et dînons) au *Duval*, place Clichy. Cinéma. Je couche chez Popol dans le lit de la proprio, en voyage.

Mardi 30 juillet. Départ à 7 heures. Arrivée à 14 heures, éreinté par le voyage (suis venu à pied de Fouilloy à Lignières : tous les 500 mètres, je suis obligé de m'asseoir... et je tourne presque de l'œil chaque fois).

Mercredi 31 juillet. Ça ne va pas.

Jeudi 1er août. Je me couche avec 39°.

Du jeudi 1er août au jeudi 5 septembre. Je reste couché, terrassé par une grippe infectieuse grave. 39,5° à 40° tous les soirs entre le 10 et le 25. Le Dr Debry, d'Amiens, réfugié ici, me soigne. Mère me veille bien souvent. Le 16 août au soir, je manque bien de claquer – on n'est pas bien sûr que je passerai la nuit. J'ai 40° et j'asphyxie. Mère veille. Ce que je suis vexé de venir râler là, de maladie, après avoir tant de fois passé entre les balles ! J'ai la peau endolorie partout par des piqûres (huile camphrée, collargolnucléinate de soude, etc.) Enfin le 31, ça va un peu mieux et le 9 septembre, je me lève une heure.

Mardi 10 septembre. Deux heures, etc.

Samedi 14 septembre. Je vais faire quelques pas dans le parc au bras de ma mère.

Dimanche 15 septembre. Nous allons jusqu'au chemin de fer que les soldats ont fait passer dans le Bois de Ladessous. Visite médicale. Je demande quinze jours de prolongation.

Lundi 16 septembre. Nous cherchons des champignons dans un herbage.

Mardi 17 septembre. Demi « tour de ville ».

Mercredi 18 septembre. Autre demi « tour de ville ».

Jeudi 19 septembre. Nous allons à Aumale en voiture.

Vendredi 20 septembre. Allons au Bois de Marlay.

Samedi 21 septembre. Yvonne rentre du mariage de Mathilde. Ça va tout à fait mieux. Ma convalo n'est pas encore prolongée de quinze jours. Je partirai vendredi.

Dimanche 22 septembre. Messe.

Mardi 24 septembre. Arrivée de l'oncle et de la tante Jules qui resteront jusqu'à après-demain. Visite médicale.

Mercredi 25 septembre. Balade dans le parc. Ma prolongation de vingt jours arrive.

Jeudi 26 septembre. Je reconduis l'oncle et la tante à Aumale.

Du vendredi 27 au lundi 30 septembre. Je me repose pour affronter le long voyage.

Mardi 1er octobre. Dernier jour. C'est dommage, car Maurice doit arriver demain.

Mercredi 2 octobre. Départ à midi par Aumale. Arrivée à 18 heures à Paris. À la gare, je vois l'oncle Jules, Coise, Lamaze et sa fiancée. Je dîne à la salle de garde de Brousse, à Villejuif – et y couche.

Jeudi 3 octobre. À *La Baïonnette* (25 F) – *Guerre Documentée.* À *La Vie parisienne*, il n'y a rien de fait. Je vais voir le notaire du pauvre Georges Perot qui me lègue une bourse en or – qu'il portait toujours sur lui à Condorcet, je me souviens.

Déjeuner, à Montparnasse, avec Zotte, Albert et M. Misset. À l'exposition Sauvage, 370, rue Saint-Honoré, on va exposer douze de mes dessins et mes deux grandes planches (mon régiment au repos et « V'là des godasses »). Au *Perchoir* : 30 F.

Dîner et coucher à Villejuif.

Vendredi 4 octobre. Réveil à 5 h 30. Train à 8 heures. Arrivée à Belfort à 19 heures. – Le Dr Flaque est parti. Aussi, il est probable que je serai assistant de Capette quand il rentrera, dans trois semaines.

Samedi 5 octobre. Je vais en auto à l'auto chirurgicale 15 qui est maintenant à Héricourt. Hallopeau est en perm. Il paraît qu'il voudrait me faire aller passer deux mois dans le Midi. Je revois tous les camarades. On fait une séance d'ombres.

Dimanche 6 octobre. Je suis enfin nommé aide-major 2e cl. à TT [deuxième classe à titre temporaire].

Lundi 7 octobre. Je vais mieux, mais ai encore une légère angine.

Mardi 8 octobre. Je crois qu'on ne m'enverra pas dans le Midi.

Mercredi 9 octobre. Service avec Ollivier, Bonnotte, Cunier.

Du jeudi 10 au samedi 12 octobre. Idem.

Dimanche 13 octobre. Nous allons en auto à Lure, avec Désangle.

Mardi 15 octobre. Il y a une grosse épidémie de grippe en ville. Je suis désigné pour faire les visites à la population civile, à partir de demain.

Mercredi 16 octobre. Il faut que j'aille voir, le soir, dans les vieux quartiers que je connais à peine, un malade, M. Bobey ; Mlle Wolf, secrétaire du médecin-chef, m'y conduit.

Jeudi 17 octobre. Je continue mes visites en ville. Il pleut.

Dimanche 20 octobre. Je me promène dans Belfort avec Désangle. Le soir, route de Danjoutin.

Lundi 21 octobre. Je vais dîner le soir au terrain d'aviation de Chaux – à l'escadrille Spad 49 – où Tassin est aide-major. On m'invite à monter demain en avion. Ce que j'accepte... avec quel empressement !!!

Mardi 22 octobre. On vient me chercher en auto à 14 heures. Le lieutenant Perret, chef de l'escadrille R 11, m'emmène en avion Caudron bimoteur. C'est un type très chic. Au départ, on décolle par bonds puis on saute par-dessus les hangars, les arbres. Je n'en perds pas une bouchée... Nous montons à deux mille mètres, au-dessus de Belfort : je reconnais toutes les maisons, l'hôpital, mais tout cela microscopique. C'est un voyage merveilleux. Perret me fait faire quelques virages sur l'aile, bien sentis. Au premier, je ne puis m'empêcher de fermer les yeux et de me cramponner. Nous faisons le tour d'une saucisse et il ne s'en faut pas de beaucoup que nous ne donnions dans le câble que le lieutenant Perret (de son propre aveu, au retour) n'avait pas vu. À un moment, je vois un avion de chasse qui pique sur nous. Je lui tape dans le dos ! Eh ! pas de blague : « J'veux pu' m'battre !! » (comme dirait Auvigne). Nous faisons demi-tour en vitesse. Cet animal s'amuse à couper l'allumage sans m'avertir. Je crois que c'est une panne et je ne suis pas bien crâne... Enfin on atterrit, à 150 à l'heure ! Je suis rudement content de ma promenade.

Mercredi 23 octobre. Je dessine un insigne pour l'escadrille 242 (Héron : R 11).

Jeudi 24 octobre. Je rencontre le Dr Pelletier, qui était au 360e en 1915, et qui est maintenant à la direction du SS. Il croit que je repasserai peut-être à l'auto chirurgicale.

Vendredi 25 et samedi 26 octobre. Visites en ville. Balade le soir. Je suis toujours dans une chambre, à l'hôpital.

Dimanche 27 octobre. Je vais habiter 1 *bis*, rue de Mulhouse, une petite chambre épatante, chez M. Frédéric.

Lundi 28 octobre. Je m'y plais bien, dans ma petite chambre !

Mardi 29 octobre. J'apprends ma mutation à l'auto chirurgicale 15. Visites. 5 à 7, dans ma chambre.

Mercredi 30 octobre. Je pars après-demain.

Jeudi 31 octobre. Je fais ma cantine...

Vendredi 1er novembre. Je passe l'après-midi dans mon gentil petit « *home* ». Départ en auto sanitaire à

17 h 30. Accueil très cordial des copains de la 15 à Héricourt. Je couche à l'hôpital.

Samedi 2 novembre. J'ai une chambre, voisine de celle de Picolet, très bien, 25, avenue de la Gare.

Dimanche 3 novembre. Les Boches continuent à reculer et à prendre la pile ; la paix semble proche.

Lundi 4 novembre. Suis de garde.

Mardi 5 novembre. Nous remontons la rivière à la voile, dans le petit bateau de Ferrier – avec Richard et Auvigne.

Jeudi 7 novembre. Je prends le train à 8 h 30 pour Belfort. Je déjeune avec Ollivier, Bonnotte, Cunier. Je vais à la chambre de Ferrier, pour le voir, mais il n'est pas là – (38, faubourg de Montbéliard).

Dimanche 10 novembre. Je suis de garde à l'hôpital. À 21 h 30, j'entends crier dans les couloirs que « l'Armistice est signé ! » Nous courons, Richard et moi, comme des fous, au téléphone. La nouvelle vient d'arriver, officieuse encore, de la direction du SS. – *L'Armistice est signé* avec des conditions écrasantes pour les Boches. C'est la « Victoire ! » Enfin !! Nous bondissons, avec Richard, jusqu'à la popote et nous hurlons, de la rue, tant nous sommes essoufflés : « Ohé ! la Popote !! L'Armistice, elle est signée !!! [sic] ». Ils ouvrent leurs fenêtres (la popote est au premier étage) et pour toute réponse nous vident les carafes sur la tête en disant que c'est une mauvaise plaisanterie. Nous sortons en bande et poussons des hurlements dans les rues. Toutes les fenêtres s'ouvrent ! – Bombe toute la nuit. On réveille le père Robillard, médecin de l'endroit. On veut sonner les cloches, mais l'église est bien fermée et le curé fait la sourde oreille. On va à l'épicerie faire une nouba épouvantable. On réveille « Vallerot-Rady » [surnom de Vallery-Radot] à seaux d'eau. On frète une auto avec Ferrier, Meugé, Lorneau, etc. et on va à Morvillars réveiller Gouverneur et Auvigne. Je me couche à 5 heures du matin, complètement noir. Mais avant, nous allons, bras dessus bras dessous, hurler une aubade dans la chambre de Fer-(di)-nand Dubourdieu et sous les fenêtres de Richard.

Lundi 11 novembre. À 7 heures du matin, les cloches d'Héricourt sonnent à la volée. Fête toute la journée. L'après-midi, on fait du bateau. Le soir, illumination. Gueuleton. Hallopeau commence ses « conférences d'anatomie ».

Mardi 12 novembre. À 13 heures, je vais en bécane à Belfort qui est en fête. Je rentre à 19 heures.

Mercredi 13 novembre. Conférence à Path. ex. [pathologie externe] par Meugé.

Jeudi 14 novembre. Bateau à voile ; grand vent.

Vendredi 15 novembre. Conférence à Path. int. [pathologie interne] par Vallery-Radot.

Samedi 16 novembre. Je vais passer l'après-midi à Belfort, en bécane. Je ramène des couleurs pour nos Alsaciennes.

Dimanche 17 novembre. Héricourt : je suis de garde.

Lundi 18 novembre. Je repeins des Alsaciennes sur nos autos, avec Machard, en vue d'un départ prochain pour Mulhouse.

Mardi 19 novembre. Je vais à Belfort. Dîner avec les dames de la Croix-Rouge de l'ACA 15.

Mercredi 20 novembre. Le lieutenant aviateur Girard vient me chercher en auto pour aller faire un tour au-dessus de Mulhouse – où les Français viennent d'entrer. Il déjeune avec moi. En arrivant au terrain, il y a un vent tellement énorme qu'aucun appareil ne sort. Mais il m'a promis de m'y emmener – et il ne veut pas lâcher. Je mets une combinaison chaude et nous partons. Le décollage n'est pas trop difficile – rien à côté de ce que sera l'atterrissage ! – Nous montons vite. Jusqu'à 800 mètres nous sommes secoués comme des balossiers, mais au-dessus, le vent – quoique très violent – est devenu fort régulier. Nous piquons droit sur Mulhouse – nous passons les lignes au pont d'Aspach – nous voyons le Vieil Armand, l'*Artmans-*

willer Kopf[1]. À un moment, nous sommes au-dessus d'une mer de nuages, à 20 mètres à peine : on dirait de la neige, ou une mer couverte d'écume. On ne voit plus rien du sol. Il y a un vent inouï dans notre nez. Nous mettons une heure pour parvenir à Mulhouse ! – Mais au retour nous avons le vent en plein dans le dos. Alors là, c'est inouï comme vitesse : je suis debout dans la carlingue et je vois les forêts, les villes et villages passer au-dessous de nous avec une rapidité vertigineuse. Au bout de huit minutes, nous sommes au-dessus de notre terrain. Huit minutes au retour au lieu d'une heure à l'aller ! Nous avons fait du 300 à l'heure !! – Alors commence le moment difficile, l'atterrissage : on en a pour un bon quart d'heure à descendre, presque au ras du sol, à être pris dans les remous ; on coupe l'allumage, on repart, on va buter presque contre les arbres de la route... Enfin on arrive un peu brusquement au sol, mais sans casser de bois[2].

Jeudi 21 novembre. Je vais passer l'après-midi à Belfort.

Vendredi 22 novembre. Le départ pour Mulhouse, qui devait avoir lieu aujourd'hui, est remis à après-demain.

Samedi 23 novembre. Je fais ma cantine.

1. Pour Hartmannswillerkopf, c'est-à-dire le Vieil Armand. (NDE)

2. Vision magnifique de Mulhouse, en rase-mottes : les troupes françaises y défilent ; drapeaux multicolores partout ; enthousiasme indescriptible.

Dimanche 24 novembre. Départ à 7 heures en bécane (car les autres ne partiront qu'à midi, en camions) – avec Hallopeau, Richard, Boehler, Régnier. Arrivée à 11 heures. Enthousiasme de la population dans les rues bondées de monde et toutes pavoisées. Des gens et des enfants viennent vous serrer les mains. Déjeuner au *Central.* Après-midi, on va au zoo – à la gare. Dîner au *Central.* La bécane de Picolet casse juste à l'arrivée. Je suis logé chez M. Schoën, 2, rue du Parc, qui m'invite, en pleine rue, car il veut un officier français chez lui. Il me raconte qu'ils ont fabriqué des drapeaux avec des draps, pour l'entrée des Français ; en outre, chaque famille alsacienne cachait, depuis 1870, un drapeau entre un parquet et un plafond.

Le soir, nous allons au bal de Concordia et nous couchons à minuit. Toutes les jeunes Alsaciennes ont leurs costumes rouge et vert aux longs nœuds noirs ou rouges. Au bras des officiers en bleu horizon, c'est fort joli.

Lundi 25 novembre. À 6 h 30 du matin, nous partons pour Strasbourg où les troupes françaises doivent entrer aujourd'hui. Nous partons, Dubourdieu, Picolet, Richard et moi. Dans les petites gares, on n'a pas encore vu beaucoup d'uniformes français. On nous regarde. Nous engueulons un chef de gare qui nous fait un sale œil – un sale Prussien.

À Strasbourg, c'est un enthousiasme général.

À la gare, un employé boche, multi-galonné, veut nous empêcher de passer, je ne sais sous quel prétexte : je l'empoigne par la peau du ventre et l'envoie bouler.

Il tombe vraiment mal. Il y a ici, comme à Mulhouse, des Alsaciens dans les rues, en tenue boche avec des cocardes tricolores et des flots de rubans. Alsaciennes en costumes. Défilé des troupes, épatant ! Ah, s'ils se redressent les braves poilus !! – Ce que j'y avais rêvé de fois à ce défilé ! Et aujourd'hui, j'y assiste ! Je me pince souvent car je crois rêver. C'est superbe, sublime ! – Nous déjeunons et dînons chez Grüber. Nous assistons au *Te Deum* solennel à 16 heures, à la cathédrale. Tout le chapitre vient recevoir sous le portail, le maréchal Pétain, Castelnau, Gouraud, etc. C'est très émouvant. C'est un véritable rêve, que l'on vit là !... Rentrée à minuit à Mulhouse... Les habitants d'ici ont pillé entièrement les maisons boches. Le magasin de tabac entre autres, *Ha-ci-Fa*, est complètement retourné, vitres cassées. Les soldats font le piquet devant – oh ! mollement, bien mollement... car je surprends un coup de crosse de l'un d'eux qui achève la dernière vitre...

Mardi 26 novembre. À 9 heures du matin, je dors encore ; Algaron vient me réveiller, car on m'attend. Journée à Mulhouse. Hôtel *National*. Cinéma le soir.

Mercredi 27 novembre. À 8 h 30, café, *Chez Moll*. Après-midi, montons notre théâtre d'ombres à Concordia, où on nous a demandé de faire une séance. De 15 à 16, prenons le thé au Louvre. Le soir, revue d'ombres devant un gros public alsacien, à Concordia. C'est la première fois que notre théâtre affronte une foule. Il est vrai que celle-là est d'avance des plus indulgentes, et nous obtenons un gros succès. À *La Madelon* on entend fredonner tout le monde, qui essaie d'apprendre notre air de guerre ! – Après, il y a bal. Je danse.

Jeudi 28 novembre. L'après-midi, je reste chez moi, dans ma chambre rue du Parc, jusqu'à 17 heures. Après, nous prenons l'apéritif au *Globus*. Après dîner, cinéma, en bande, au *Corso*. Coucher : minuit.

Vendredi 29 novembre. Après-midi, cinéma à la *Scala*, avec Mlle Wolf et sa cousine. Soir, brasserie puis *Café de nuit* de l'Odéon. Couché à minuit.

Samedi 30 novembre. Les autos commencent à marcher régulièrement pour Belfort. Après-midi, visite du musée de M. Bader (toute une collection superbe de Hermer). Le soir, il y a bal. Je fais connaissance de Mlle Suzanne Rémy. Nous dansons comme des enragés jusqu'à 2 heures du matin.

Dimanche 1er décembre. Visite à l'hôpital de Asenrein ; merveilleuse installation, mais drôles de procédés d'opérations... (À côté de notre asepsie ! hem !!) – Messe. À 15 heures, thé dans la famille Rémy. Je me couche à 1 heure du matin.

Lundi 2 décembre. À 16 heures, cinéma à la *Scala*. Nous recevons à dîner le professeur Liebknecht. Soirée chez les Rémy. Dansons jusqu'à minuit. Je fais connaissance de l'adjoint au maire de Mulhouse, M. Wolf, qui sort de trois ans de prison dont un de cellule, pour son patriotisme.

Mardi 3 décembre. Soirée au théâtre de Mulhouse par une troupe de poilus. C'est la première représentation française depuis 1870. Je suis dans les coulisses. Toute la salle, debout, chante *La Marseillaise*, avec grand enthousiasme. Je me couche à 1 heure du matin.

Mercredi 4 décembre. À 6 heures, départ de l'ACA 15 pour Colmar. C'est bien, comme ville ; mais on n'apprécie pas, tant on était bien à Mulhouse. Nous y revenons par le train de 14 heures, Hallopeau, Mengé et moi. Le soir, bal à Concordia. *Bostons* et *two-steps*. À minuit, promenade en bande en ville, en chantant *La Madelon*. Les patrouilles qu'on rencontre chantent avec nous. Lunch chez les Rémy, à toute une collection [nombreux invités]. Coucher à 2 heures.

Jeudi 5 décembre. Déjeuner à Mulhouse avec Mengé, Houel (nouveau de l'auto chirurgicale) et le fils Schoën (Alfred) qui a été obligé, pendant la guerre, de servir en Allemagne : il a été cassé deux fois comme officier. Il n'a pas pu déserter. C'est un très chic type. Nous rentrons ensuite à Colmar – où nous visitons le musée. Tout ce qu'il y avait de bien (*Le Crucifiement* – de Grünewald) a été cambriolé par les Boches. J'aurais voulu le voir, à cause de sa description dans Huysmans... Après, nous allons prendre un bain à la piscine qui est la plus belle installation de ce genre que j'aie jamais vue. J'habite Papierstrasse, n° 1. Mengé et moi y avons chacun un appartement.

Vendredi 6 décembre. Partons en auto à 13 heures pour Belfort. Arrivée à Mulhouse à 14 heures et à Belfort à 16. Je couche chez Mme Schaub.

Samedi 7 décembre. Balade de 7 h 30 à 9 h 30, heure du départ. Arrivée à Colmar à midi 45. Ce soir, je devrais aller au bal de Concordia où je suis attendu – et demain, je devrais déjeuner dans la famille Rémy ; mais on m'a collé de garde au Lazareth. Guigne noire ; je dois rester ! – Les chameaux !!

Dimanche 8 décembre. Vais par le train passer l'après-midi à Mulhouse. Thé chez les Rémy. Rentrons pour dîner, le patron et moi. En arrivant à la popote, nous trouvons une jeune Alsacienne qu'ils ont invitée à dîner : Mlle Cilly. Elle dit aimablement à Hallopeau les seuls mots français que les copains lui ont serinés avant notre arrivée : « Gros, tu me plais ! » – Tableau !! – Le soir, concert.

Lundi 9 décembre. C'est demain l'entrée à Colmar de Poincaré et Clemenceau.

Mardi 10 décembre. Nous sommes à une fenêtre (avec Dufour, encore un nouveau à la chir. [l'auto chirurgicale]) dans la Rüfackstrasse et nous voyons parfaitement. Défilé très joli. Quand passent ces cochons de députés qui, eux aussi, veulent triompher, nous les huons de toutes nos forces. Mais ça se noie dans le bruit des acclamations et ils prennent ça pour des compliments... Mais Clemenceau, lui, il faut voir il est acclamé !!! Toute la place Rapp, pleine d'enfants, hurle *La Marseillaise* et *Le Chant du départ*. À midi, nous partons en camionnette pour assister aussi à l'entrée à Mulhouse. Nous sommes d'abord au balcon de la

Bourse : enthousiasme indescriptible. Puis, il y a une revue, au Champ-de-Mars. C'est merveilleux : en tête, il y a les pompiers de Mulhouse, dans leurs vieux uniformes français d'avant 1870. Puis, les vieux combattants de 70. À leur tête, l'un d'eux, sans jambe, est poussé dans une voiturette par une Alsacienne en costume. C'est poignant. Viennent ensuite les engagés à la Légion. Enfin, le défilé de la division marocaine. J'ai trop crié : laryngite. Je retrouve, dans la tribune, Mlle Rémy. Nous allons ensemble à Concordia. Puis, thé et dîner chez elle. Bal. Nous dansons jusqu'à 4 heures – jusque dans la rue !

Mercredi 11 décembre. À 11 heures, nous cherchons en vain une auto pour Colmar. Déjeuner au *National.* Train à 12 h 50. Le soir, il y a un grand thé chez nous deux, Mengé – Papierstrasse.

Jeudi 12 décembre. On dit que l'ACA 15 va être démembrée sous peu. Je vais probablement passer dans un service de médecine.

Vendredi 13 décembre. Alfred Schoën vient déjeuner à notre popote, à Türkheimer.

Samedi 14 décembre. Je vais par le train à Mulhouse. Cinéma. Dîner chez les Rémy. Bal à Concordia. Couché à 3 heures.

Dimanche 15 décembre. Le matin, je vais au musée : collection très belle des Hermer. Déjeuner et thé chez les Rémy. Retour à Colmar à 19 heures.

Du lundi 16 au mercredi 18 décembre. Tous les soirs maintenant, on lance des invitations à la popote : de gentilles Alsaciennes viennent partager nos repas. Thés nombreux...

Jeudi 19 décembre. Le patron Hallopeau part, démobilisé, pour Paris. Nous l'accompagnons en auto à Belfort, Mengé et moi. Nous déjeunons à Mulhouse (*Zür Stadt Strassbourg*). Arrivée à 16 h 30.

Hallopeau nous paie à dîner au *Modern.* Couche chez Mme Schaub.

Vendredi 20 décembre. Le matin, il fait froid. Je fais du feu et reste dans ma chambre. Départ à 13 heures. Nous nous faisons arrêter par les guignols [gendarmes]. Je m'attends à quinze jours d'arrêts, mais je m'en fiche bien ; ce ne serait pas encore bien cher pour une si chic randonnée. Arrivée à 17 heures. Il y a trois Alsaciennes à la popote. Nous allons danser à *L'Américain* jusqu'à minuit. J'suis vanné.

Samedi 21 décembre. Colmar. Mauvaise rencontre : ce salaud de Le Cacheux est ici. Histoire des deux Alsaciennes traitées de Boches, en pleine rue, par un gamin. Pugilat à coups de parapluie. Attroupement.

Dimanche 22 décembre. Suis de garde jusqu'à demain midi.

Lundi 23 décembre. Changeons de popote. Nous prenons une grande villa vide, à côté de notre ancien taudis – et nous l'arrangeons chiquement pour demain.

Mardi 24 décembre. Toute la journée, je dessine une grande frise de 13 mètres de long, pour la popote. Les autres clouent les plantes vertes, sapins, banderoles ; d'autres s'occupent de l'ameublement, tentures, etc.

Finalement, c'est épatant, véritable tour de force. Dîner à 20 heures, très soigné. On a « fabriqué » du pinard vieux avec celui de l'ordinaire, un peu d'alcool et de cannelle, des belles bouteilles, de la cire et de la cendre. Réveillon merveilleux, le plus réussi que j'aie jamais fait. Nos invitées sont : Mlles Cilly, Zenta, Groethel, Marie-Marinette n° 2, Jeanne et Marguerite... Après le dîner, bal (Dufour est au piano) – puis *lunch bal* – Vin chaud... On s'amuse comme des fous.

Mercredi 25 décembre. Noël. J'ai très mal aux cheveux.

Jeudi 26 décembre. Je dessine, Papierstrasse.

Vendredi 27 décembre. Visite de Mlle Suzanne Rémy, à l'hôpital.

Le soir, nous « donnons un dîner » pour ne pas perdre l'habitude...

Samedi 28 décembre. Train du soir pour Mulhouse. À 20 h 30, je suis à Concordia. On danse jusqu'à 1 heure. On *lunche* chez les Rémy – puis on re-danse. Couché à 4 heures.

Dimanche 29 décembre. Messe. Après-midi, nous allons au concours hippique. Thé – départ par l'express de 18 heures.

1918

Lundi 30 décembre. Je redessine quelques nouvelles frises.

Mardi 31 décembre. On fête la Saint-Sylvestre et l'année de la Victoire. Réveillon formidable, à tout casser, pis qu'à Noël. Avons invité : Mlles Cilly, Zenta, Groethel, Annie et sa sœur, Fifi, Vallery, Marcelle, etc. Dîner, danses, vie de patachons ! Glaces, gâteaux et champagne à minuit. Déguisements en pyjamas... Poitevin, dit « l'Antilope », est complètement noir : il ne s'aperçoit même pas qu'il casse son baudrier d'assaut, après une poignée de porte. On boit à la bouteille. Tout le monde est un peu gris... il y a du vent dans les voiles.

1919

Mercredi 1er janvier. Je tiens une bonne gueule de bois – bien fadée. Thé, Papierstrasse.

Jeudi 2 janvier. J'ai reçu du pus dans l'œil, il y a trois jours, alors que j'opérais un kyste. – Gouverneur est obligé aujourd'hui de m'enlever un petit corps étranger au bistouri – anesthésie à la cocaïne : j'ai une petite plaie à la rétine.

Vendredi 3 janvier. Départ de Colmar à 8 heures avec Ferrier. Nous visitons Schlesstadt. Puis nous prenons le train pour Sainte-Marie-aux-Mines où nous attend Alfred Schoën, à 11 heures. Déjeunons au *Grand Hôtel* et partons à pied pour les tranchées du Violu : nous avons en effet découvert que Schoën et moi avons pris le même secteur, face à face, à quelques centaines de mètres, à peine. Aussi nous allons visiter le terrain.

C'est du véritable alpinisme, en vitesse. Nous

arrivons aux premières lignes allemandes, où a été Schoën. Il reconnaît sa cagna, à moitié brûlée. À 50 mètres en face, voici les lignes qu'a prises mon vieux 29-4. Quel mal à passer les réseaux ! Comme ceux des Boches sont épais et difficiles à passer à côté des nôtres : nous mettons un bon quart d'heure à les franchir, avec beaucoup de mal. Les nôtres, en deux minutes, c'est fait. Je m'explique maintenant pourquoi nos coups de main ici rataient toujours !!!

Je retrouve mon petit PS, au-dessus du ravin de la Grande Cude (où je suis arrivé le 28 septembre 17). Il est tout bouleversé, au milieu de trous, d'arbres hachés... Quel chaos ! – Dès que je peux passer les réseaux, j'y bondis. Ce que je suis heureux de retrouver mon vieux gourbi !! – Il est bien laid, pourtant ! – Schoën prend quelques photos. Au retour, nous prenons le thé chez une famille amie de Schoën. Train à 18 heures. Dîner à Schlesstadt. Arrivée à 21 heures à Colmar.

Samedi 4 janvier. Nous invitons les jeunes filles de Concordia, de Mulhouse, à venir dîner dans huit jours : Mlle Rémy – où j'ai été reçu, Mlle Schoën – chez qui je suis logé, Mlle Wolf, fille de l'adjoint, Mlles Soengele, Haurez, Wurmser et les deux sœurs Schmerber – et Mlle Haendrich. Nous voulons leur rendre leurs invitations.

Piscine.

Dimanche 5 janvier. Vais en auto à Mulhouse faire les invitations, avec deux autres copains. Ce sera samedi. Au retour, à la gare, le Saint-Foucault, Zenta, Groethel, etc. nous attendent.

Lundi 6 janvier. Thé l'après-midi, Papierstrasse.

Mardi 7 janvier. Idem. Le soir, gueuleton, bal.

Mercredi 8 janvier. Idem.

Jeudi 9 janvier. Nous apprenons le prochain départ, pour leurs villes de facultés, de ceux qui ont au moins trente-quatre mois de biffe ou GBD sur le rab' [sur le dos] – et j'en suis !! Je m'attends donc à un départ imminent pour Lyon.

Vendredi 10 janvier. Le matin, nous allons assister à l'expulsion des Boches de Colmar. C'est très amusant. Tous les gosses chantent : « *Müss i'denn – Müss i'denn, zün Städté hinaüs,* [mot illisible] *en inhaus*[1] » etc. C'est gonflant. Puis, ils se moquent d'eux et font des réflexions drôles. Après-midi, thé, Papierstrasse.

Samedi 11 janvier. Nous allons, Mengé et moi, au-devant des jeunes Alsaciennes de Mulhouse. Déjeuner à la *Ville de Strasbourg*. Après, je vais voir les Rémy qui m'emmènent à la revue de Castelnau. Puis thé.

Rendez-vous de tout le monde à la gare à 18 h 08. Arrivée à Colmar à 18 h 45. Nous allons à la popote que nous avons décorée épatamment pour ce jour-là.

1. Pour « *Muss'i den, muss'i den sum Städtele hinaus* », chanson populaire alsacienne : « Dois-je donc, dois-je donc, sortir de ma petite ville... » [NDE]

J'ai encore pondu quelques nouveaux dessins. Dîner *maous poil poil*. On arrive difficilement à se tenir à peu près bien – mieux qu'aux précédentes réunions. Tout réussit très bien. Après, on danse toute la nuit. Cocktails. Souper par petites tables. Puis, cotillon. À 3 heures et demie du matin, nous frétons en douce les deux camionnettes et nous prenons, en quatrième, la route de Mulhouse. Tout le monde est un peu noir, mais cela reste à peu près correct – contrairement à l'habitude.

Au retour, on se trompe de route : on se colle dans les barbelés. On rentre à 8 heures du matin...

Dimanche 12 janvier. À 8 heures, je me couche. À 14 heures, une ronde autour de mon lit me réveille... Je fais ma cantine et mes sacs. Je suis bien vaseux, ah oui, alors ! Le soir, thé, Papierstrasse.

Lundi 13 janvier. Nous ne partirons que demain. Je me fais une fausse perm pour passer par Lignières et un certificat attestant que je ne pourrai quitter Colmar que le 17. Car, ma vraie perm sautant, je tiens tout de même à aller embrasser Père et Mère. À 15 heures, thé-goûter. Le soir, je fais mes adieux au Lazareth. Après dîner, nous parcourons les rues, bras dessus bras dessous à [sic] toute une bande de Français et d'Alsaciennes. On se colle dans les pattes de nos infirmières... léger malaise... Après, bal – le dernier ! Déguisements, vin chaud, champagne, kummel, etc. C'est bien la dernière bombe !! Cuite.

L'auto chirurgicale 15 a vécu !

Mardi 14 janvier. Départ en auto, Auvigne, Mengé, Reguin, et moi. Arrivée à Belfort à midi. J'enregistre mes bagages pour Lyon. Promenade sur la route de Roetenans. Nous nous quittons. Adieux. Train à 20 h 40. Je m'endors.

Mercredi 15 janvier. À Paname à 6 heures. À 7 h 45, train pour Aumale. Me voilà donc renvoyé pour six mois à Lyon : il va falloir se remettre au travail ; ce sera dur ! Ça va me changer, car, depuis l'Armistice, ou plutôt, depuis ma grippe, quelle nouba ! Jamais je n'aurais cru – quand j'étais sub-claquant – que je me serais remis aussi vite !...

Arrivée à Lignières à 13 heures. Et puis, après tout, on a bien raison de ne pas s'en faire – pour rien. Tout ce que je vis maintenant, c'est « du rab ». J'aurais dû être tué vingt fois ; or je considère que maintenant, c'est un véritable rabiot de vie inespéré. Quoi qu'il m'arrive... c'est encore du rab ! – et je ne veux plus me biler...

Jeudi 16 janvier. Je retrouve, à Lignières, Émilien Foulon, de retour en France après quatre ans de captivité...

Je jette au feu – enfin !! – l'enveloppe qui contenait les lettres destinées à revenir ici toutes seules si j'avais été tué... Quelle douce sensation que de les voir crépiter au feu. On ne peut pas s'imaginer cela, je crois !!!

Vendredi 17 janvier. Départ à midi – Amiens – Paris à 14 h 30. Train à 21 heures pour Lyon.

Samedi 18 janvier. Arrivée à Lyon à 8 heures. J'ai une chambre (5 au cinquième, 34, rue Sainte-Hélène). Pension de 150 F, chez la mère Poirson.

Lundi 20 janvier. Je suis inscrit à la fac. À la Boîte, mes caisses de livres ont été pillées pendant mon absence.

[Fin du mois de] janvier. Je vais voir Picolet. Je me remets au travail ferme. Je retrouve Lormeau. Popol est resté à Paris. Je suis en stage chez Morican, à l'École. J'apprends avec beaucoup de peine la mort de mon ami le Dr Dubourdieu, ainsi que celle du Dr James, terrassés par la grippe...

Je prends ma douzième inscription.

[Mois de] février. Je travaille sérieusement. Au théâtre, je vois jouer *Lakmé*, *Paillasse*, *M. de la Palisse*. Avec Lormeau, nous nous déguisons en voyous et allons figurer en guerriers dans *La Juive*. On rigole comme des baleines.

Mois de mars. Je continue à me remettre au travail. C'est fort pénible.

Mois d'avril. Le mardi 8, je passe mon 1er/3e doctorat [1]. Je suis reçu – avec mention « Bien » – aux pratiques de médecine opératoire (ligature de l'humérale).

Du mardi 15 au vendredi 25 avril. Perm de Pâques à Lignières.

1. Voir note p. 92. (NDE)

1919

Neuf de mes dessins exposés à la *Galerie Sauvage* sont vendus pour 380 F.

Mois de mai. J'ai quinze inscriptions. Je travaille ma médecine et mon dessin (modèles).

Mois de juin. Mardi 17, je passe mon $2^e/3^e$ doctorat. Je suis reçu. J'ai enfin toutes mes inscriptions de médecine : 16.

Mais j'ai encore mes 4e, 5e examens et Thèse.

Lundi 23 juin. Toutes nos conditions de paix sont acceptées par les Boches.

Dimanche 29 juin. Les Boches signent la
PAIX !

Traité de Paix de Versailles. Les cloches sonnent à toute volée, le canon tonne, tout crie la Victoire ! Ouf !!!

« On les a eus !! »

Ici donc se terminent mes feuilles de route ; que de fois j'ai cru ne pouvoir jamais les mener à si bonne fin !!!...

APPENDICE

1919

Vendredi 11 juillet. On demande – à l'École de Lyon – les aides-majors les plus cités et décorés pour aller défiler, avec les troupes victorieuses, sous l'Arc de Triomphe de l'Étoile, le 14 Juillet, aux Fêtes de la Paix. Je suis du nombre. Lormeau aussi. Préparatifs : tenue bleu horizon, casque, épée, revolver.

Samedi 12 juillet. Départ de Lyon à 20 heures. Arrivée à Paname, dimanche 13 au matin. Des autos nous mènent au bastion 46. Déjeuner à l'hôpital Villemin. Coucher sur des paillasses, au bastion 64.

Lundi 14 juillet. Réveil à 3 heures et demie du matin. Il fait beau, veine !! Il paraît que la foule se presse déjà sur notre parcours, beaucoup y ayant passé la nuit. Rassemblement, départ à 4 h 45. Nous prenons par le Bois de Boulogne. Qu'il fait beau, ce matin ! Nous attendons à la porte Maillot, au bout de l'avenue de la Grande-Armée, jusqu'à 8 h 30. De là, nous apercevons le début du défilé, tous ceux qui font l'escorte à l'Armée Française, les Armées Alliées.

Enfin, notre tour arrive : nous sommes placés, avec les grandes écoles, derrière Saint-Cyr, Polytechnique. Devant nous, en tête des armées françaises, marche Pétain. Dès que nous nous mettons en marche, nous apercevons le peuple de Paris, massé partout pour voir : sur les arbres, sur les toits qui sont noirs de monde.

Nous sommes sur deux rangs de douze, le deuxième rang étant formé par des médecins auxiliaires. À chaque aile est un amputé du bras : j'ai en effet retrouvé ici mon camarade Moneau.

Que d'acclamations ! Que de cris ! Que de hourras ! À ce point que nous n'entendons pas la musique qui, pourtant, n'est pas loin devant nous. Nous sommes obligés de compter de temps en temps, pour marcher au pas... Nous recevons des fleurs, on ne sait d'où, de partout. Nous marchons sur d'autres et sur des feuillages jetés à terre... L'avenue de la Grande-Armée nous semble trop courte tant c'est beau. Nos brassards nous font reconnaître comme étant les médecins de bataillons : jamais je n'aurais cru qu'ils étaient aussi populaires. Combien sont tués, parmi ceux que nous représentons ici !! On a le cœur serré, prêt à rire ou à pleurer, on ne sait pas trop. Le public qui nous acclame crie sur notre passage : « Vivent les médecins des bataillons !! – Vivent les petis toubibs !! – etc. » Une femme fend la foule et vient embrasser pieusement la main qui lui reste, à un de nos amis amputé d'un bras... Il en devient tout flan et balbutie « merci... merci... ».

Et puis toujours des fleurs et des cris, les cris d'une foule si dense que je n'en ai jamais entendu de pareils : c'est un roulement, un grondement qui rappelle une mer déchaînée. C'est indescriptible... Il n'y a pas de mots qui puissent rendre l'émotion qui nous étreint tous. Puis, voici l'Arc de Triomphe sous lequel nous allons passer. Ai-je été jamais aussi fortement ému ? Peut-être, mais jamais de cette émotion-là... C'est quelque chose de tout nouveau. Ce qu'on a souffert, parfois, mais quelle immense récompense, en revanche !! Ici aussi, tout est noir de monde. Je n'en ai jamais vu tant... Ah ! je me reverrai toujours passer sous l'Arc de Triomphe, raide comme un piquet, rayonnant de bonheur. Aussitôt passés, il y a à notre gauche, sur la place de l'Étoile, le Cénotaphe, monument grandiose, élevé au Souvenir des Morts... Nous le saluons, tous ensemble, de l'épée. Puis, cinquante mètres plus loin, voici Clemenceau et Poincaré, tout pâles, eux aussi, à notre droite. Nous renouvelons notre salut. Puis nous descendons les Champs-Élysées, pleins de clameurs. De temps à autre, j'entends hurler : « Laby ! Eh ! Luc !! » Parfois, je reconnais quelqu'un. D'autres fois, le plus souvent, je ne distingue personne, dans cette mer humaine. C'est ainsi que j'aperçois le capitaine Devarinnes du 294e, le lieutenant Lelais, deux que j'ai pansés autrefois, sur le bled... Popol est perché en haut d'une voiture et hurle tant qu'il peut ! Nous faisons le tour de la Concorde, prenons la rue Royale, passons devant la Madeleine. Nous reconnaissons, aux premiers rangs, des groupes de poilus mutilés : beaucoup de ceux-là nous applaudissent en acclamant « les médecins de bataillons ». Ce sont les vivats auxquels nous sommes le plus sensibles...

Nous parcourons ensuite les Grands Boulevards d'un bout à l'autre, puis Foch nous passe en revue, sur la place de la République. Joffre s'est retiré avant, dès qu'il a eu terminé le parcours. Voilà deux heures que nous défilons, nous avons fait huit bons kilomètres au pas cadencé et je jurerais que nous avons marché pendant 20 minutes à peine !!!...

Après la place de la République, dislocation... Là encore, les gens crient et acclament ! Des jeunes filles, des femmes, viennent nous demander une petite fleur des gros bouquets que nous avons maintenant à nos ceinturons et à nos casques, pour les conserver précieusement : des fleurs qui ont défilé sous l'Arc de Triomphe. Partout on nous adresse des sourires, des baisers.

Quand nous sommes sortis de la foule, je remarque une petite scène peu ordinaire : un général arrive à cheval, seul, venant lui aussi de défiler. Tous les promeneurs se précipitent vers lui en criant : « Un Général ! Un Général ! » comme s'ils n'en avaient jamais vu. Tous se découvrent à son passage... et derrière lui, une foule suit, se tenant par le bras...

Nous rentrons, Lormeau et moi, tout doucement à l'hôpital Villemin. On se repose un peu.

Le soir, après dîner, ce sont des farandoles folles, qui rappellent le temps, lointain déjà, où on était étudiants. Nous faisons des rondes fantastiques, sur l'avenue des Champs-Élysées. On chante et on rit, on ne sent plus la fatigue. Les vieux officiers qui nous voient s'arrêtent et sourient.

Et jusqu'à minuit nous continuons à courir et à danser comme des fous pour clore comme il convient le plus beau jour de gloire que nous ayons vécu.

Annexes

Ce 29 mai 1916

Mes chers parents et ma chère Yvonne,

Me voici encore une fois sorti de la bagarre sans une égratignure : on a ses petites habitudes, n'est-ce pas, et celle-là j'espère bien la garder jusqu'au bout.

Je vous ai déjà raconté pas mal d'histoires et Dieu sait si j'en ai vu des vertes et des pas mûres. Encore dernièrement, Yvonne vous a dit ce que nous avions encaissé le 15 mars. Mais réellement tout le reste n'était que de la rognure à côté de ce que nous avons subi cette fois-ci. Il faut avoir les méninges bien accrochées et les reins solides pour s'en tirer avec le sourire.

Sourire relatif d'ailleurs, étant donné les pertes que nous avons eues. Que de pauvres camarades à qui j'ai encore serré le bras !

Tout en tête vient mon ami Fenaux. C'est certainement sa mort qui – depuis que je suis au régiment – m'a fait le plus de peine. Il a été blessé en passant à une cinquantaine de mètres de mon poste par un gros obus et a pu être pansé immédiatement : plaie du crâne, du bras droit et de la cuisse. Il a conservé sa connaissance, m'a fait ses recommandations et a fait venir l'aumônier du régiment. Avant de me quitter, il m'a donné ses jumelles qui sont encore remplies de sang et que je vais garder précieusement. J'espérais encore qu'on le sauverait et – j'apprends deux jours après qu'il est mort à l'hôpital. J'ai pu aller voir sa tombe. Nous allons lui faire faire une grande croix et ferons venir des couronnes.

Nos autres pertes en officiers ont été moins dures pour moi car je les connaissais moins que lui. Lieutenant Perrin – blessé. Lieutenant Mulet – tué. Aspirant [nom propre illisible]. Lieutenant Danauville – tué. Aspirant Maîtrejean – tué. Aspirant Chassaignant – tué. Lieutenant Thuanne – tué. Lieutenant Morin – blessé. Lieutenant Devarinnes – blessé. Lieutenant Raideley – tué. – Et ceci pour mon seul bataillon.

Par exemple, nous avons une énorme consolation, c'est que les Boches nous l'ont payé rudement cher. Sans vous donner de détails sur les opérations, ce qui m'est interdit, je puis vous donner une vague idée de ce qu'on a passé aux Boches : en trois jours, ils ont fait douze attaques à la baïonnette, en rangs serrés – et nulle part ils ne nous ont pris un pouce de terrain. Et je suis resté 9 jours en première ligne ! Ce que les mitrailleuses et les grenades ont travaillé ! Devant nous, il y avait les Boches crevés par monceaux !!! Ah la bande de vaches.

Mon commandant (de Nervo) n'a pas été touché mais est devenu absolument fou pendant toute une nuit. On a dû l'évacuer et deux jours après il n'y paraissait plus, il est revenu parmi nous. Le lieutenant Chaurdy a eu à peu près le même coup et est remis également.

Je crois vous avoir dit qu'il avait fait une proposition de citation pour moi, mais avec ces machins-là, il ne faut jamais vendre la peau de l'ours. Si ça pouvait réussir, je serais bien content.

Nous avons encore eu la veine d'avoir du beau temps là-bas. Mais il suffit que nous soyons venus dans un joli pays pour qu'il se mette à pleuvoir aussitôt. Ça ne va pas m'empêcher de me balader à cheval car il y a une forêt superbe.

Quand j'irai en perm (mais il faut encore avoir de la patience !) je vous raconterai tout ça de vive voix ; ce sera plus intéressant et plus facile.

Je vous embrasse bien fort.

Lucien

Ci-joint quelques cartes données par un prisonnier.

Ce 20 avril 1917

Ma bien chère Maman,

Je m'y prends un peu en avance pour venir te souhaiter une bonne fête, t'embrasser de tout mon cœur et t'envoyer ces quelques malheureuses violettes reconquises depuis quelques heures.

Sommes dans un coin assez calme. Cependant, il n'y a pas de courrier – et j'en suis encore à rechercher le stratagème que j'emploierai pour te faire parvenir mes vœux et mes modestes fleurs.

Embrasse pour moi Père, Vonnette et Mormetto [sic],

Je t'embrasse affectueusement.

Ton fils

Lucien

Ce 24 février 1918

Mes chers parents,

Comme je vous le disais il y a quelques jours, j'avais été convoqué par mon régiment pour la remise de ma médaille. J'y suis donc allé avant-hier. Ai passé une journée épatante et – la distance étant minime (40 km) – j'ai pu rentrer ici le soir même : j'ai vu tous mes camarades : Toutouille en tête, Duez (qui m'a encore reremercié du pâté, etc.). Invité à déjeuner chez le colonel, gueuleton monstre en mon honneur – bref, accueil on ne peut plus gentil.

Aussitôt après le déjeuner, prise d'armes par tout mon ancien bataillon. Je ne vous cache pas que je me sentais légèrement ému, tout seul devant le front des troupes avec, derrière mon dos à six pas, quelques poilus à décorer de la croix de guerre.

Le colonel me fit un petit discours très gentil, après avoir fait « ouvrir le ban ! » par la clique.

Puis il passa les poilus en revue au galop, suivi de mes camarades de l'état-major (Le Saché, Blond, etc.).

Ensuite eut lieu le défilé des troupes devant moi : j'ai reconnu au passage presque tous les poilus, que j'aurais pu appeler par leurs noms.

Inutile de vous dire que cela aussi était fort émotionnant, je crois que j'en avais presque les larmes aux yeux.

Quant à l'arrosage, je ne puis guère vous dire ce qui a été siroté comme bouteilles, mais, sûr qu'on a sérieusement biberonné : d'abord à l'infirmerie, puis un peu partout !

Je dois à la vérité d'avouer que cependant je pus rentrer par mes propres moyens et qu'on ne fut pas obligé de me charrier en brouette.

Mes petits topos hâtifs vous donnent une maigre idée de ce que fut cette journée mémorable, mais, je n'ai pas le temps de faire mieux : je suis en train d'orner ma salle de dessins et j'ai déjà fini une frise qui a du succès. Je vous assure !

Bons baisers à tous quatre et à Mourrier.

Votre Lucien

Biographie de Lucien Laby

Lucien Laby termine la guerre de 14-18 avec la médaille des braves et cinq citations dont deux avec palmes.

Il reprend ses études de médecine à l'École de santé militaire de Lyon. En 1920, il s'installe à Marle (Aisne) et se marie avec Mlle Émilie Tartier, dont il a un enfant, Jean Laby, qui suivra les traces de son père et deviendra médecin.

Il participe également à la guerre de 39-45. Le 16 novembre 1952, il reçoit la croix d'officier de la Légion d'honneur. Voici un extrait de l'allocution prononcée à cette occasion par le médecin général Hombourger, directeur du Service de santé :

« En 1939, lorsque retentit à nouveau l'appel aux armes, tu compris que ton devoir t'appelait au service du pays et tu remplis encore magnifiquement ton rôle auprès des malades et des blessés de ton hôpital ; et dans les jours sombres de juin 1940, tu restas à ton poste jusqu'à l'ordre de repli et partis le dernier, quand tous les malades eurent été évacués, accompagnés du personnel. Là encore, tu donnas à tous un magnifique exemple de sang-froid, de courage et d'abnégation, ayant réussi par miracle à ramener en lieu sûr ta formation au complet, après avoir échappé aux colonnes ennemies et aux bombardements. Replié en Corrèze et ne voulant pas subir le joug de l'occupant, tu préféras t'expatrier et continuer de servir sous l'uniforme pendant plus de deux ans au Maroc. Tu ne consentis à rentrer à Marle que sur la demande insistante de la population, qui prouvait ainsi à son médecin tout l'attachement qu'elle te vouait. »

Jusqu'au bout, Lucien Laby évoque la guerre avec ses trois petits-enfants. Quand ils ont bien travaillé, ils passent chez leurs grands-parents à l'heure du goûter, leur racontent leur journée et s'ils ont été sages, Lucien Laby les fait monter dans l'atelier où il peint, sculpte et dessine, et il leur donne le choix entre la lecture d'une fable de La Fontaine, un épisode de *La Famille Fenouillard* ou un récit vécu de la Grande Guerre. Dans les derniers jours de sa vie, il crie encore dans sa demi-conscience, comme dans les tranchées : « Attention ! La boue ! »

Lucien Laby décède en 1982, à l'âge de 90 ans, entouré de son fils, de ses petits-enfants et de ses trois arrière-petits-enfants.

La Société archéologique et historique de Vervins et de la Thiérache (SAHVT) a transmis les « Carnets » de Lucien Laby à l'éditeur. L'arrière-petit-fils de Lucien Laby en avait montré le manuscrit à son professeur d'histoire, membre de la SAHVT, qui en fit une photocopie. La société se mit alors à la recherche d'un éditeur et d'un historien de la Grande Guerre. Il n'est pas rare que les sociétés d'histoire locale, d'âge fort vénérable (ainsi la SAHVT fut-elle fondée en 1873), reçoivent des papiers de famille, des archives notariales, des collections de pièces manuscrites anciennes. Elles ont ainsi un rôle de conservation et de transmission de documents qui, sans elles, auraient immanquablement disparu. Naguère, ces sociétés tendaient à garder jalousement ces documents, à ne les partager qu'entre leurs membres. Maintenant, beaucoup d'entre elles, prenant conscience de leur valeur, cherchent à les faire connaître et les communiquent à des historiens. Elles assurent ainsi de façon moderne leur vocation traditionnelle d'intermédiaires entre le passé local et le travail d'histoire. La publication des « Carnets » de Lucien Laby est un exemple de cette vocation.

Table des matières

Imprimé en France, par l'imprimerie Hérissey à Évreux (Eure) - N° 95624
HACHETTE LITTÉRATURES - 43, quai de Grenelle - 75015 - Paris
Collection n° 25 - Édition n° 01
Dépôt légal : octobre 2003
ISBN : 2-01-279129-8

COLLECTION « PLURIEL »

PSYCHANALYSE/PSYCHOLOGIE

BARROIS Claude
Psychanalyse du guerrier

BETTELHEIM Bruno
Le Poids d'une vie
Dans les chaussures d'un autre
Dialogues avec les mères

BONNAFÉ Marie
Les livres, c'est bon pour les bébés

BRUNSCHWIG Hélène
N'ayons pas peur de la psychothérapie

CRAMER Bertrand
Profession bébé

CYRULNIK Boris
Mémoire de singe et paroles d'homme
La Naissance du sens
Sous le signe du lien
La Fabuleuse Aventure des hommes et des animaux

DANON-BOILEAU Henri
De la vieillesse à la mort

DUMAS Didier
La Sexualité masculine

FLEM Lydia
Freud et ses patients

GAY Peter
Freud, une vie (2 vol.)

GREEN André
La Déliaison
Un psychanalyste engagé

GRIMBERT Philippe
Pas de fumée sans Freud

HADDAD Antonietta,
HADDAD Gérard
Freud en Italie

HADDAD Gérard
Manger le livre

HOFFMANN Christian
Une introduction à Freud

LACHAUD Denise
Jalousies
L'Enfer du devoir

LAPLANCHE Jean,
PONTALIS Jean-Bernard
Fantasme originaire. Fantasme des origines. Origines du fantasme

LESSANA Marie-Magdeleine
Entre mère et fille : un ravage

MURAT Laure
La Maison du docteur Blanche

PERRIER François
L'Amour

PHILLIPS Adam
Le Pouvoir psy

PIGNARRE Philippe
Comment la dépression est devenue une épidémie

RIBAS Denys
L'Énigme des enfants autistes

SIETY Anne
Mathématiques, ma chère terreur

SUTTON Nina
Bruno Bettelheim

TOMKIEWICZ Stanislas
L'Adolescence volée

VIGOUROUX François
Le Secret de famille
L'Âme des maisons

Sociologie, anthropologie

ARNALDEZ Roger
L'Homme selon le Coran

AUGÉ Marc
Un ethnologue dans le métro

AZNAR Guy
Emploi : la grande mutation

BADIE Bertrand,
BIRNBAUM Pierre
Sociologie de l'État

BAUMAN Zygmunt
Le Coût humain de la mondialisation

BIRNBAUM Pierre
La Fin du politique
Le Peuple et les gros

BOUDON Raymond
L'Inégalité des chances
La Logique du social

BOUSTANY Antoine
Drogues de paix, drogues de guerre

BROMBERGER Christian
Passions ordinaires

CALVET Louis-Jean
La Guerre des langues et les politiques linguistiques
Histoire de l'écriture

CHARNAY Jean-Paul
Sociologie religieuse de l'islam

DAVID Paulo
Enfants sans enfance

DUPUY Jean-Pierre
Libéralisme et justice sociale

EHRENBERG Alain
Le Culte de la performance
L'Individu incertain

FONDATION DES ÉTUDES DE DÉFENSE
Les Manipulations de l'image et du son

GUÉNIF-SOUILAMAS Nacira
Des beurettes

JEANNENEY Jean-Noël
L'Écho du siècle. Encyclopédie historique de la radio et de la télévision en France

LE BRAS Hervé
Marianne et les lapins

LERIDON Henri
Les Enfants du désir

MALHERBE Michel
Les Religions de l'humanité
t. 1 : *L'Homme, le monde et Dieu*
t. 2 : *Rapports entre la religion, la vie de l'homme et son avenir*

MENSION-RIGAU Éric
Aristocrates et grands bourgeois

POIRIER Lucien
Le Chantier stratégique

PONT-HUMBERT Catherine
Dictionnaire des symboles, des rites et des croyances

RACHLINE François
Que l'argent soit

RANKE-HEINEMANN Uta
Des eunuques pour le royaume des cieux

RAUCH André
Crise de l'identité masculine, 1789-1914
Vacances en France de 1830 à nos jours

REVEL Jean-François
La Connaissance inutile

ROSANVALLON Pierre
La Question syndicale

SLAMA Alain-Gérard
L'Angélisme exterminateur
Les Chasseurs d'absolu

SORMAN Guy
Le Bonheur français
Le Capital, suite et fins

SULLEROT Évelyne
La Crise de la famille

VICTOR Paul-Émile,
VICTOR Jean-Christophe
Planète antarctique

ZEGHIDOUR Slimane
Le Voile et la bannière

HISTOIRE

ADLER Laure
Les Maisons closes

AGULHON Maurice
De Gaulle. Histoire, symbole, mythe
La République (de 1880 à nos jours)
t. 1 : *L'Élan fondateur et la grande blessure (1880-1932)*
t. 2 : *Nouveaux drames et nouveaux espoirs (de 1932 à nos jours)*

ANATI Emmanuel
La Religion des origines

ANDREU Guillemette
Les Égyptiens au temps des pharaons

ANTOINE Michel
Louis XV

AUBÉ Pierre
Le Roi lépreux, Baudouin IV de Jérusalem
Les Empires normands d'Orient

BALLET Pascale
La Vie quotidienne à Alexandrie

BARTOV Omer
L'Armée d'Hitler

BEAUFRE Général
Introduction à la stratégie

BÉAUR Gérard
La Terre et les hommes. Angleterre et France aux XVII*e* *et* XVIII*e* *siècles*

BECHTEL Guy
La Chair, le diable et le confesseur

BECKER Annette
Oubliés de la Grande Guerre

BENNASSAR Bartolomé,
VINCENT Bernard
Le Temps de l'Espagne, XVI*e*-XVII*e* *siècles*

BENNASSAR Bartolomé
L'Inquisition espagnole, XV*e*-XIX*e* *siècles*

BERCÉ Yves-Marie
Fête et révolte. Des mentalités populaires du XVI*e* *au* XVIII*e* *siècles.*

BERNAND André
Alexandrie la grande
Sorciers grecs

BIONDI Jean-Pierre,
MORIN Gilles
Les Anticolonialistes (1881-1962)

BLUCHE François
Le Despotisme éclairé
Louis XIV

BOGDAN Henry
Histoire des pays de l'Est, des origines à nos jours

BOLOGNE Jean-Claude
Histoire de la pudeur
Histoire du mariage en Occident

BOTTÉRO Jean
Babylone et la Bible

BOTTÉRO Jean,
HERRENSCHMIDT Clarisse,
VERNANT Jean-Pierre
L'Orient ancien et nous

BOUKOVSKY Vladimir
Jugement à Moscou

BRANTHOMME Henry,
CHÉLINI Jean
Les Chemins de Dieu
Histoire des pèlerinages non-chrétiens

BROSSAT Alain
Les Tondues, un carnaval moche

CAHEN Claude
L'Islam, des origines au début de l'empire ottoman

CAMPORESI Piero
Les Baumes de l'amour

CARCOPINO Jérôme
Rome à l'apogée de l'Empire

CARRÈRE D'ENCAUSSE Hélène
Lénine
Nicolas II

CHAUNU Pierre
Le Temps des réformes
3 Millions d'années, 80 milliards de destins

CHAUSSINAND-NOGARET Guy, CONSTANT Jean-Marie, DURANDIN Catherine, JOUANNA Arlette
Histoire des élites en France, du XVIe au XXe siècle

CHÉLINI Jean
Histoire religieuse de l'Occident médiéval

CHENTALINSKY Vitali
La Parole ressuscitée. Dans les archives littéraires du KGB

CHOURAQUI André
Jérusalem

CIZEK Eugen
Mentalités et institutions politiques romaines

CLOULAS Ivan
Les Châteaux de la Loire au temps de la Renaissance

CORNEVIN Robert, CORNEVIN Marianne
La France et les Français d'outre-mer

DARMON Pierre
Le Médecin parisien en 1900

DAUMAS Maurice
La Tendresse amoureuse

DELUMEAU Jean
Rome au XVIe siècle
La Peur en Occident
Une histoire du paradis
t. 1 : *Le Jardin des délices*
t. 2 : *Mille ans de bonheur*
t. 3 : *Que reste-t-il du paradis ?*

DUBY Georges
Le Chevalier, la femme et le prêtre
Le Moyen Âge (987-1460)

DUCELLIER Alain
Le Drame de Byzance. Idéal et échec d'une société chrétienne

DUCREY Pierre
Guerre et guerriers dans la Grèce antique

DUPÂQUIER Jacques, KESSLER Denis
La Société française au XIXe siècle

DUROSELLE Jean-Baptiste
L'Europe, histoire de ses peuples

EISEN Georges
Les Enfants pendant l'Holocauste

EISENSTEIN Elizabeth L.
La Révolution de l'imprimé

EPSTEIN Simon
Histoire du peuple juif au XXe siècle

ESPRIT
Écrire contre la guerre d'Algérie (1947-1962)

ÉTIENNE Bruno
Abdelkader

FAURE Paul
Parfums et aromates dans l'Antiquité

FAVIER Jean
De l'or et des épices

FERRO Marc
Nazisme et communisme
Pétain

FIERRO-DOMENECH Alfred
Le Pré carré. Géographie historique de la France

FINLEY Moses I.
On a perdu la guerre de Troie

FOURASTIÉ Jean
Les Trente Glorieuses

FRUGONI Chiara
Saint François d'Assise

FURET François,
NOLTE Ernst
Fascisme et communisme

FURET François
La Gauche et la Révolution au XIXe siècle
La Révolution (1770-1880)
t. 1 : *La Révolution française, de Turgot à Napoléon (1770-1814)*
t. 2 : *Terminer la Révolution, de Louis XVIII à Jules Ferry (1814-1880)*

FURET François,
RICHET Denis
La Révolution française

FURET François,
JULLIARD Jacques,
ROSANVALLON Pierre
La République du centre

GARIN Eugenio
L'Éducation de l'homme moderne (1400-1600)

GIRARD Louis
Napoléon III

GIRARDET Raoul
Histoire de l'idée coloniale en France

GOUBERT Pierre
L'Avènement du Roi-Soleil
Initiation à l'histoire de la France
Louis XIV et vingt millions de Français

GRAF Fritz
La Magie dans l'Antiquité gréco-romaine

GRANDAZZI Alexandre
La Fondation de Rome

GRAS Michel,
ROUILLARD Pierre,
TEIXIDOR Xavier
L'Univers phénicien

GRIMAL Pierre
Les Erreurs de la liberté

GUICHARD Pierre
Al-Andalus (711-1492). Une histoire de l'Andalousie arabe

GUILLERMAZ Jacques
Une vie pour la Chine. Mémoires, 1937-1993

GUTTON Jean-Pierre
La Sociabilité villageoise dans la France d'Ancien Régime

HALÉVY Daniel
La Fin des notables
t. 1 : *La Fin des notables*
t. 2 : *La République des ducs*
Visites aux paysans du centre

HAZARD Paul
La Pensée européenne au XVIIIe siècle

HEERS Jacques
Fêtes des fous et carnavals
Esclaves et domestiques au Moyen Âge
La Ville au Moyen Âge en Occident
La Cour pontificale au temps des Borgia et des Médicis

HOBSBAWM Eric J.
L'Ère des Révolutions (1789-1848)
L'Ère du Capital (1848-1875)
L'Ère des Empires (1875-1914)

HORNUNG Erik
L'Esprit du temps des pharaons

JOHNSON Hugh
Une histoire mondiale du vin

JOMINI (de) Antoine-Henri
Les Guerres de la Révolution (1792-1797)

KRIEGEL Maurice
Les Juifs à la fin du Moyen Âge dans l'Europe méditerranéenne

LABY Lucien
Les Carnets de l'aspirant Laby

LACARRIÈRE Jacques
En cheminant avec Hérodote

LACORNE Denis
L'Invention de la République

LAZARE Lucien
Le Livre des Justes

LEBRUN François
Histoire des catholiques en France

LE GOFF Jacques
La Bourse et la vie

LE ROY LADURIE Emmanuel
L'État royal (1460-1610)
L'Ancien Régime (1610-1770)
t. 1 : *L'Absolutisme en vraie grandeur (1610-1715)*
t. 2 : *L'Absolutisme bien tempéré (1715-1770)*

LEVER Evelyne
Louis XVIII

MALET-ISAAC
Histoire
t. 1 : *Rome et le Moyen Âge (735 av. J.-C.-1492)*
t. 2 : *L'Âge classique (1492-1789)*
t. 3 : *Les Révolutions (1789-1848)*
t. 4 : *La Naissance du monde moderne (1848-1914)*

MANDROU Robert
Possession et sorcellerie au XVIIe *siècle*

MASSON Philippe
Histoire de l'armée allemande

MAUSS-COPEAUX Claire
Appelés en Algérie. La Parole confisquée

MELCHIOR-BONNET Sabine
Histoire du miroir

MICHEL Henri
Jean Moulin

MILO Daniel
Trahir le temps

MOREAU Jacques
Les Socialistes français et le mythe révolutionnaire

MOSSE George L.
De la Grande Guerre au totalitarisme

MUCHEMBLED Robert
L'Invention de l'homme moderne

NEVEUX Hugues
*Les Révoltes paysannes en Europe (*XIVe*-*XVIIe *siècle)*

NICOLET Claude
L'Inventaire du monde. Géographie et politique aux origines de l'Empire romain

NOIRIEL Gérard
Réfugiés et sans-papiers

NOLTE Ernst
Les Mouvements fascistes

PELIKAN Jaroslav
Jésus au fil de l'histoire

PITT-RIVERS Julian
Anthropologie de l'honneur. La Mésaventure de Sichem

POMEAU René
L'Europe des Lumières. Cosmopolitisme et unité européenne au XVIIIe *siècle*

POURCHER Yves
Les Jours de guerre

RANCIÈRE Jacques
La Nuit des prolétaires

REVEL Jacques
Fernand Braudel et l'histoire

RICHÉ Pierre
Les Carolingiens

RIEFFEL Rémy
Les Intellectuels sous la Ve République (3 vol.)

RIOUX Jean-Pierre,
SIRINELLI Jean-François
La France d'un siècle à l'autre (2 vol.)

RIVET Daniel
Le Maghreb à l'épreuve de la colonisation

ROBERT Jean-Noël
Eros romain. Sexe et morale dans l'ancienne Rome

ROTH François
La Guerre de 70

ROUMAJON Yves
Enfants perdus, enfants punis

ROUSSET David
Les Jours de notre mort (2 vol.)
L'Univers concentrationnaire

MESCHONNIC Henri
De la langue française

PACHET Pierre
Les Baromètres de l'âme. Naissance du journal intime

REWALD John
Le Post-impressionnisme (2 vol.)

ROMILLY (de) Jacqueline
La Douceur dans la pensée grecque

STEINER George
De la Bible à Kafka
Extraterritorialité

TAPIÉ Victor L.
Baroque et classicisme

VALLIER Dora
L'Art abstrait

VON DER WEID Jean-Noël
La Musique du XXe siècle

ROUX Jean-Paul
Les Explorateurs au Moyen Âge

SHIRER William
La Chute de la IIIe République

SINGER Claude
Vichy, l'Université et les Juifs

SNODGRASS Anthony
La Grèce archaïque

SOLÉ Jacques
L'Âge d'or de la prostitution, de 1870 à nos jours

SOUSTELLE Jacques
Les Aztèques à la veille de la conquête espagnole

TROCMÉ Étienne
L'Enfance du christianisme

TULARD Jean
Napoléon

VALLAUD Pierre
Atlas historique du XXe siècle

VERDON Jean
Le Plaisir au Moyen Âge
La Nuit au Moyen Âge

VERNANT Jean-Pierre
La Mort dans les yeux

VEYNE Paul,
DARBO-PESCHANSKI Catherine
Le Quotidien et l'intéressant

VIANSSON-PONTÉ Pierre
Histoire de la République gaullienne
t. 1 : *La Fin d'une époque : mai 1958-juillet 1962*
t. 2 : *Le Temps des orphelins : août 1962-avril 1969*

WEBER Eugen
L'Action française

WIEVIORKA Annette
Déportation et génocide
L'Ère du témoin

WOODROW Alain
Les Jésuites

ZORGBIBE Charles
Histoire des relations internationales
t. 1 : *Du système de Bismarck au premier conflit mondial*
t. 2 : *De Versailles au second conflit mondial*
t. 3 : *Du système de Yalta aux missiles de Cuba*
t. 4 : *De 1962 à nos jours*

Lettres et arts

CACHIN Françoise
Gauguin

CLARK Kenneth
Le Nu (2 vol.)

FERRIER Jean- Louis
De Picasso à Guernica. Généalogie d'un tableau
Brève histoire de l'art. Trente tableaux de la Renaissance à nos jours

GRAVES Robert
Les Mythes grecs (2 vol.)

HASKELL Francis,
PENNY Nicholas
Pour l'amour de l'antique. La statuaire gréco-romaine et le goût européen

HURÉ Pierre-Antoine,
KNEPPER Claude
Liszt en son temps

JANOVER Louis
La Révolution surréaliste

LAZARD Madeleine
Rabelais l'humaniste

LIÉBERT Georges
L'Art du chef d'orchestre

LOTTMAN Herbert
Flaubert